JN059725

グローバル保健ガバナンス

城山英明 編著

東信堂

序　文

　保健分野では、19世紀後半以来、国際貿易の拡大に伴い、国境を越えたグローバルな対応が歴史的に求められてきた。1907年には公衆衛生国際事務局が設置された。戦間期には、国際連盟の下に衛生機関が設置され、第2次大戦後には世界保健機関（WHO）が設置された。1970年代末からはPHC（プライマリ・ヘルス・ケア）といった規範が提唱され、1990年代後半からは保健分野と関連分野とのセクター間関係やNGOの役割の変化に注目して、国際保健に代わってグローバル保健といった概念が用いられるようになった。オールハザード対応を提唱する2005年の国際保健規則の改正は、このようなパラダイム転換に対応するものでもあった。また、動物の健康と人間の健康を一体的にとらえるワン・ヘルスというアプローチも提唱された。

　しかし現在、感染症に対応するグローバル保健ガバナンスは、再度大きな政策課題になっている。2014年に西アフリカ3カ国で発生したエボラ出血熱は、国際的対応の遅れも大きな要因となり、短期間で1万人を超える死者を出したことから、グローバル保健ガバナンスのあり方への関心が高まり、WHOのみならず、国連本部やG7といった様々な場でも国際的課題として強く認識されてきた。また、抗生剤の過度な使用により抗生剤が効かなくなるという薬剤耐性の課題も認識されつつある。さらに、2019年末に発生した新型コロナウイルス感染症（COVID-19）は、より甚大な健康的、経済的、社会的、政治的インパクトを全世界的に及ぼしつつある。

　本書は、このような課題の全体像を踏まえた上で（第1章）、国際保健規則改正に見られる感染症対策の基本的枠組みの展開を明らかにし（第2章）、PHC（プライマリ・ヘルス・ケア）等のグローバル保健に関する規範の系譜について検討する（第3章）。その上で、近年のエボラ出血熱への対応（第4章）、その後のWHO、世界銀行等によるグローバル保健ガバナンスの改革（第5章）、

国連等による UHC（ユニバーサル・ヘルス・カバレッジ）に向けた動き（第 6 章）を検討する。また、グローバル保健への対応は多層的なものである。そのため、フランスを中心とした先進国による保健外交と WHO の関係（第 7 章）、さらに、2003 年の SARS 以後、積極的に国内の保健ガバナンスを改革し、現在、一帯一路等の枠組みの下で、国際的展開も模索しつつある中国の動向について分析する。中国の新型コロナウイルス感染症への対応についても言及する（第 8 章）。最後に、新型コロナウイルス感染症対応のグローバル保健ガバナンスにおける含意について、試論的に検討する。まず、感染症対策と安全保障の交錯という観点から、現状とマネジメント上の課題を国際的に俯瞰しつつ検討し（補論 1）、続いて、日本における新型コロナウイルス感染症への対応の経験について、ガバナンスの観点から試論的に分析する（補論 2）。

目次／グローバル保健ガバナンス

補　論 ……………………………………………………………… 241

略語表

AFD	Agence Francaise de Développement	フランス開発庁
AFRO	Regional Office for Africa	アフリカ地域事務局 (WHO)
AIIB	Asian Infrastructure Investment Bank	アジアインフラ投資銀行
AMR	Antimicrobial Resistance	薬剤耐性
ASEAN	Association of South‐East Asian Nations	東南アジア諸国連合
AU	African Union	アフリカ連合
CDC	Center for Disease Control and Prevention	疾病管理予防センター
CEPI	Coalition for Epidemic Preparedness Innovation	感染症流行対策イノベーション連合
CERF	Central Emergency Response Fund	中央緊急対応基金 (国連)
CFE	Contingency Fund for Emergencies	緊急対応基金 (WHO)
CIDCA	China International Development Cooperation Agency	国家国際発展協力署 (中国)
DAC	Development Assistance Committee	開発援助委員会 (OECD)
DFID	Department for International Development	国際開発省 (イギリス)
DoD-GEIS (現AFHSB-GEIS)	The Department of Defense‐Global Emerging Infections System (現 The Armed Forces Health Surveillance Branch‐Global Emerging Infections System)	国防省地球規模新興感染症システム (現 米国軍健康監視部地球規模グローバル新興感染症システム)
ECOSOC	Economic and Social Council	経済社会理事会 (国連)
EERC	Emergency Ebola Response Coordinator	緊急エボラ対応調整官 (国連)
EID	emerging infectious diseases:	新興感染症
ERC	Emergency Relief Coordinator	緊急援助調整官
ERF	Emergency Response Framework	緊急時対応枠組み
EU	European Union	欧州連合
EWARS	Early Warning, Alert and Response System	早期警告・警報と対応システム
FAO	Food and Agricultural Organization	食糧農業機関
FENSA	Framework of Engagement with Non-State Actors	非国家主体のエンゲージメントの枠組み
G7	Group of 7	主要7カ国首脳会議
G8	Group of 8	主要8カ国首脳会議
G20	Group of 20	主要20カ国・地域首脳会議
GAVI	The Global Alliance for Vaccines and Immunization	ワクチンと予防接種のための世界同盟
GCCS	Global Conference on Cyber Space	サイバー空間に関する世界会議
GGE	Group of Governmental Experts	政府専門家会合
GHSA	Global Health Security Agenda	世界健康安全保障アジェンダ
GHSP	China-UK Global Health Support Programme	中英グローバル保健支援プログラム

GOARN	Global Outbreak Alert and Response Network	地球規模感染症に対する警戒と対応ネットワーク
GPHIN	Global Public Health Intelligence Network	地球規模公衆衛生情報ネットワーク
GPMB	Global Preparedness Monitoring Board	グローバル健康危機への備えのモニタリングに関する委員会
HFA	health for all	すべての人に健康を
HSS	health systems strengthening	保健システム強化
IAEA	International Atomic Energy Agency	国際原子力機関
IARC	International Agency for Research on Cancer	国際がん研究センター
IASC	Inter-Agency Standing Committee	機関間常設委員会
ICRC	International Committee of the Red Cross	赤十字国際委員会
IDA	International Development Association	国際開発協会
IHR	International Health Regulations	国際保健規則
IMF	International Monetary Fund	国際通貨基金
IMS	Incident Management System	危機管理システム
ITU	International Telecommunication Union	国際電気通信連合
JEE	Joint External Evaluation	合同外部評価
JICA	Japan International Cooperation Agency	国際協力機構
LNHO	League of Nations Health Organization	国際連盟保健機関
MDBs	Multilateral Development Banks	多国間開発銀行
MDGs	Millennium Development Goals	ミレニアム開発目標
MERS	MERS-CoV	中東呼吸器症候群
MSF	Medecins Sans Frontieres	国境なき医師団
NCD	non-communicable diseases	非感染症疾患
NTD	neglected tropical diseases:	顧みられない熱帯病
OCHA	Office for Coordination of Humanitarian Affairs	国連人道問題調整事務所
OIE	World Organization for Animal Health	国際獣疫事務局
OIHP	International Office of Public Hygiene	公衆衛生国際事務局
PEF	Pandemic Emergency Facility	パンデミック緊急ファシリティ (世界銀行)
PHC	primary health care	プライマリ・ヘルス・ケア
PHEIC	public health emergency of international concern	国際的に懸念される公衆衛生上の緊急事態
SARS	SARS-CoV	重症急性呼吸器症候群
SDGs	Sustainable Development Goals	持続可能な開発目標
SOP	Standard Operating Procedures	標準作業手順
SPS 協定	Agreement on the Application of the Sanitary and Phytosanitary Measures	衛生植物検疫措置の適用に関する協定
TICAD	Tokyo International Conference on African Development	アフリカ開発会議

UHC	universal health coverage	ユニバーサル・ヘルス・カバレッジ
UNAIDS	The Joint United Nations Programme on HIV/AIDS	国連エイズ合同計画
UNDAF	United Nations Development Assistance Framework	国連開発援助枠組み
UNDP	United Nations Development Programme	国連開発計画
UNFPA	United Nations Population Fund	国連人口基金
UNICEF	United Nations Children's Fund	国連児童基金
UNMEER	UN Mission for Ebola Emergency Response	国連エボラ緊急対応ミッション
UNRRA	United Nations Relief and Rehabilitation Organization	連合国救済復興機関
USAID	United States Agency for International Development	アメリカ国際開発庁
WFP	World Food Program	世界食糧計画 (国連)
WHE	WHO Health Emergencies Program	WHO 健康危機プログラム
WHO	World Health Organization	世界保健機関
WTO	World Trade Organization	世界貿易機関

グローバル保健ガバナンス

第1部　基本的枠組み

第 1 章

グローバル保健ガバナンスとは何か？

城山英明

はじめに

　本章では、本書において対象とするグローバル保健ガバナンスとは何かについて、概観する。まず、第 1 節では、グローバル保健ガバナンスの歴史的前提として、19 世紀末以来の国際保健行政の歴史的的展開を検討する。特に、1948 年に設立された WHO（World Health Organization: 世界保健機関）とその組織や運用における特色・課題に焦点を当てる。第 2 節では、1980 年代末以降における WHO 改革の議論と実践の展開について検討する。グローバル化の進展を背景に、保健分野と他の分野の連携、NGO との連携等が試みられ、その中で、グローバル保健ガバナンスと呼ぶことのできる対象が生成されてきた。第 3 節では、そのような背景の下、1990 年代の末以降、グローバル保健の具体的課題として取り組まれてきた感染症対策のための国際保健規則（International Health Regulation: IHR）の改正、タバコ規制、薬剤耐性対策、ワン・ヘルス、ユニバーサル・ヘルス・カバレッジといった課題について概観するとともに、それらの課題に取り組むために採用されてきた、グローバル保健ガバナンスにおける様々なアプローチについて検討する。第 4 節では、グローバル保健の具体的課題として、新興・再興感染症というグローバルリスクに対応するためのガバナンスの課題について、エボラ出血熱事例や最近の新型コロナウイルス感染症（COVID-19）事例にも言及しつつ検討する。最後に、第 5 節においては、第 4 節において論じた新興・再興感染症リスクに対する

グローバルなガバナンスと、原子力安全やサイバーセキュリティといった他の越境的リスクに対するグローバルなガバナンスとの比較検討を行うこととする。

1. 国際保健行政の創出と変容——WHO 設置の背景と特色

保健分野では、19 世紀後半以来、国際貿易の拡大に伴い、国境を越えた多国間的な対応が求められてきた。当初は、感染メカニズムに関する知識が不十分であったため、防止手段の有効性をめぐる論争が起こったが、科学の発展に伴い、1893 年には国際条約が締結され、1907 年には公衆衛生国際事務局 (International Office of Public Hygiene: OIHP) が設置された。また、第一次世界大戦後には、別個、国際連盟の下に国際連盟保健機関 (League of Nations Health Organization: LNHO) が設立された。両機関は独立して活動していたが、後に一定の連携を行うようになった (城山 1997)。また、第 2 次世界大戦期には、1943 年に設立された UNRRA (United Nations Relief and Rehabilitation Organization: 連合国救済復興機関) も、救済復興に関連して、国際保健に関する活動を行った。

これらの活動を踏まえて、1946 年 3 月から 4 月にかけて 16 ヵ国による技術準備委員会 (Technical Preparatory Committee) が開催され、その準備作業を踏まえて国際保健会議 (International Health Conference) が開催され、世界保健機関憲章 (Constitution of the World Health Organization: WHO 憲章) が採択された。この世界保健機関憲章により、公衆衛生国際事務局、国際連盟保健機関、UNRRA の保健活動を統合して、WHO (World Health Organization: 世界保健機関) が設置されることとなった。世界保健憲章は 1948 年 4 月に 26 ヵ国の批准を得て発効し、1948 年 6 月に第 1 回世界保健総会 (World Health Assembly) が開催された (Clift 2013: 17)。なお、子供に関する活動に関しては、UNRRA の活動を基盤として、1946 年に UNICEF (United Nations Children's Fund: 国連児童基金) が設置された (城山 2004a)。

国際保健行政における多国間活動の基本は、通知制度に基づく疾病発生情報の共有化であった。ただし、通知対象は限定されていた。1951 年に国際衛生規則 (International Sanitary Regulation) として制定され、1961 年に国際保健規

則 (International Health Regulations: IHR) と改名された規則では、対象が黄熱、コレラ、ペストの 3 つに限定されていた。

WHO には 2 つの大きな組織的特色・課題があった (城山 2004b)。第 1 に、WHO は分権的組織であった。いち早く 1902 年に設立されていた汎米衛生事務局 (Pan American Sanitary Bureau) は自律性が強く、同事務局は最終的には WHO の下の地域事務局となったが、プログラム運営上、人事上の高い自律性を維持した。その背景には当時の巨大拠出国であるアメリカの意向への配慮もあった。地域事務局長は地域諸国の選挙で選出されるという手続きもあり、同様の自律性は、他の地域事務局も享受することとなった。

第 2 に、WHO においては特定の疾病に焦点を当てて全世界的な対応を行う「垂直型アプローチ」と、各地域における現場の保健、経済、社会の様々な課題の相互関連に焦点を当てて各地域各国の保健システムの強化に焦点を当てる「水平型アプローチ」が、時代の課題に応じて使い分けられてきた。当初は、分権的組織においていかに普遍性を演出するのかという課題もあり、1955 年に開始された「マラリア撲滅プログラム」に見られるように、「垂直型」アプローチがとられてきた。マラリア撲滅プログラムは成功しなかったが、1967 年には天然痘撲滅プログラムが創設され、10 年で撲滅という目標を達成した。ただし、このような活動の資金としては、当初から、通常予算ではなく自発的拠出金に依存していた (Clift 2013: 23-24)。

他方、1973 年にハーフダン・マーラー (Halfdan T. Mahler) が事務局長に就任すると、プライマリ・ヘルス・ケア (primary health care) の達成が政策目的として掲げられ、分野横断的多次元的 (inter-sectoral and multidimensional) アプローチ、すなわち水平型アプローチが重視されることとなった (Brown et al. 2006: 66-67)。そして、1978 年には UNICEF と共同でアルマ・アタにおいて国際会議を開催し、プライマリ・ヘルス・ケア (PHC) を重視する新しい保健政策を掲げるアルマ・アタ宣言を採択した (本書第 3 章第 3 節)。そして、1981 年の世界保健総会では「2000 年までにすべての人に健康を確保するための世界戦略 (Global Strategy for Health for All by the Year 2000)」を採択し (Clift 2013: 26)、WHO は技術協力活動に活動の焦点を移すようになった (Lerer et al.2001: 425-426)。

　しかし、当時、資金提供機関としては世界銀行の役割が増大しつつあり、
WHO の相対的地位は低下していた。世界銀行は 1979 年に人口・健康・栄
養部を設置し、1980 年には健康セクター文書（Health Sector Policy Paper）を公表
した。そして、10 年後には世界銀行は WHO の数倍の資金を投入するよう
になった（Clift 2013: 28-29）。また、国際保健の潮流としても、垂直型アプロー
チが盛り返してきた。アルマ・アタ国際会議の直後、1979 年にはロックフェ
ラー財団支援の下、世界銀行、フォード財団、USAID（United States Agency for
International Development: アメリカ国際開発庁）、UNICEF 等が参加し、ベラジオ
会議が開催され、プライマリ・ヘルス・ケアを掲げたアルマ・アタ宣言への
代替肢として、「選択的 PHC（Selective PHC）」を提示した。そして、WHO と子
供に焦点を当ててより垂直型アプローチを採用する UNICEF との緊張が高
まった（Brown et al. 2006: 67-68）。

2.　グローバル化と WHO 改革の試み

　WHO の相対的役割が低下し、他方グローバル化が進展する中で、1980 年
代末以降、WHO への批判や改革が必要であるという議論が様々な論点に関
して行われるようになった。第 1 に、技術援助活動の比率が増大する中で、
WHO の分析的能力が低下しているという批判が行われた（Clift 2013: 30）。第
2 に、WHO の活動資金の多くが自発的拠出金等の予算外資金に依存してい
ること、通常予算は各国の保健省から来ているのに対して予算外資金は外務
省、開発機関から来ているといった課題が指摘された。第 3 に、WHO の地
域事務局長は地域委員会によって選出されるため、独特の地域的構造を持っ
ているという点も改めて問題として指摘された（Clift 2013: 31-32）。
　このような指摘をうけて、1988 年から WHO 事務局長を務めていた中嶋
宏の下で、1992 年に執行委員会は「グローバルな変化に対する WHO の対応
（WHO Response to Global Change）」を検討するためのワーキンググループを設置
した。1993 年の最終報告において、ワーキンググループは、WHO のリーダー
シップを代替する仕組みを作るのではなく、WHO の調整機能を強化する必

要があるとし、また、予算外資金の比率が高まっているという課題を指摘した。最終的には、1998 年 1 月の執行理事会に WHO 改革の議題が設定されたが、執行理事会のメンバーの拡大以外の改革は実現されなかった (Clift 2013, 7-8: 34-36)。

　このような状況の中で、中嶋事務局長自身の管理運営に対する批判（上級ポストの増大やその採用プロセスに関するもの）も高まった (Yamey 2002: 1170)。医学専門雑誌である BMJ (British Medical Journal) には、「WHO：変革か死か」(1995 年)、「WHO 改革とグローバルヘルス」(1997 年) といった WHO 運営に対する批判的論文が掲載され、1996 年には同様な観点からの会合がロックフェラー財団の主導の下で開催された (Clift 2013: 38)。

　そして、1998 年には、初めての外部からの事務局長として、元ノルウェイの首相であるグロ・ハーレム・ブルントラント (Gro Harlem Brundtland) が事務局長に就任し、WHO 改革を試みることとなった。具体的には、第 1 に、健康をより幅広い開発アジェンダの中に位置づけ、多国間開発機関、IMF (International Monetary Fund: 国際通貨基金)、NGO といった多様な国際機関等にアウトリーチを行った (Clift 2013, 39)。実際に、2000 年の沖縄における G8 においては議長国の日本と連携して健康を主要議題とし、同年に採択された MDGs (Millennium Development Goals: ミレニアム開発目標) においても健康要素を組み入れた (Clift 2013: 41)。また、ジェフリー・サックス (Jeffrey Sachs) を議長とするマクロ経済と健康に関する委員会 (The Commission on Macroeconomic and Health) を設置し、各国で健康問題を単に各保健省の問題ではなく経済全体の問題として位置づける枠組みを導入するとともに、WHO や世界銀行とは異なる官民連携による資金提供主体であるグローバルファンド (The Global Fund to Fight AIDS, Tuberculosis and Malaria) といった新たな仕組みの設置にも寄与した (Brown et al. 2006: 70)。

　第 2 に、具体的なフラッグシップ・プロジェクトとしては、マラリア対策であるロールバック・マラリアとタバコフリー・イニシアティブが重視された (Clift 2013: 8)。前者は、ある意味では垂直型アプローチの復権であるが、後者は、従来低下していたと批判されてきた WHO の分析機能（エビデンスに

基づく課題設定) を具体的に活用したものであった。

　第3に、内部管理に関しては、「WHO は1つ (WHO is one)」を掲げ、6つ の地域事務局間での予算上の協力を初めて試みたが (Lerer et al. 2001: 416)、地 域事務局との連携は達成されなかった (Clift 2013: 9)。また、外部からの登用 により、既存の WHO の内部職員は疎外感を持ったともいわれている (Clift 2013: 42)。さらに、予算についても、予算外資金は確保したが、通常予算を 増やすことはできなかった (Clift 2013: 9)。

　その後、2007 年に WHO 事務局長に就任したマーガレット・チャン (Margaret Chan) の下においても、2010 年以後、財政問題に背景に、プログラムの優先 順位設定に関するガバナンス、非国家主体との関係等に焦点を当てた改革 論議が行われた (Clift 2013: 9, 44)。そして、非国家主体を巻き込み仕組みとし て、世界保健フォーラム (World Health Forum) の提案や、利益相反に対処する ための倫理オフィスの提案が行われたが、大きな変化には至らなかった (Clift 2013: 47, 50)。

3. グローバル保健——新たな課題とアプローチの登場

　1990 年代後半以降、前述の WHO 改革にも見られた、保健分野と関連分 野とのセクター間関係の強化や NGO の役割の変化を背景として、国際保健 に代わってグローバル保健といった概念が用いられるようになった。以下で は、1990 年代後半以降の具体的な新たな課題に対して、どのようなアプロー チがとられるようになってきたのかを確認しておきたい。

(1) 国際保健規則改正

　SARS (重症急性呼吸器症候群)、鳥インフルエンザ等の新興・再興感染症やテ ロリズムといった新たな課題に対応するため、国際保健規則 (IHR) のあり方 が再検討され、2005 年に IHR の大規模な改正が行われた (城山 2016)。この改 定された IHR では、第1に、オールハザード・アプローチがとられた。こ のオールハザード・アプローチにおいては原因を問わず、「国際的に懸念さ

れる公衆衛生上の緊急事態（PHEIC）を構成するおそれのあるすべての事象（all events which may constitute a public health emergency of international concern（6 条）」が WHO への報告の対象となった。これには、感染症のみならず化学物質、放射線物質等によるものも含まれる。第 2 に、WHO は様々なチャネルから得られた情報に関して、当該国に照会し、検証を求めることができる（10 条）と規定され、非公式情報の積極的活用を可能とした。第 3 に、連絡体制として、ナショナル・フォーカル・ポイント（National Focal Point）を設け、WHO と常時連絡を確保する体制を設けることとなった（4 条）。第 4 に、加盟国には発見、評価、通告・報告に関するコアキャパシティの確保が求められ、発効後 5 年以内に満たすことが求められた（5 条）。第 5 に、WHO は、国際的公衆衛生危機の発生に際して、被害国、その他の加盟国が実施すべき措置に関する勧告を発出することができることとされ、勧告の基準としては、必要以上に交通・貿易を制限しないものであるという点が明示された（17 条）。ただしこの規定に強制力はなく、また勧告に従わない場合の規定等はなかった。このように、オールハザード・アプローチを採用することで、自然起因のものだけではなく人工起因に基づく危害を対象にするようになり、そのために国内的にも国際的にも幅広い機関とのネットワーク形成が求められるようになった（本書第 2 章）。

（2）タバコ規制

　タバコ規制枠組条約（Framework Convention on Tabacco Control）は、2003 年 5 月採択に採択され、2005 年 2 月に発効した（Roemer et al. 2005: 936）。WHO が従来行使してこなかった立憲的権能（constitutional authority）を行使した点、また、タバコの健康影響等に関する科学的エビデンスが国際的立法過程において大きな役割を果たした点で、タバコ規制のプロセスには特色があった（Taylor et al. 2000: 921-922）

　タバコ規制の起源は、1993 年 7 月のルース・ローマー（Ruth Roemer）とアリン・テイラー（Allyn Taylor）の会合であった。テイラーは、WHO の立憲的権能の活用を主張し、具体的には、気候変動分野等でも用いられている枠組み条約・議定書（Framework convention-protocol）アプローチを提唱した。ローマー、

テイラー等は、カナダの支援も得て、タバコ規制のアイディアを WHO に持ち込んだが、当初 WHO 職員は、過去 50 年法的拘束力を有する立憲的権能を行使せず、法的拘束力のない行動準則 (code of conduct) 等を好んでいたこともあり、抵抗した。しかし、中嶋事務局長は事務局長報告「タバコ規制の国際的手段のフィジビリティー (Feasibility of an International Instrument for Tobacco Control)」を 1996 年 1 月にまとめ、その結果は執行理事会 (EB97.R8)、世界保健総会 (WHA.49.16) に報告された (Roemer et al. 2005: 936-938)。

その後、1998 年にブルントラントが WHO 事務局長に就任すると、タバコ規制は 2 つのフラッグシップ・プロジェクトの 1 つとなり、たばこ産業は自主規制を志向し、抵抗していたにもかかわらず、条約採択は加速化された。その過程では、1998 年と 2001 年に支持決議を採択したアメリカ公衆衛生学会 (American Public Health Association) の役割も重要であったという (Roemer et al. 2005: 938)。また、介入手段の効率性 (cost effectiveness) に関する科学的研究も実施され、税が効率的な介入手段であるとされた (Shibuya et al. 2003)。

ただし、類似の課題であっても同じ軌跡をたどるとは限らない。例えば飲酒に関しては、リスクとしてはタバコと共通の性格があるものの、有害なアルコール利用に関する非拘束的な世界戦略が 2010 年に採択されただけであり、タバコにおける対応とは異なっていた (Gneiting et al. 2016)。

(3) 薬剤耐性対策

抗菌薬等が効かなくなる薬剤耐性 (Antimicrobial Resistance: AMR) の感染症が世界的に拡大し、公衆衛生及び社会経済に重大の影響を与えるようになっている。そのような中で、新規の抗菌薬等の開発は近年停滞しており、薬剤耐性に対する対抗手段は限定されつつある。その結果、被害規模は、保守的推定によっても現在追加的死亡者が毎年 70 万人にのぼると推定されており、2050 年には 1000 万人になると考えられている。そのうち、欧米は 70 万人程度であり、大半はアジアアフリカ諸国における死者であるとされる (Review on Antimicrobial Resistance 2014: 5, 13)。他方、発展途上国においては、必要な抗菌薬へのアクセス問題も持続している。

　抗菌薬の主要な用途としては、人向け用途（医薬品）と動物向け用途（医薬品、成長促進のための添加剤）がある。このうち、最初に問題にされたのが、成長促進のための畜産用の抗菌薬の利用である。イギリスで 1969 年に公表されたスワン報告（The Swann Report）において、人間にとって重要な抗菌薬を畜産における成長促進用に用いるべきではないという提言が行われた。その後、1985 年にはスウェーデンは立法により非治療目的での利用を禁止し、1990 年代後半にはデンマークも禁止した。そして、2006 年には EU も禁止した（Kahn 2016）。

　薬剤耐性一般に関する議論も、国際的に徐々に進展してきた。1998 年には WHO 事務局長は「新興等感染症：薬剤耐性事務局長報告（Emerging and other communicable diseases: antimicrobial resistance: Report by DG）」（A51/9）と題する報告を世界保健総会に提出し、世界保健総会は「新興等感染症：薬剤耐性」（WHA 51. 17）という決議を採択した。そして、WHO は 2001 年には、抗菌薬への適切なアクセスと利用を改善する介入方式の枠組みを示した「WHO 薬剤耐性封じ込め世界戦略（WHO Global Strategy for Containment of Antimicrobial Resistance ）」を策定した（WHO 2001）。

　その後、しばらく薬剤耐性に関する国際的政策は停滞していたが、2010 年代半ば以降、積極的に展開されることになる。WHO は 2014 年に、「薬剤耐性世界監視報告」を公表し、初めて、薬剤耐性の具体的な進行状況とそのインパクトに関して科学的データを提示した。そして、2014 年 5 月の世界保健総会においては、「薬剤耐性」（WHA67.25）という決議を採択し、2015 年には「薬剤耐性世界行動計画（Global Action Plan on Antimicrobial Resistance）」（WHO 2015）を策定した。この世界行動計画では、様々な社会のステークホルダーを巻き込む「全社会的（whole-of-society）」アプローチが提唱された。

　薬剤耐性対策は、WHO 以外の多国間枠組みの場においても議論された。国連総会では、2015 年 12 月に採択された「グローバルヘルスと外交政策：国際健康危機管理の強化（Global health and foreign policy: strengthening the management of international health crises）」（A/RES/70/183）という決議において薬剤耐性を取りあげ、2016 年 8 月の国連総会決議（A/RES/70/297）において、薬剤耐性に関す

るハイレベル会合の開催が決定された。そして、2016 年 10 月には、薬剤耐性ハイレベル会合の成果として「薬剤耐性に関する政治宣言」が取りまとめられ、総会決議として採択された (A/RES/71/3)。

また、OECD においても、ドイツが主導して、「G7 諸国等における薬剤耐性：経済的課題、政策、行動オプション」(Cecchini et al. 2015) と題する報告が取りまとめられ、薬剤耐性のインパクトの可視化と政策オプションの検討が行われた。そして、2015 年 10 月にベルリンで開催された G7 保健大臣会合宣言や 2017 年 5 月にベルリンにおいて開催された G20 保健大臣会合宣言においても、薬剤耐性は主要項目として取りあげられた。

(4) ワン・ヘルス・アプローチ

新興・再興感染症の多くが人畜共通感染症であり、薬剤耐性対策においても抗菌薬の人向けの利用と畜産における利用に一体的対応する必要があるため、動物の健康、人間の健康、さらには環境の健康を一体的にとらえるワン・ヘルスというアプローチが提唱された (Degeling et al. 2015)。具体的には、人間の健康や食品安全を担当する WHO、畜産を担当する OIE (World Organization for Animal Health)、畜産や食品安全を担当する FAO (Food and Agricultural Organization) の間での分野横断的な協力が試みられた (本書第 3 章第 6 節)。

このような関連機関間の連携の契機となったのは、1994 年に締結された WTO (World Trade Organization) の SPS 協定 (Agreement on the Application of the Sanitary and Phytosanitary Measures) であった。SPS 協定では、食品がかかわる衛生検疫措置が非関税障壁とならないために、各国の衛生検疫措置は存在する場合には「国際基準、指針あるいは勧告」に基づくものとされ、参照すべき国際基準として、食品の安全については WHO と FAO の合同プログラムであるコーデックス委員会基準、動物の健康及び人畜共通伝染病については OIE において作成された基準、植物の健康に関しては国際植物防疫条約事務局の下で作成された基準の 3 つが具体的に明示された (城山 2013: 第 5 章)。

このような経緯を踏まえて、2010 年 4 月には、FAO、OIE、WHO の三者間の連携枠組みとして、「FAO・OIE・WHO の連携：動物・人間・エコシス

テムの境界領域における健康リスクに対応するための責任の共有と世界的活動の調整：三者間ノート（The FAO-OIE-WHO collaboration: sharing responsibilities and coordinating global activities to address health risks at the animal-human-ecosystems interfaces: A Tripartite Note）」（FAO-OIE-WHO 2010）という文書が作成された。そして、基盤となる協力としては、人畜共通感染症、SPS 協定における協力があげられた。また、2017 年 10 月には、「三者間のコミットメント：健康リスクに対応するための複数分野における協働的リーダーシップ（The Tripartite's Commitment: Providing multi-sectoral, collaborative leadership in addressing health challenges）」（FAO-OIE-WHO 2017）という文書が作成され、薬剤耐性、狂犬病、人畜共通インフルエンザの対応が実績とされた。このような経緯を経て、2018 年には三者間の覚書（MOU）が締結された。

　特に、薬剤耐性への対策においては、具体的にワン・ヘルス・アプローチの必要性が強調された。前述の、2014 年 5 月の世界保健総会においては採択された「薬剤耐性」（WHA67.25）という決議、2015 年 12 月の国連総会において採択された「グローバルヘルスと外交政策：国際健康危機管理の強化」（A/RES/70/183）という決議、2016 年 10 月に採択された、薬剤耐性ハイレベル会合の成果としての国連総会決議「政治宣言」（A/RES/71/3）のいずれにおいても、一貫した、包括的な、統合された多分野に及ぶ活動を必要とするワン・ヘルス・アプローチが重視された。

(5) ユニバーサル・ヘルス・カバレッジ（universal health coverage）

　ユニバーサル・ヘルス・カバレッジ（UHC）とは「すべての人が、効果的で良質な健康増進、予防、治療、機能回復、緩和ケアを含む必要な保健医療サービスを、負担可能な費用で受けられること」（WHO 2019）とされる。このような考え方の歴史的起源は、1978 年に WHO と UNICEF が共催した「プライマリ・ヘルス・ケアに関する国際会議」におけるアルマ・アタ宣言が目指した「2000 年までにすべての人に健康を」という目標や、その実現のために提唱された、プライマリ・ヘルス・ケアというアプローチに遡る（本書第 3 章）。ただし、2000 年に国連で定められた MDGs では、保健分野において、母子

保健やエイズ、結核等の感染症対策は含まれたが、プライマリ・ヘルス・ケアのような横断的なアプローチは含まれなかった

　しかし、WHO の 2005 年の世界保健総会では、財政面を含めユニバーサル・ヘルス・カバレッジの実現に向け努力するよう各国や WHO 事務局長に求める決議「持続可能な保健財政、ユニバーサル・カバレッジ、社会健康保険」（WHA 58.33）が採択され、2007 年の世界保健報告書「健康アウトカム改善のための保健システム強化」では、「保健システム強化（health systems strengthening）」のためのフレームワークと保健システムの構成要素が示された。また、2009 年には「保健システム強化を含むプライマリ・ヘルス・ケア」（WHA 62.12）という決議も採択され、2010 年には世界保健報告書「保健システム財政：ユニバーサル・ヘルス・カバレッジへの道（Health Systems Financing: The path to universal coverage）」（WHO 2010）が公表された。

　その後、国連等他の多国間枠組みでも議論が行われることになる。2012 年には国連総会において、加盟国に対し保健システムの構築によってユニバーサル・ヘルス・カバレッジを目指し、MDGs に続く開発目標に UHC を盛り込み、ユニバーサル・ヘルス・カバレッジに関するハイレベル会合の開催を求める「国際保健と外交政策」決議（A/RES/67/81）が採択された。また、2015 年に採択された、2030 年までに達成すべき 17 の持続可能な開発目標（SDGs）において、保健医療に関する目標 3 の中で、「3.8 すべての人々に対し、経済的リスクからの保護、質の高い基礎的な保健医療サービスへのアクセス及び安全で効果的かつ質が高く負担可能な必須医薬品とワクチンへのアクセスを含むユニバーサル・ヘルス・カバレッジを達成する」とされ、ユニバーサル・ヘルス・カバレッジが位置づけられた。また、2016 年の G7 伊勢志摩サミットにおいても、ユニバーサル・ヘルス・カバレッジは緊急事態対応、薬剤耐性対応とともに主要テーマとして取りあげられた。2019 年の G20 大阪サミットとともに開催された財務大臣・保健大臣合同会合において確認された「途上国におけるユニバーサル・ヘルス・カバレッジ財政の重要性に関する G20 共通理解」では、保健・財務当局間の更なる協力が要請された。

　そして、2017 年 12 月には 2019 年にユニバーサル・ヘルス・カバレッジをテー

マとしたハイレベル会合を行うことを決定する国連総会決議 (A/RES/72/139)
が採択され、2019 年には国連総会においてユニバーサル・ヘルス・カバレッ
ジに関するハイレベル会合が開催された。そして、成果文書として、2019
年 9 月に「ユニバーサル・ヘルス・カバレッジ・ハイレベル会合政治宣言」(A/
RES/74/2) が国連総会決議として採択された (本書第 6 章)。

(6) 新たな課題の相互関係——共通項と差異

　以上のような新たな課題に対して求められるアプローチの特徴として、横
断的アプローチの要請をあげることができる。IHR においてはオールハザー
ド・アプローチが求められ、薬剤耐性対策においては全社会的アプローチが
求められ、ユニバーサル・ヘルス・カバレッジにおいては保健分野と財政分
野の連携が求められている。また、ワン・ヘルス・アプローチにおいても、様々
な分野の連携が求められている。

　また、組織としても WHO 以外の様々な多国間の場が関与するようになっ
ている。例えば、2016 年には薬剤耐性、2018 年には結核、2019 年にはユニバー
サル・ヘルス・カバレッジをテーマとして国連総会でハイレベル会合が行われ、
各々政治宣言が採択された。また、薬剤耐性、ユニバーサル・ヘルス・カバレッ
ジといった課題に対しては、ドイツと日本が中心となり、G7、G20 といった
場も重層的に活用している。これは、1990 年代末の WHO 改革によってブル
ントラントが提唱した、保健セクターに限定せずにアウトリーチしていくと
いう路線が 21 世紀に入り、様々な形で展開してきていることを示している。

　さらに、国際的政策過程において、科学的エビデンスが役割を果たしてい
るという点に関しても共通項がある。タバコ規制においては、タバコの影響
や介入策の効率性に関するエビデンスが一定の役割を果たし、薬剤耐性にお
いても、2010 年代半ばにおいて、薬剤耐性の実態や対応策に関するエビデン
スが蓄積されたことが、対応の展開に寄与した。

　他方、課題によってアプローチに差異のある面もある。例えば、タバコ規
制に関しては、拘束性を持つ国際ルールが設定されたが、薬剤耐性やユニバー
サル・ヘルス・カバレッジに関しては、いずれも国連総会のハイレベル会合

で政治宣言が採択されたが、基本的には各国に計画策定を委ねることとなっている。

　また、横断的アプローチを求められることの裏側として、多様な考慮事項の間でのバランスをどう確保するのかという課題が生じている。例えば、IHRにおいてはオールハザード・アプローチがとられているが、その中で健康リスクと安全保障リスクのバランスをどうとるのか、健康リスクと国境の封鎖等に伴う経済リスクとのバランスをどうとるのかが問われている。あるいは、ワン・ヘルス・アプローチにおいては、人間の健康、動物の健康、環境の健康のバランスを考えることが問われており、薬剤耐性に関しては、先進国等における抗菌薬の過剰な利用が問われるとともに、発展途上国においては必要な抗菌薬の利用をどのように確保するのかが問われている。

4. 新興・再興感染症対応のガバナンスの課題と対応

　第3節で述べたような新たな課題に対する新たなアプローチがグローバル保健ガバナンスではとられつつある。しかし、現実の対応では必ずしも成功しているわけではない。本節では、新興・再興感染症への対応のガバナンスに焦点を当てて、その課題と対応を確認してみることとしたい。主として2014年に西アフリカ地域で発生したエボラ出血熱の事例を素材とするが、現在進行中の新型コロナウイルス感染症 (COVID-19) についても暫定的な検討を行ってみる。

(1) エボラ出血熱事例

　2014年にギニア、シエラレオネ、リベリアの西アフリカ3カ国を中心に発生したエボラ出血熱の感染拡大により、感染症対応のためのWHOを中心とするグローバル保健ガバナンスの実効性への疑念が顕在化した。当初からNGOであるMSF (国境なき医師団) は事態の深刻さを主張したものの、WHOが迅速に対応することはなく、死亡者数は最終的に1万人以上に上った。WHO事務局長は、2014年8月になりエボラ出血熱の感染拡大をIHRに

おける「PHEIC（public health emergency of international concern）：国際的に懸念される公衆衛生上の緊急事態」として認定したが、この段階では制御は困難であった。そのため、9 月には、国連事務総長のイニシアティブにより、グローバルな健康への脅威に対応する初のミッションとして、UNMEER（UN Mission for Ebola Emergency Response: 国連エボラ緊急対応ミッション）が、国連総会及び安全保障理事会の決議に基づき設置されるに至った。そして、大規模な軍事的色彩も濃い部隊が派遣された（城山 2016、本書第 4 章）。

　この事例において確認された第 1 の課題は、セクター間の不十分な調整であった。WHO の中では、健康セキュリティ担当部局と人道的緊急時対応担当部局の調整が不十分であった。また、国連システムレベルでも、WHO と OCHA（Office for Coordination of Humanitarian Affairs: 国連人道問題調整事務所）の調整が不十分であった。そのため、WHO 内部では健康セキュリティと人道的緊急時対応の両者を統合するプログラムの必要性が認識され、最終的に 2016 年 5 月の WHO 総会において統合的プログラムである WHE（WHO Health Emergencies）プログラムの設立が決定された。また、WHO と OCHA の調整手続きとして標準作業手順（Standard Operating Procedures）も整備された。さらに、緊急時に即使用可能な資金調達の枠組みが限られることも対応の遅れを助長したと考えられ、WHO に 1 億ドルの CFE（Contingency Fund for Emergencies: 緊急対応基金）を設置することが合意された（本書第 5 章）。

　第 2 の課題は、国レベルでの能力であった。グローバル保健ガバナンスが実効性を持つためには、その基盤である国の能力強化が重要である。グローバル保健においては、最終的には IHR で求められた各国でのコアキャパシティの確保が重要である。しかし、発展途上国では、コアキャパシティの確保はなかなか困難であった。コアキャパシティの確保のために、IHR 実施状況の評価機能を強化することが課題とされた。エボラ対応における IHR の役割に関するレビュー委員会が 2016 年の WHO 総会に提出した報告がベースとなり、従来の自己評価によるコアキャパシティの評価に加え、各加盟国は 2019 年 12 月末までに外部者を含めた合同外部評価（Joint External Evaluation: JEE）を完了させ、以後 5 年おきに実施すべきことが提案された（WHO

A69/30）（本書第5章）。

　第3の課題は、新興・再興感染症に対する治療薬等の対抗手段の研究開発の遅れであった。エボラ出血熱ウイルスは1970年代には確認されていたにもかかわらず、治療薬等の研究開発は成功していなかった（WHO 2016: 7）。その背景には、感染症の治療薬等の需要が散発的であり、また、保健関係支出の少ない地域における需要が主であったという事情があった（WHO 2016: 5）。しかし、今回のエボラ出血熱対応に関する2015年のWHOのエボラ暫定評価パネル（Ebola Interim Assessment Panel）においても、研究開発の促進においてはWHOが中心的役割を担うべきだとされ、2016年5月には「疾病予防のための研究開発の青写真：行動計画（An R&D Blueprint for Action to Prevent Epidemics: Plan of Action）」（WHO 2016）と題する報告書が取りまとめられた。また、2017年の世界経済フォーラムにおける議論が契機となり、官民連携による研究開発促進のための組織として、CEPI（Coalition for Epidemic Preparedness Innovation: 感染症流行対策イノベーション連合）が設置された（CEPI 2020a）。そして、CEPIにおいては、MERS（中東呼吸器症候群）といった感染症への対抗手段の研究開発が開始された。

　他方、グローバル保健ガバナンスは、一定の強靱性も有していたといえる。第1に、感染症対応のためのガバナンス改革においては、他のグローバル保健課題に対する対応の場合と同様、重層的な多国間枠組みが活用されてきた。WHO、国連といった枠組みに加えて、G7、G20といった主要国の枠組みが積極的に活用された。エボラ出血熱感染拡大後のグローバルヘルスガバナンスの改革においては、2015年のドイツ、2016年の日本におけるG7サミット、2014年のイタリア、2017年のドイツにおけるG20サミットが大きな役割を担った。2014年に開催されたG20サミットにおけるエボラ出血熱に関する首脳声明では、IHRの完全な実施やそのための能力支援にコミットする方向が示され、2015年のG7サミットでは、IHRの履行の支援やWHOの能力を改革・強化する進行中のプロセスの支持が示された。さらに、2016年のG7サミットにおいても、保健システムの強靱化等が重要であり、そのためには、WHO改革、迅速な拠出を可能にする資金調達メカニズム、関連するステー

クホルダー及びシステムの間における行動の協調的な実施や IHR のより良い実施が必要であるという方向が示された。

　第 2 に、具体的な運用局面においては、民間組織・専門家を含むトランスナショナルなネットワークが積極的に活用されてきた。感染症対応においては、GOARN（Global Outbreak Alert and Response Network: 地球規模感染症に対する警戒と対応ネットワーク）という専門家ネットワークが重要な役割を果たしてきた。GOARN は、1997 年に専門家レベルでの既存の組織のネットワークとして設置され、国際的に重要な感染症流行に関する情報収集を行い、確認し、対応を行うために、人的リソース、技術的リソースをプールしている。現在は 200 以上の技術的組織のネットワークとなっており、600 以上のパートナー組織を有している（WHO 2020）。また、2000 年以来、130 以上の事態に対応してきた。2003 年の中国で発生した SARS への対応に際しても、中国政府の対応を促す上で、GOARN による情報共有が大きな役割を果たした（元田 2008）。また、エボラ出血熱への対応においても、895 人の多様な専門家を動員した（WHO 2020）。

　第 3 に、戦略的に競争関係にある米中の間での事実上の協力可能性もみられた。アメリカは、健康安全保障の観点からアフリカ諸国等の保健システム強化を、GHSA（Global Health Security Agenda: 世界健康安全保障アジェンダ）といった枠組みの下で、支援してきている。他方、中国は、2003 年の SARS 以降、国内衛生行政能力を発展させ、IHR コアキャパシティの構築を進めてきた。そして、それをベースに、アフリカ諸国等において保健システム強化の支援を行い、一帯一路政策とも関連させて、2017 年 8 月には「一帯一路」諸国保健閣僚会議を開催し、「北京コミュニケ」を発表した（本書第 8 章）。このようなアメリカと中国の活動は、戦略的目的においては異なるものの、アフリカ諸国における保健システムの強化といった局面においては、事実上協力可能な面もあった。

（2）新型コロナウイルス感染症事例

　2014 年のギニア、シエラレオネ、リベリアの西アフリカ三カ国における

エボラ出血熱流行の後も、いくつかの感染症危機が発生した。IHR におけ
る「PHEIC」としての WHO による認定は、3 回行われている。2016 年 2 月の
ジカ熱の流行、2019 年 7 月のコンゴにおけるエボラ出血熱の流行、2020 年 1
月の中国の武漢を起点とする新型コロナウイルス感染症（COVID-19）の流行
の 3 つである。これらのうち、コンゴにおけるエボラ出血熱の流行は、2014
年の西アフリカ三カ国におけるエボラ出血熱流行と同様、現地における紛争
や政治的不安定が、感染症の影響を大きくしたというタイプという危機で
あったが、新型コロナウイルス感染症の流行は、地域間、各国間で急激に感
染が拡大するといったタイプの危機である。

　中国は、2002 年から 2003 年の SARS の経験を踏まえ、感染症危機に対
する一定の対応はとってきた。当初、感染症危機に対する行政機関として
は、中央では国務院の衛生部、地方では衛生局が対応する体制であった。
SARS 発生の直前の 2002 年 1 月に、アメリカ CDC（Center for Disease Control and
Prevention: 疾病管理予防センター）をモデルに、中国 CDC（中国疾病控制预防中心）
が設置された。しかし、中国 CDC は、SARS 対応に関しては、報告共有・公開、
原因確定に時間を要し、十分機能しなかった。その後、2003 年 4 月の政治
局会議において、SARS が安定、国民の健康と安全にかかわる重要課題と位
置づけられ、状況を正確に把握して上層部に報告し、定期的に社会に公表す
ることが指示されて以来、強制的隔離措置も含め、対応が進むこととなった
（唐亮 2003）。また、このような対応の変化の背景には、WHO の影響があっ
た（井上 2010）。

　その後、約 10 年をかけて、基本的な突発公衆衛生事件のための制度が構
築された。被害への補償制度の構築、地方の CDC のインフラ整備等も進んだ。
また、中国は IHR 締約国として、要求されているコアキャパシティの要求
の達成を目指してきた。また、国レベルで保健医療行政を担う行政機関とし
て、2013 年の行政機構改革で衛生部と国家人口計画生育委員会との合併に
より国家衛生計画生育委員会が設置され、現在、国家衛生健康委員会となっ
ている（本書第 8 章）。

　このような SARS 以降の対応を踏まえ、新型コロナウイルス感染症への対

応に関しては、SARS の場合と比較した場合、一定の改善はみられた。政府が武漢において最初に患者・死者を確認したのは 2019 年 12 月 8 日であったが 1 カ月後の 2020 年 1 月 1 日には武漢の市場の閉鎖を行い、1 月 10 日には国際的なコンソーシアムが関与する形でウイルスの遺伝子解析を行い、SARS のウイルスとの類似性を確認した。また、症例の発生から政府が新たな流行を認めるまでの時間も、SARS の場合は 4 カ月近くかかったのに比べればかなり短かった (Nkengasong 2020)。しかし、当初、政府が情報の公開を制限し、また、実質的対応がとられたのが 2019 年 1 月後半であったために、旧正月を前に武漢から 500 万人ともいわれる大量の人々が移動するといったことが発生し (Phelan, et. al. 2020)、中国内各地、世界各地に流行が拡大することとなった。そのため、前例のない封鎖、様々なモノや人の移動の制限が行われることになった (Phelan et. al. 2020, Kickbusch and Leung 2020)。しかし、これらの厳格な制限に関する情報は、IHR (国際保健規則) が求めるように WHO を通して十分共有されてはおらず、また、制限のあり方自身も IHR に照らして適切なものであるのか、課題も残っている (Habibi et. al. 2020)。

　また、グローバルな対応としては、エボラ出血熱事例を契機に設立された官民連携組織である CEPI といった枠組みによる MERS への対抗手段の研究開発を足掛かりとして、新型コロナウイルスへの対抗手段の迅速な研究開発が 2020 年 1 月 23 日に開始されている (CEPI 2020b)。また、強制的な手段を活用して比較的早期に感染拡大を収束させつつあった中国は、2020 年 3 月半ばにはイタリア等ヨーロッパ諸国への医師や医療器材の支援も行った (World Economic Forum 2020)。しかし、大国であるアメリカと中国の間では、協力ではなく、新型コロナウイルスの原因等に関する非難合戦が行われ、対立は激化した (日本経済新聞 2020)。

5. グローバルリスク・ガバナンスとしてのグローバル保健ガバナンス

(1) グローバルリスク・ガバナンスとしての比較

　第 3 節、第 4 節においてみたように、グローバル保健ガバナンスの対象と

なる課題には、新興・再興感染症、タバコ、薬剤耐性、ユニバーサル・ヘルス・カバレッジ等様々なものがある。このうち、新興・再興感染症については迅速なガバナンスが主に求められるのに対して、タバコ、薬剤耐性、ユニバーサル・ヘルス・カバレッジについては長期的なガバナンスが主に求められている。

　他方、視野を他分野に広げてみると、新興・再興感染症リスクと同様、迅速かつ越境的なガバナンスを求められる分野として、グローバルな原子力安全リスク、サイバーセキュリティ・リスクを考えることができる。以下では、特に新興・再興感染症リスク対応に焦点を当てて、グローバル保健ガバナンスの特質を明らかにするために、原子力安全ガバナンス、サイバーセキュリティ・ガバナンスとの比較を行ってみることとしたい。これらの 3 つのリスクは、いずれも安全面 (あるいは健康面) のリスクと安全保障面のリスクの両側面を持つという点でも、共通性を有する (城山 2015)。

(2) グローバル原子力安全ガバナンス

　原子力発電事故への対応については、1986 年 4 月に発生したチェルノブイリ原発事故を契機として、IAEA (International Atomic Energy Agency: 国際原子力機関) 等において検討が進められた。そして、原子力事故早期通報条約及び原子力事故援助条約が締結され、1987 年に発効した。このうち原子力事故早期通報条約では、「他国に対し放射線安全に関する影響を及ぼし得るような国境を越える放出をもたらす又はもたらすおそれがある事故」(1 条) に関して、締約国は、直接に又は IAEA を通して物理的な影響を受けている又は受けるおそれがある国及び IAEA に対して、原子力事故の発生した事実、その種類、発生時刻及び場所を直ちに通報する (2 条) こととされた。

　その後、原子力安全条約が 1996 年に発効した。この原子力安全条約の下で、各国の措置に関する国別報告をピア・レビューするというメカニズムが構築された。個別の安全基準については IAEA 安全基準が設定された。IAEA 安全基準は、「安全原則」(safety fundamentals)、「安全要件」(safety requirement)、「安全指針」(safety guides) という階層構造をとっている。

　2011 年 3 月の福島原発事故後、このような国際的枠組みの改革に関する議論が提起された。2011 年 5 月にフランスで開催された G8 サミットの首脳宣言では、既存の原子力施設のリスク及び安全性に関する包括的な評価の実施、福島事故に照らして検討及び改定を正当化し得る事項を特定するための関連する IAEA 指針の検討といった方向が確認された。そして、2011 年 6 月に開催された IAEA の原子力安全に関する閣僚会議では、天野事務局長から、12 カ月以内に安全基準の強化に関する勧告を行うこと、今後 3 年間の間にランダムに包括的かつ定期的な審査をランダムに行うこと（抜き打ち審査）、グローバルな緊急事態対応システムを構築すること、情報収集と提供における IAEA の役割を構築する（具体的には、各国が確認した情報の配布だけではなく、危機の展開や放射線影響に関する分析・シナリオを提供する）こと等が提案された。これに対して、アメリカ等は安全対策強化に賛成しつつも、一義的には各国の責任で安全対策を行うべきだとの立場をとり、原発の導入を検討している途上国は、安全基準の引き上げがコスト等を引き上げることを恐れ、消極的であった（城山 2016）。

　その後、IAEA 行動計画が、2011 年 9 月の IAEA 理事会、同総会において決定された（IAEA 2011）。その内容は、教訓を踏まえて既存のピア・レビューを強化する、加盟国には定期的に（IRRS（Integrated Regulatory Review Service）ミッション等による IAEA ピア・レビューを自発的に受け入れることが強く奨励される、関連する IAEA 安全基準を見直し、必要に応じて改定するといったものであった。交渉過程において、ピア・レビューの受け入れを事実上の義務とする案が欧州諸国等によって支持されたが、原発の新規導入に熱心な中国、インド等の諸国が反対し、IAEA の権限強化を警戒するアメリカも難色を示したため、受け入れは任意となった。また、その後、既設炉に対しても新設路と同様の対応を求める原子力安全条約改正提案がスイスによって行われ、この提案を検討する外交会議が 2015 年 2 月に開催されたが、これについては合意できず、新設炉と既設炉の取り扱いの差異を許容する原子力安全に関するウィーン宣言を採択した（城山 2016）。

　このように、定期的包括的審査の義務化、抜き打ち化あるいは既設炉と新

設炉の同様の取り扱いは失敗したが、いくつかの具体的な制度改革は実現するに至った。第1に、福島原発事故をうけて、緊急事態対応に関する安全要件（IAEA が WHO、OCHA、FAO 等と共同で策定）の再検討が進められ、原子力放射能緊急事態分析・対応等が具体的に規定されるとともに、貿易影響の緩和措置の必要性についても明示された。第2に、事故収束を緊急時対応援助ネットワークの対象分野に追加し、必要な資機材リストを作成することとなった。第3に、定期的に IRRS（Integrated Regulatory Review Service）ミッション、EPREV（Emergency Preparedness Review）ミッション、OSART（Operational Safety Review Team）ミッションといった重層的なピア・レビューの仕組みの受け入れが、最終的には自発的にではあるが強く奨励されることとなった。これらのピア・レビューの仕組みは、実施のモニタリングの仕組みであるとともに、能力構築支援のための仕組みとしての意味も持っていた。また、能力構築一般に関しても、福島原発事故を踏まえて検討が進められ、2015 年には「原子力安全のための能力構築に関する IAEA 報告（IAEA Report on Capacity Building for Nuclear Safety）」が公表された（IAEA 2015）。

(3) グローバルサイバーセキュリティ・ガバナンス

　電気通信分野における国際組織である ITU（International Telecommunication Union: 国際電気通信連合）は、20 世紀終盤に電気通信自由化が進展するまでは大きな役割を担ってきた（城山 1997、第2章）。しかし、20 世紀末にインターネットが発展してくると、ITU の役割は比較的小さなものとなった（城山 2002）。

　そのような状況の中で、ITU は新たな環境における自身の役割を模索して、「情報通信技術の利用に関する信頼とセキュリティの構築（Building confidence and security in the use of ICTs）」を活動項目として掲げ、2007 年 5 月に ITU のトゥーレ事務局長（Hamadoun I. Toure）は、グローバルサイバーセキュリティ・アジェンダ（Global Cybersecurity Agenda）の実施を表明した。しかし、ITU の役割は、基本的には限定されていた。また、インターネットのセキュリティ等への ITU の関与の仕方をめぐっては、国際的対立が生じていた。2012 年の国際電気通信規則の改正過程においては、アメリカが一切のインターネット

規制に反対していたのに対して、中国等はインターネット規制に関する規定の追加を主張していた。また、旧ソ連諸国等がセキュリティ確保のための措置を義務付ける規定を追加すべきとしていたのに対して、アメリカはセキュリティという用語の追加にも反対していた。他方、ヨーロッパ諸国や日本は、表現の検閲にあたるような規制はすべきではないが、物理的なネットワークのセキュリティ対策については奨励する規定を追加することは許容するという立場であった。最終的には、国際電気通信規則に新たに 5A と 5B という 2 つの条項が追加され、5A においてはネットワークのセキュリティと強靱性 (security and robustness of networks) に関する規定が追加され、5B においてはスパム (unsolicited bulk electronic communications) 対策に関する規定が追加された。このような規則改定案が多数決で採択されたため、日米欧の 55 ヵ国は署名を行わなかった (城山 2020)。

　ITU 以外の国際的制度化も試みられた。例えば、GCCS (Global Conference on Cyber Space: サイバー空間に関する世界会議) が 2011 年にロンドンにおいて開催され、その後「ロンドンプロセス」として継続された。また、国連においては、安全保障問題も含めた幅広い枠組みの下で、サイバーセキュリティ問題が扱われてきた。国連では GGE (Group of Governmental Experts: 政府専門家会合) が設置され、検討が進められた。2013 年の第 3 次報告では、国連憲章を含む国際法がサイバー領域においても適用されること、情報通信技術関連の活動やインフラについても国家主権が適用されるとともに人権や基本的自由を尊重する必要があること、各国は国際的違法行為に関する義務を遵守するとともに代理者を用いた違法行為をすることのないこと、セキュリティ・インシデントに関する情報共有や各国のコンピューター緊急対応チーム間の情報交換を促進するとともに、能力構築支援を進めること等が確認された。さらに、第 4 次報告では規範内容に関する議論が深化したが、2016 年からの第 5 次 GGE においては具体的にどのような国際法の条項が適用されるのか等に関して合意することができなかった。

　GGE の議論の方向性については、G7 といった場においても、支持されてきた。例えば、G7 が 2016 年に採択した「サイバーに関する G7 の原則と行

動」においては、一般的方向として、能力構築及び意識啓発の促進が支持されるとともに、GGE の報告書の評価及び勧告を指針とすることを求めていた。また、G20 においても、例えば金融システムにおけるサーバーセキュリティに関しては、2017 年の G20 財務大臣・中央銀行総裁会議声明において、情報通信技術の悪意ある利用に対する G20 メンバー国における金融サービスと金融機関の強靭性を向上させるという方針が示された (城山 2020)。

　前述のように、インターネットは民間組織の役割が多い領域であり、サイバーセキュリティの課題に対応するためにも民間組織の役割は大きかった。アメリカでは 1988 年に CERT/CC (Computer Emergency Response Team/Coordination Center) というコンピューター緊急対応チームが設置された。その後、様々なコンピューターセキュリティ・インシデントに対応する活動を行う組織が設立された。これらは CSIRT (Computer Security Incident Response Team) と呼ばれる。CSIRT には、各国別のもの、セクター別のもの、個別企業と組織別のもの等様々な類型が存在した (Skierka, et al. 2015)。CSIRT の機能としては、インシデントへの受動的対応、予防等のための能動的サービス提供、セキュリティ品質管理といったものがあった。ただし CSHIRT は、国防、諜報ネットワークへの攻撃は扱わなかった (Dsouza 2018)

　また、国際的情報交換やインシデント対応における調整を促すために、CERT/CC が主導して 1990 年に FIRST (Forum of Incident Response and Security Teams) が設立された (FIRST 2020)。FIRST には、US-CERT のような国別 CSHIRT も参加しているが、多くは各企業別等の個別の CSHIRT が直接参加していた。FIRST の機能としては、早期対応、予防での協力、情報共有、ベストプラクティス促進、カリキュラム開発等があった (Desouza 2018)。

　CSHIRT のようなネットワーク型民間組織の役割も、G7 といった場においても支持されている。例えば、G7 が 2016 年に採択した「サイバーに関する G7 の原則と行動」においては、インターネットガバナンスに関するマルチステークホルダー・アプローチへのコミットメント、各国のコンピューターセキュリティ・インシデント対応チーム間の協力が支持された。また、GGE 第 4 次報告においても、他国の緊急対応チームを攻撃すべきではない

と規定されている (Tanczer, et.al. 2018)

　サイバーセキュリティにおいても、特に途上国における国レベルでの能力確保は大きな課題であり、これは ITU が一定の役割を果たした限定的分野でもあった。2007 年 5 月に ITU のトゥーレ事務局長が実施を表明したグローバル・サイバーセキュリティ・アジェンダにおいても、能力構築、国際協力は重要活動であった。そして、実際に、国別サイバーセキュリティ戦略の参考ガイドとして、2009 年に「発展途上国向けサイバーセキュリティガイド (Cybersecurity Guide for Developing Countries)」(ITU 2009) が発行された。また、「世界サイバーセキュリティ指標及びサイバー健康プロフィール報告 (Global Cybersecurity Index & Cyberwellness Profiles Report)」が 2015 年に出版され、指標に基づき各国の順位付けが行われるとともに、地域別のベストプラクティスが紹介された (ITU 2015)。

(4) 比較検討

　グローバル保健リスク、グローバル原子力安全、グローバルセキュリティ・リスクの 3 つの分野を比較すると、いくつかの共通の特色を指摘することができる。第 1 に、いずれにおいても多様な多国間枠組みが活用されている。WHO、IAEA、ITU のような機能別国際組織に加えて、一般的国際組織である国連、主要国組織である G7、G20 等が活用されている。第 2 に、いずれにおいても国レベルの能力構築の重要性が認識されている。第 3 に、いずれにおいても安全リスク (あるいは健康リスク) と安全保障リスクが連関しているが、一定の微妙な区別も維持されている。例えば、原子力については原子力安全と原子力セキュリティあるいは核不拡散は、いずれも IAEA が管轄するものの、枠組みや運用が区分されている。また、サイバーについても、CSHIRT は、国防、諜報ネットワークへの攻撃は扱わないことからも分かるように、サイバーセキュリティと軍事を区分している。また、WHO においても、IHR はオールハザード・アプローチを採用しているものの、WHO は生物兵器利用調査への関与は慎重であるとされる。

　他方、グローバル原子力安全、グローバルセキュリティ・リスクの 3 つの

分野を比較すると、いくつかの差異も指摘することができる。第 1 に、政府レベルの関与の程度が異なる。原子力安全に関しては、政府レベルの直接的関与の程度が強いのに対して、サイバーセキュリティに関しては、民間組織の役割が大きい。それに対して、グローバル保健リスクに関しては、WHO 等の政府間組織が中心的役割を果たすものの、GOARN 等の専門家ネットワークの役割も大きい。第 2 に、各国の規制に対するピア・レビューや各国間の情報共有の程度も異なる。原子力安全に関しては、原子力事故早期通報条約で事故に関する情報共有が義務化され、また、原子力安全条約をベースに、最終的には自発的とはいえ、重層的なピア・レビューのメカニズムの利用が強く奨励されている。他方、サイバーセキュリティに関しては、民間レベルの自主規制の側面が強いこともあり、情報共有やピア・レビュー、支援は相対的に限定されている。グローバル保健に関しては、IHR に見られるように情報共有は義務化され、コアキャパシティの確保が求められているが、その実施状況のレビューは、近年、合同外部評価が開始されているの、それまでは自己評価であり、限定されていた。ただし、情報共有に関する各国内の CDC の役割についてはサイバーセキュリティの世界では評価が高く、しばしばモデルとして言及された (Singer et al. 2014)。

6. 今後の課題と本書の構成

　第 3 節、第 4 節に見られるように、新興・再興感染症リスクに対するグローバル保健ガバナンスは、IHR の改正、エボラ出血熱事例後の改革等を通して、一定程度改善されてきた。しかし、現在の新型コロナウイルス感染症事例の展開に見られるように、課題も多い。特に、従来は発展途上国におけるコアキャパシティの確保が主たる課題とされてきたが、今回は先進国も含めた対応能力が問われている。また、歴史的に経験した感染症をリストアップし、それらへの対応準備を行うだけで十分なのか（より能動的に対応すべき感染症を想定する予防的かつ柔軟なアプローチが必要なのではないか）、需要が不確実な感染症への対抗手段に関する研究開発投資をいかにして確保するのかという基

本的課題も顕在化している（Center for Health Security 2017）。

　また、第5節で検討したような様々なグローバルリスクが相互に連結し、複合的対応が求められている（城山 2015、城山 2016）。例えば、新興・再興感染症リスクへの対応のために、人の物理的移動を制約し、テレワーク等を推進した場合、サイバーセキュリティに関するリスクの重要性は相対的に増大する。現在の新型コロナウイルス感染症（COVID-19）によるリスクに関しては、より幅広いリスクの相互連関もみられる。感染症リスクへの対応手段として様々な移動の制限等の規制の経済的影響というリスクも大きく、また、移動の制限といった対応手段は、家庭内におけるドメスティックバイオレンスといった社会的リスクも顕在化させている。そのような中で、いかにして様々なリスクのバランスをとるのかという、より高度な判断が求められている（UN 2020）。

　以上のような全体構造を背景に、本書では以下のような分析を展開していきたい。第2章では、国際保健規則（IHR）改正に見られる近年の感染症対策の国際的枠組みを明らかにし、第3章では、PHC（プライマリ・ヘルス・ケア）、健康への権利、UHC（ユニバーサル・ヘルス・カバレッジ）といったグローバル保健に関する規範の系譜について検討する。その上で、第4章では、2014年のエボラ出血熱事例への対応を検討し、第5章では、その後のWHO、世界銀行等によるグローバル保健ガバナンスの改革を検討する。また、第6章では、国連等によるユニバーサル・ヘルス・カバレッジに向けた動きを検討する。その上で、グローバル保健への対応は多層的なものであるため、第7章では、国レベルでの国際保健外交についてフランスに焦点を当てて検討し、第8章では、2003年のSARS以後、積極的に国内の保健ガバナンスを改革し、現在、一帯一路等の枠組みの下で、国際的展開も模索しつつある中国の動向についても分析する。新型コロナウイルスへの対応についても言及することとする。最後に、新型コロナウイルス感染症対応のグローバル保健ガバナンスにおける含意について、補論において試論的に検討する。補論1は、感染症対策と安全保障の交錯という観点から、現状とマネジメント上の課題を国際的に俯瞰しつつ検討する。補論2では、日本における新型コロナウイルス

感染症への対応の経験について、ガバナンスの観点から試論的に分析する。

参考文献

井上一郎「危機と中国の政策決定―事例研究：SARS への中国当局の対応」『中国研究論叢』2010 年 9 月号、111-125 頁。

城山英明『国際行政の構造』東京大学出版会、1997 年。

城山英明「電子社会構築への「ガバナンス」」『電子社会と法システム』(中里実・石黒一憲編著) 新世社、2002 年。

城山英明「国連児童基金」『国際機関と日本―活動分析と評価』(田所昌幸・城山英明編著) 日本経済評論社、2004 年 a。

城山英明「世界保健機構」『国際機関と日本―活動分析と評価』(田所昌幸・城山英明編著) 日本経済評論社、2004 年 b。

城山英明『国際行政論』有斐閣、2013 年。

城山英明「リスクの拡散と連動にどう対応するか」『シリーズ日本の安全保障 8：グローバル・コモンズ』(遠藤乾編) 岩波書店、2015 年。

城山英明「複合リスクとグローバルガバナンス―機能的アプローチの展開と限界」『岩波講座現代 4：グローバル化のなかの政治』(杉田敦編) 岩波書店、2016 年。

城山英明「グローバルリスク・ガバナンスとその限界」『思想』1149 号、2020 年、142-165 頁。

唐亮「SARS をめぐる中国の政治と情報」『国際問題』525 号、2003 年、56-70 頁。

日本経済新聞「新型コロナ　最悪に向かう米中関係 (The Economist)」2020 年 3 月 24 日。(20200324https://www.nikkei.com/news/print-article/?R_FLG=0&bf=0&ng=DGXMZO57114800T20C20A3TCR000)、2020 年 4 月 4 日確認。

元田結花「国境を超える感染症対策」『グローバル・ガバナンスの最前線―現在と過去のあいだ』(遠藤乾編) 東信堂、2008 年。

Theodore M. Brown, Marcos Cueto, and Elizabeth Fee (2006), "The World Health Organization and the Transition from "International" to "Global" Public Health", *American Journal of Public Health*, Vol. 96-1, 2006, pp. 62-72.

Michele Cecchini, Julia Langer and Luke Slawomirski, *Antimicrobial Resistance in G7 Countries and Beyond: Economic Issues, Policies and Options for Action*, Paris: OECD, 2015.

Center for Health Security, "The Characteristics of Pandemic Pathogens", Johns Hopkins Bloomberg School of Public Health, 2017.

CEPI, "Creating a World in which Epidemics are No Longer a Threat to Humanity" (2020a).

（https://cepi.net/about/whyweexist/）, 2020 年 4 月 4 日確認。

CEPI, "CEPI to Fund Three Programmes to Develop Vaccines against the Novel Coronavirus, nCoV-2019"（2020b）.（https://cepi.net/news_cepi/cepi-to-fund-three-programmes-to-develop-vaccines-against-the-novel-coronavirus-ncov-2019/）, 2020 年 4 月 4 日確認。

Charles Clift, "The Role of the World Health Organization in the International System", London: Chatham House, 2013.

Chris Degeling, Jane Johnson, Ian Kerridge, Andrew Wilson, Michael Ward, Cameron Stewart and Gwendolyn Gilbert, "Implementing a One Health Approach to Emerging Infectious Disease: Reflection on the Socio-political, Ethical and Legal Dimensions", *BMC Public Health*, Vol. 15: 1307, 2015.

Zahra Dsouza, "Are Cyber Security Incident Responses Teams Redundant or Can They Be Relevant to International Cyber Security", *Federal Communication Law Journal*, Vol. 69, 2018, pp. 201-226.

FAO-OIE-WHO, "The FAO-OIE-WHO Collaboration: sharing responsibilities and coordinating global activities to address health risks at the animal-human-ecosystems interfaces: A Tripartite Note", 2010.

FAO-OIE-WHO, "The Tripartite's Commitment: Providing multi-sectoral, collaborative leadership in addressing health challenges", 2017.

FIRST, "First History"（2000）.（https://www.first.org/about/history）, 2020 年 4 月 4 日確認。

Uwe Gneiting and Hans Peter Schmitz, "Comparing Global Alcohol and Tobacco Control Efforts: Network Formation and Evolution in International Health Governance", *Health Policy and Planning*, Vol. 31, 2016, i98-i109.

Roojin Habibi, Gian Luca Burci, Thana C de Campos, Danwood Chirwa, Margherita Cinà, Stéphanie Dagron, Mark Eccleston-Turner, Lisa Forman, Lawrence O Gostin, Benjamin Mason Meier, Stefania Negri, Gorik Ooms, Sharifah Sekalala, Allyn Taylor, Alicia Ely Yamin, Steven J Hoffman, "Do not violate the International Health Regulations during the COVID-19 outbreak", *The Lancet*, 13th February 2020（online）.

IAEA, *IAEA Report on Capacity Building for Nuclear Safety*, Vienna: IAEA, 2015.

ITU（2009）, *Cybersecurity Guide for Developing Countries*, Geneve: ITU, 2009.

ITU（2015）, *Global Cybersecurity Index & Cyberwellness Profiles Report*, Geneve: ITU, 2015.

Laura H. Kahn, *One Health and the Politics of Antimicrobial Resistance*, Baltimore: Johns Hopkins University Press, 2016.

Ilona Kichbusch, Gabriel Leung, "Response to the Emerging Novel Coronavirus Outbreak",

BMJ, Vol. 368, 31 January 2020.

Leonard Lerer and Richard Matzopoulos, ""The Worst of Both Worlds": The Management Reform of the World Health Organization", *International Journal of Health Services*, Vol. 31-2, 2001, pp. 415-438.

John Nkengasong, "China's Response to a Novel Coronavirus Stands in Stark Contrast to the 2002 SARS Outbreak Response", *Nature Medicine*, 27 January 2020 (online).

Alexandra L. Phelan, Rebecca Katz, and Laurence O. Gostin, "The Novel Coronavirus Originating in Wuhan, China: Challenges for Global Health Governance", *JAMA*, Vol. 323-8, 2020, pp. 709-710.

Review on Antimicrobial Resistance, *Antimicrobial Resistance: Tackling a crisis for the health and wealth of nations*, London: Wellcome Trust, 2014.

Ruth Roemer, Allyn Taylor, and Jean Lariviere, "Origins of the WHO Framework Convention on Tobacco Control", *American Journal of Public Health*, Vol. 95-6, 2005, pp. 936-938.

Kenji Shibuya, Christina Ciecierski, Emmanuel Guindon, Douglas W. Bettcher, David B. Evans, and Christopher J. L. Murray, "WHO Framework Convention on Tobacco Control: Development of an Evidence Based Global Public Health Treaty", *BMJ*, Vol. 327, 19 July 2003, pp. 154-157.

P. W. Singer and Allan Friedman, *Cybersecurity and Cyberwar: What Everyone Needs to Know*, Oxford: Oxford University Press, 2014.

Isabel Skierka, Robert Morgus, Mirko Hohmann, Tim Mauer, "CSIRT Basics for Policy-Mkers: The History, Types& Culture of Computer Security Incident Response Teams", GPPI and New America, 2015.

Leonie Maria Tanczer, Irina Brass and Madeline CARR, "CSIRT and Global Cybersecurity: How Technical Experts Support Science Diplomacy", *Global Policy*, Vol. 9-Suppl. 3., 2018, pp. 60-66.

Allyn Taylor and Douglas W. Bettcher, "WHO Framework Convention on Tobacco Control: A Global "Good" for Public Health", *Bulletin of the World Health Organization*, Vol. 78-7, 2000, pp. 920-929.

UN, *Shared Responsibility, Global Solidarity: Responding to the socio-economic impacts of COVID-19*, New York: UN, March 2000.

WHO, *WHO Global Strategy for Containment of Antimicrobial Resistance*, Geneve: WHO, 2001.

WHO, *Health Systems Financing: The path to universal coverage*, Geneve: WHO, 2010.

WHO, *Global Action Plan on Antimicrobial Resistance*, Geneve: WHO, 2015.

WHO, *An R&D Blueprint for Action to Prevent Epidemics: Plan of Action*, Geneve: WHO, 2016.

WHO, *Primary Health Care on the Road to Universal Health Coverage 2019 Global Monitoring Report*, Geneve: WHO, 2019.

WHO, "Partners: Global Outbreak Alert and Response Network（GOARN）"（2020）.（https://www.who.int/csr/disease/ebola/partners/en/）, 2020 年 4 月 4 日確認。

World Economic Forum, "China is Sending Medical Experts and Supplies to Help Italy Fight Coronavirus"（2020）.（https://www.weforum.org/agenda/2020/03/coronavirus-covid-19-italy-china-supplies/）, 2020 年 4 月 4 日確認。

Gavin Yamey, "WHO in 2002: WHO's Management: Struggling to Transform a "Fossilised Bureaucracy"", *BMJ*, Vol. 325, 16 November 2002, pp. 1170-1173.

第 2 章

国際保健規則とグローバル保健ガバナンスの構造

武見綾子

はじめに

本章では、いわゆる「国際保健行政」と呼ばれる分野が、国際的なガバナンスの構造という観点から見た際 1990 年代末から 2000 年代初めに大きな変化・展開を見せたことに注目し、特に感染症発生時の報告システムを中心に、その変化の態様および特色、背景について検討する。

2020 年現在新型コロナウイルス（COVID-19）の感染拡大が問題となり国際社会の対応に注目が集まっている。感染症の対応においては自然科学的なアプローチが中核となることは言うまでもない一方で、対処におけるガバナンスの在り方が極めて重要な意義を持つことが改めて浮き彫りになった。ガバナンスの改善にはまず実態となるその構造を理解することが必要であるところ、本章では、過去の国際保健、特に感染症に関する歴史的な経緯及び論点を整理することで課題意識を明確にする。

第 1 章でも見た通り、保健分野、特に国境を容易に越える感染症分野については早くから国際的対応の必要性が唱えられ、結果としてその対応も一部越境的に行われてきた。しかし、「国際的な対応」と一言で言ってもその態様は様々であり、感染症に対する国際的対応に関してはその歴史の長さの一方で、国家からの自主的な報告に依存する制度的な構造という面ではあまり変化がなかったと見ることもできる。

これに対し、2005 年に改正された公衆衛生上の重要問題の情報共有及び

対応に関する国際的な規則である国際保健規則 (International Health Regulations: IHR) では、①非国家主体からの報告の受け入れ、②対象となる疾病の大幅な拡大、の 2 点を中心とした大幅な発想の転換が行われた。このことは、単なる報告主体や対象となる疾病の射程の拡大というだけではなく、より一般的な国際保健ガバナンスの在り方としての報告義務付け方法や保健と他分野との関係性の深化などの展開を示しており、国際保健に関する課題について網羅的に対応を試みるものであった。

　本章は国際保健規則改正経緯を例として、安全保障と保健の関わりの変化の歴史を紐解くことで、特に感染症に対する国際的な対応の展開と課題を整理し、新型コロナウイルス (COVID-19) の事例も踏まえ、現状の課題と、今後の同分野の展開可能性について論じる[1]。

1. 国際保健行政の原型とその傾向

　本章の主題について論じる前に、より歴史的・伝統的には国際保健行政とされる分野にどのようなアプローチが取られてきたのか、どのような対応が行われてきたのかについて概観する。

　国際保健行政は、最も伝統的な国際行政の分野の一つである。歴史的にコレラ・チフス・ペストなどの大規模な感染症を始めとする疫病は極めて大きな経済的・社会的打撃を与えるものと認識されており、解決すべき優先順位の高い課題と見なされていた。同時に、この問題は一国家で対処することが難しく、また原因の究明においても他国からの情報が必要となることもあり、代表的な国境を超える問題の一つとして長く認識されてきた。

　その結果として、第 1 章にもあるように、様々な国家間の協力が行われたり、制度的な枠組みや情報交換のための組織が作られたりしてきた。例えば、1851 年　国際衛生会議の開始、1892 年の国際衛生条約の成立、1907 年の公衆衛生国際事務局の設置、さらには第一次世界大戦後の国際連盟保健機関 (LNHO) の設置や、第二次世界大戦後 (1948 年) の世界保健機関 (WHO) の設置、そして本章で取り扱う改正保健規則の原型である 1969 年の国際保健規

則の制定はこの代表的な例である。

　このように、疫病対策という観点からは、課題の影響の大きさ・国際的な対処の必要性という面の双方で国際的な保健課題への対処の重要性が 19 世紀半ばから認識され、この働きはその後も継続した。他の行政分野と比較してもかなり早い段階から国際的な協調行動の必要性が認識されていた点や、政治的な対立の激しい時期にもこれを継続しようとする試みがあったことは特筆に値する。

　しかしながら、これら「伝統的な」国際保健行政は、原則として各国の主権の強い尊重を前提とし、国の利益の最大化という観点から運用が行われてきた。

　例えば、19 世紀の一連の国際衛生行政の発展の背景は、端的に言って 1830 年代のコレラの大流行にあたり差し迫った感染症対策の方法論の共有をすること、及びコレラ等による貿易への影響を最小限に抑えることを目的としており、この目的を達成するための限られた範囲での合意が模索された。このある種の「謙抑性」は、一連の取り決めのみにおいてもしばしば対立があったことが記録されているのみならず、国際的な公式の合意が 1892 年まで 62 年間も取られなかったことからも推測される (Schepin and Yermakov,1991; La Confêrence sanitaire internationale. 1851)。

　これらの傾向――例えば、原則として国家的な利益確保のみに立脚した問題関心、国家主権／所掌範囲の尊重、謙抑的な範囲設定と運用――が見て取れるのは、19 世紀の国際衛生行政だけではなく、第二次世界大戦後の国際保健行政においても同様である。前述のとおり、国際的な感染症発生時の情報共有に関して 1969 年には国際保健規則が制定された。これは、国際的に影響の大きいと考えられる感染症の発生時、WHO 加盟国が WHO に対して通告する義務を課すもので、WHO はこの情報を受けた後、ウイークリー・エピデミオロジカル・レポート (Weekly Epidemiological Report) と呼ばれる週報によって各加盟国にこの情報を共有するものとされた。しかし、この規則は数度の改正を経て、天然痘の撲滅後はコレラ・チフス・黄熱といういわゆる三大疾病に報告対象が限定され、また加盟国からの自主的な報告を受けるこ

となく WHO が感染症の発生可能性を独自に探り週報で通告することも現実的には認められていなかった。

　この傾向は、その後 1970 年代、1980 年代においても継続した。理由はいくつか考えられるが、①冷戦等政治的な対立の存在、②顕現した脅威の性質（例えば HIV/AIDS はより長期的な介入が要求されるところ、いわゆる突発的な感染症の大規模発生である「アウトブレイク」とは性質を異にしていた）、③生医学的介入の効果の増大による感染症への関心の低減、などがあげられる。

　このように 1990 年代までの国際保健行政は、国際的な合意や組織化における対象の面で謙抑的であっただけではなく、他分野との関係においても基本的に「保健」という独立した分野としての側面が強調された。保健における国際協力が Inter-national、「国ー際」的な保健という認識に基づいていたところ、政治的な議論からの独立性を担保することは協力確保の面で有利と考えられたことが背景にあると考えられる。また、関連するアクターについても、前述のように国家の権限をある程度絶対視することが自明とされていたことで、国家及び国際機関以外のアクターが補完的な役割以上の権限を持つ主体として十分に取り上げられているとは言い難い状況にあった。

2. グローバル保健概念の展開

　「国際保健」に関するこういった認識や対象は、1990 年代後半より少しずつ変化し始める。国家と、それらが自国の利益を最大化するために設立した国際的な機関のみをアクターとし、国家によるボーダーコントロールとしての意味合いが強かったインターナショナル（Inter-national）、つまり「国の間の」保健行政から、徐々にグローバル（global）、つまりより総合的な観点から超国家的な視点も含めた構造への展開が見られるようになった。

　ここでは、概念的な側面から簡単にグローバル保健概念の特徴を簡単に整理する。

表 2-1

	グローバル保健(グローバル・ヘルス)	国際保健(インターナショナル・ヘルス)	公衆衛生(パブリック・ヘルス)
対象とする課題・地理的範囲	直接または間接的に健康に影響するが国境を超えうる課題	主に自国以外、特に低所得または中所得国の保健課題	特定のコミュニティーまたは国家の集団的な健康状況に影響する課題
協力のレベル	解決策の進展及び履行にしばしばグローバルレベルでの協調が必要	解決策の進展及び履行に通常2か国間での協力が必要	解決策の進展及び履行に通常グローバルレベルでの協調を要しない
個人または集団	集団予防及び個人の臨床ケアの双方を含む	集団予防及び個人の臨床ケアの双方を含む	主に集団予防プログラムに注力する
目的/保健医療へのアクセス	各国間及び人々の健康上の公平性(Health Equity)が主要な目的	他国の人々への援助の追求が主要な目的	一国内ないしコミュニティーにおける人々の健康上の公平性(Health Equity)が主要な目的
ディシプリンの種類	保健科学分野を超え、高度に学際的(interdisciplinary)・多分野的(multidisciplinary)	若干の分野を横断するが多分野性は強調されない	特に保健科学と社会科学間の多分野的(multidisciplinary)アプローチが促される

(Koplan et al. 2009 より引用、筆者訳)

グローバル保健概念について整理した代表的な論文として Koplan et al. (2009) が挙げられる。上の表は彼らが代表的な国際的公衆衛生上の概念について整理しながら、グローバル保健概念の射程を検討しているものである(ただし、ここでの国際保健はいわゆる国と国との関係としての性質より、途上国援助に関わる国際的な保健に関する活動に主眼を置いているため、上述の国家の主権への配慮等の性質を一義的に念頭に置くものではない。この点で、国際保健という概念の多義性も明らかになるところである)。

Koplan (2009) らは、グローバル保健の特徴を地理的な対象(Geographical reach)、協力行動の程度(level of cooperation)、保健へのアクセス(Access to health)、ディシプリンの範囲(range of disciplines)、などの観点から明らかにしている。つまり、グローバル保健の展開によって、地理的な範囲が多様化し、協力行動が深化し、様々な他分野との関係が深まったとするものである。特に協力

行動の程度とディシプリンの範囲については、グローバル保健分野の最大の特徴として衆目が一致している（例えば、Lee, K., Eckhardt, J., & Holden, C. ,2016）。

　グローバル保健概念によって、自国外の中低所得者への援助としてとらえられていた国際保健が、「人の健康に何らかの形で影響する、国境を超えた課題」としてより広く再定義されることになった。その性質上、かつて2国間や国の間での援助としてとらえられてきた国際保健は、より広く、グローバル水準の協力を要請するものと再理解されるようになったといえる。

　アクタ　の多様化も顕著であり、とりわけ2000年代からプライベートセクターの重要性が改めて叫ばれるようになった（Reich, M. R., 2000, Richter, J., 2004）。これには（相互に重なり合うものの）2つの側面がある。一つ目がいわゆるグローバルレベルでの巨大アクターの出現である。世界最大規模の民間財団であるビル＆メリンダ・ゲイツ財団はその象徴的な存在であり、資産規模でWHOを上回る。また、グローバル・ファンドのような半官半民の試みも展開を見せており、国際的な保健のガバナンスを中心的に担う存在すら、公的な国際機関にはとどまらなくなってきた。もう一点はいわゆる援助や協力の実行レベルにおいて、NGOを中心に私的機関が果たす役割が大きくなってきたことである。かつては国際機関の援助、2国間援助、そして被援助国を含む国家主体の努力が太宗を占めていた構造が、実行の面でも大きくNGOをはじめとする非国家主体の仕事に依存するようになった。

　これらと前後するようにして、保健概念自体が様々な別の分野と関係づけられるようになった。最も典型的なものは社会・文化的な側面と保健概念との関連付けである。例えば、タバコ問題や精神保健衛生などの分野は生医学的な観点を中心としてきた伝統的国際保健行政の中心に置かれては来なかったが、例えば2003年の「たばこの規制に関する世界保健機関枠組条約」は公衆衛生分野初の国際条約となるなど積極的な展開が見られた。NCD（non-communicable diseases）と呼ばれる非伝染病分野（肥満や生活習慣病含む）についてもWHOの近年の注力は目覚ましい。

　社会医学的な観点自体は決して新しいものではなく、むしろ重要性は認識されながら国際的な協力獲得のため試行錯誤が続いてきた分野だが、国際的

な注力分野におけるアジェンダ設定という観点から見た場合、ディシプリンを超えた分野の展開のインパクトは注目に値する。

3. 安全保障と保健の交錯

　さて、以上に述べたように、1990年代後半から2000年代初めにその端緒が形作られたグローバル保健概念の最大の特徴はディシプリンの範囲の多様化である。つまり、それまで国際保健分野において単純かつ謙抑的に保健分野のみに限って扱われてきた内容が、他分野との関係性を深めていったことが重要なガバナンス上の展開として認識されている。

　この点に関しては前述のように様々な分野との交錯関係が確認され、特に社会・経済的な分野に注目が集まるところだが、最も興味深い事例の一つが安全保障と保健との交錯関係である。具体的な例としては、米軍のサーベイランスネットワークの WHO の情報網への貢献が挙げられる。以下でこの展開について検討する。

　まず原則として、(国際)保健分野は軍事分野との関係で「独立」しており、少なくともかつては最も異質な分野同士の一つであると考えられてきた。理由はいくつかある。まずそもそも、(最も単純なことに)分野が異なっている。歴史的に「国際保健」という概念が感染症に関する国際的な情報共有や、あるいは厳しい環境にある途上国への援助として発展していく中で、「軍事」「防衛」概念と紐づけること自体が原則として不自然と考えられた。

　次に、仮に「軍事的な」要素が絡みそうな場合でも、実際に行政において国際保健分野を取り扱うにあたってはこれを意図的に避けるきらいがあった。特に第2次世界大戦中、戦後、そして冷戦時代も、軍事的な要素が非常にデリケートな要素をはらむ中で、「保健」はそういったやや政治的な文脈から離れているとフレーミングをすることによって国際的な協力を獲得できる可能性があったし、事実、政治的な対立のさなかにあっても国際的な協力を限られた範囲ではあるが実現してきた。例えば国際連盟保健機関（LNHO: the League of Nations Health Organization）の設立にあたっては、軍事化（militarization）を

避け、第一次大戦下、いわば軍事的な利益に利用され続けた ICRC（International Committee of the Red Cross）を組織として再定義しようという動機が背景にあったという（Davison,1919）。WHO の設立経緯においても、ミドルパワーの各国が国連の設立時に軍事的領域から保健分野を切り離し、非軍事的な領域でプレゼンスを発揮しようとして国際的に保健分野のイニシアチブを取ったことが、第二次世界大戦後の国際保健分野における協力体制構築の成功要因としてしばしば挙げられる（Chapnik, 2007; Lee, 2008; 安田 , 2014; Farley, 2009）。

　これらの性質、特に 2 つ目の軍事的な要素に関わる問題のセンシティブさに関しては、今でも大きな変化があるものではない。保健は特に中立性や個人情報の秘匿性が重んじられる分野でもあり、特に他分野のアクターとの関係構築時にはこれに細心の注意を払うことは国際保健に携わる者にとって重要な規律の一つであり続けている[2]。

　一方で興味深い事例として、極めて実務的な要請に基づき、軍事分野のアクターと保健分野のアクターが協力関係を構築するケースが挙げられる。一つの例が、DoD-GEIS（Department of Defense Global Emerging Infections Surveillance, 現 AFHSB: Armed Forces Health Surveillance Branch）と呼ばれる米軍の感染症探知ネットワークと、WHO との途上国における感染症サーベイランスに関する協力関係の構築である。

　DoD-GEIS は元来自然発生の新興感染症のサーベイランスを目的に、インフルエンザや他の呼吸器疾患、マラリアによる軍事的脅威への対応を第一の目的として 1998 年に設立された。海外に研究ユニットや研究所のネットワークを有し、主に極東、中東、アフリカ、ラテンアメリカのサーベイランス活動を行い「新種の」（new strains of）インフルエンザの確認を行ってきた（GEIS ,2003,p.5）。これらのネットワーク設立の背景には、1996 年の大統領令にもみられるように、1990 年代半ばから AIDS の脅威が深刻化する中で、アメリカでも軍の持つリソースを感染症対策へ動員すべきという政府による判断があったことが挙げられる（Presidential Directive, NSTC-7, 1996）。

　一方、WHO は、1990 年代半ばの新興感染症の対応のため、国際的なサーベイランス能力を向上させる必要に迫られていた。次節で詳述するが、この

時期に GOARN (Global Outbreak Alert and Response Network) と呼ばれる、多様な
アクターからの感染症情報の収集とレスポンスを行う新体制が構築されるこ
とになる。この中で、WHO は途上国においてしばしば軍事的な機関が臨床
研究所として優れた情報源になりうるということを理解していた。そのため、
WHO は集中的に各国の軍事研究所との間でネットワークを結び、サーベイ
ランスによる情報収集に利用しようとするようになる。特に当時 DoD-GEIS
は実質的に最も発展している軍事的なヘルスケア関連の資源の一つだったた
め、WHO と DoD-GEIS は積極的な協力関係を結ぶようになる。これらの協
力関係の結果、最終的には GOARN に DoD-GEIS が編入されることとなった。
この編入によって、様々な制限はあるものの、WHO を中心とする公衆衛生
上のネットワークが軍事手関連資源である DoD-GEIS の情報をすぐに受領
し対応するための体制が整ったということができる。また、2001 年 6 月よ
り WHO にアメリカ海軍から医師が派遣され、軍—民間の情報のコーディ
ネートを行うなど、人的な交流が盛んであることもこれらの連携を補強して
いる (Tornberg, 2003)。

　これらの連携は実際に一定の成果を挙げてきた。例えば DoD-GEIS は設
立時に新型のインフルエンザの特定を目的としていたことから、特にインフ
ルエンザの探知能力に優れているが、H5N1 への対応では発生時の早期探知
に DoD-GEIS が重要な役割を演じたし、2009 年 4 月、PHEIC が宣言された
H1N1 に関して、最初の 2 ケースを感知したのは AFHSC (Armed Forces Health
Surveillance Center) -GEIS だったとされている (Johns et al., 2011; GEIS, 2004)。

　また、2003 年の SARS の例においても、一般的には SARS を最初に探知
したのは WHO がカナダ政府とともに開発した GPHIN (Global Public Health
Intelligence Network) と呼ばれるインターネット上の情報を収集するインテリ
ジェンス機能であったとされるが、DoD-GEIS によっても重篤なインフル
エンザ B 型が発生したと疑われるケースが広州（広東省の省都）と北京で確認
されており、この情報は WHO にも伝達され、初報の重要な傍証となった
(Heymann & Rodier, 2004; Heymann, 2006)。以上のように、いくつかの大規模な感
染症の例において、DoD-GEIS (AFHSC-GEIS) が極めて有力なサーベイランス

上の役割を果たすとともに、WHO と DoD-GEIS の協力関係が機能していることが観察できる。

　なお、「DoD-GEIS は確かに軍に関連した組織だが、単に軍が保持するリソースを感染症対策に振り向けているというだけで、『保健—軍事』間の分野間交錯とは言えないのでは」という疑問が生じる。この疑問は DoD-GEIS の性質という観点から一面では正しい。しかしながら、DoD-GEIS の目的はあくまでも軍事的な安全保障であり、監視対象や体制の面でやはりかなり軍事的な色彩は濃い。例えば、DoD-GEIS ではそのサーベイランス及び対応の対象に、当然に生物化学兵器による新しい、または非確定の疾患も含まれる。また、DoD-GEIS は多様な意図に対応する、つまり感染症と生物兵器使用の双方に対応する監視システムの開発においても重要な役割を担っている。保健分野と軍事分野の異質性や双方の分野の関わりの歴史的な謙抑性を鑑みると、実務的な面からの要請によってこのような直接的な協力関係が構築されたことはやはり特筆に値する点である。

4. 国際保健規則の改正

　さてここまでにおいて、グローバル保健の概念に関する概観と、その具体例の一つとしての軍事機関と保健機関との「連携」行動を検討した。以下は、これまでに挙げた、①他分野 (非保健分野) と保健分野との関係性の深化 / 多様化、②非国家主体の意義の変化、というグローバル保健の特徴が端的かつ公式に観察できるものとして、2005 年の改正国際保健規則の内容とその改正経緯について取り扱う。なお、以下で「国際保健規則」とのみ記述するときは、原則として 2005 年の改正国際保健規則を指す。

(1) 国際保健規則改正の内容

　改正された国際保健規則の代表的な特色は以下の 3 点である。第 1 は、報告体制の整備、第 2 は関連アクターの拡大 (情報の収集先が国家のみに限られず私的機関も含む) 第 3 は情報共有権限の変化 (感染症情報の公開において被害国国

家の同意を必ずしも要求しない)、第 4 は報告対象の拡大(対象となる疾病が三大感染症のみから「重大な脅威をもたらす可能性のある感染症と疑われるすべてのインシデント」に拡大) である。

1. 報告体制の整備

　まず、同改正の一つ目の特色として、これまで各国それぞれの体制に任せていた報告の体制を大幅に整備したことが挙げられる。特に、加盟各国にはナショナル・フォーカル・ポイント (National Focal Point) と呼ばれる WHO との間の連絡窓口を事前に設置することを求められ、この窓口に感染症発見から 24 時間以内の報告を求める (第 4 条、第 6 条)。この条文が設定された背景には、以前、感染症発生時に各国の責任者・担当者が明らかではないことで連絡に問題が生じたことがある。

　この特色は第 2、第 3、第 4 の特色と比べると一見、端的には前述したような「グローバル保健」の性質に関連付けられないように見える。しかし、より直接的に WHO と国内の関連機関を繋いでいる点、またいわば国の中の制度に「介入」している点などを鑑みると、単なる制度としての効率化以上の含意がある制度であるといえる。とりわけ、いくつかの先行研究や経験則が指摘するように、感染症発生後の迅速な情報共有において「国」という単位も一枚岩ではないことを鑑みると、この制度は重要である。

　例えば、Panisset (2000) は、1991 年に発生したペルーでのコレラに関する国際的な情報開示に関して、国内での、特に省庁間の対立があったことを指摘している。保健大臣であったヴィダル (Vidal) はコレラの発生について早期の情報開示を行う予定であったが、コレラ流行の農業や経済への風評被害を懸念した大統領や漁業・農業省からの猛反対によってこの情報共有がとん挫したという (Panisset, 2000)。このように、国の一部で保健衛生上の観点から国際的な情報共有を促進しようとしても、別の機関が抵抗勢力となることは少なくない。

　このような懸念を緩和する方策として、このように事前にコンタクトポイントとなる機関を置いたことは重要で、経済的・政治的な観点から権限の相

対的に小さくなりがちな保健関連部門と国際機関を直接繋ぐことでより安定
的な情報共有が可能となりうる。一方、もちろん国が明確な意思をもって情
報の流出を阻止すれば、ナショナル・フォーカル・ポイントからの情報流出
を防ぐことは可能であり、この観点から意義は限定的になりうる。

2. 関連アクターの拡大

　関連アクターの対象拡大は国際保健規則改正時の最大のポイントの一つで
あるとともに、グローバル保健ガバナンスの重要な特徴とも関連する。

　第 9 条には、いわゆる「正規ルート」たる (国からの)「通告又は協議」以外の
情報源からの報告、という概念が出てきている。かつて、海外大使館など比
較的確度の高い情報源からの情報であっても、国が正式に通告しないために
WHO は一切の行動をとれない、という場合がしばしばあったという[3]。本
改正によって、非国家主体からの情報も検証の俎上に載せることができるよ
うになった。この傾向は、次の第 3 の特徴とあいまって国際保健規則の履行
義務確保のための重要な要素となっている。

3. 情報共有権限の変化

　第 9 条により情報を収集したのち、第 10 条によって WHO は検証フェー
ズに入る。最初にやることは、収集した情報のさらなる検証を加盟各国に求
めることである。現在でも運用面では最も重要な情報収集の主体は国家ない
し国家管轄の保健機関であって、能力上もまた権限上も大きく国に依存し、
また WHO も国の意思と主権を尊重している。例え非国家主体から情報を得
た場合でもこれは変わらず、24 時間以内に参加国に検証を要請し、当該国
が主体的に検証を行うことが期待されている。

　しかし、重要なのは第 10 条第 4 項である。同項は「参加国が協働の申し出
を受け入れなかった場合であっても、公衆の保健上の危険の重大さから正当
化される場合には、……世界保健機関は……自身が入手可能な情報を他の参
加国と共有することができる」と定める。つまり、非常に問題が重大な可能
性があれば、場合によっては当該被害国の意思に反してでも情報共有ができ

るとする。

　2003年のSARSや、2019年の新型コロナウイルスでは、中国からの報告の遅れが問題となった。被感染国・加盟国の情報公開に関する意思確認を待っていたのでは対応が遅きに失する可能性がある。一般的に感染症の対応は24時間以内の初動が最もその後の感染拡大の程度と関連し重要であるため、迅速性を重んじる必要がある。繰り返しになるが、この点の運用は実質的にはGOARNで既に開始されていた。しかし、国際保健規則という公式の「法文」において明確に国の意思に反するケースを想定したことは、国際保健行政に関わる長い歴史を鑑みても非常に大きな出来事である。

　条文では、「公衆の保健上の危険の重大性から正当化される場合には」という留保がついており、実際の運用ではこれをどのように判断するかがポイントになる。新型コロナウイルスの事例でも、本国際規則の存在にもかかわらず当初報告が行われることはなかったとされ、医師の告発によってはじめて一般的に事態の深刻さが共有される自体となった。この条文はそういった意味で国際保健ガバナンスの「制度上の」大きな進歩を表すものであると同時に、運用上の困難も突きつけている。

4. 報告対象の拡大

　最大の変化となったのが報告の対象である。第7条は、「その病原または源泉に関わらず」国際的に懸念される公衆の保健上の緊急事態を構成する恐れのあるケースの情報をWHOに報告することを求めている。これは少なくとも文面の上では事実上オールハザード・アプローチに近く、原則として自然由来の疾病（特に感染症）を所掌するWHOの伝統的な「管轄」をある意味逸脱しているようにも見える。ましてや、戦後ですら長く三大疾病のみに報告対象を限っていたところ、一気にここまで対象が拡大したことは極めて大きな特徴である。なお、国際保健規則改正時、日本政府はあまりにもこの対象が広すぎてWHOの機能を逸脱するのではないか、却って実効性に問題が出ないか等の懸念を表明していた[4]。最終的には本節(2)で見るような経緯もあり、この事実上のオールハザード・アプローチが採用されたが、こういっ

た懸念が表明されるほどの大きな変化であったということでもある。特に、原子力関係は IAEA（International Atomic Energy Agency）、化学兵器関係は OPCW（Organisation for the Prohibition of Chemical Weapons）の管轄であるところ、実際の調整行動をどのような手続にするかも含め、所掌範囲が問題となった。

（2）国際保健規則改正の経緯

さて、このように明らかかつ大幅な変更が 35 年ぶりに実現された背景にはどのような理由があったのか。それぞれの変化はどのような理由によってもたらされたのか。

一般的に最終的に合意に至った最大の理由とされているのは、2003 年に発生した SARS の脅威である。この問題が顕現したこと、及びその際に情報の伝達が遅れたことで被害が拡大したことによって、何らかの国際的な枠組みを作ることが急務であると認識されたことは、確かに国際保健規則が改正されたことの大きな原因の一つである。特に、Fidler（2004）らが詳細に論じるように、SARS では中国政府からの国際社会への報告の遅れが問題になり、この問題を解決しようとする姿勢が、感染症に関する国際規則を改正することで国家権限の制約が行われるのではないかと懸念する各国の重たい腰を上げさせた面は大きい[5]。

一方で、他の多くの問題の原因と同じように、背景とされる理由は必ずしも一義的には定まらない。特に、関連アクターの拡大、報告対象の拡大が起こった点に関しては、より長期的に見て、WHO の感染症に関する情報収集の仕組みの変化自体がより直接的な影響力を持っていると考えられる。以下で経緯を述べる。

1. サーベイランス・ネットワークの展開

先に何度か触れたように、1990 年代に入ると再興・新興感染症の脅威が問題となった。1980 年代ごろまでにあった生医学的な介入への信頼は基本的には揺るがなくても、それが必ずしも万能ではないと各国は認識するようになった。

　とりわけ大きな問題となったのは、感染症の報告義務の履行確保への懸念である。特に経済的活動が活発な新興諸国においては、(1)で述べたように、経済的な打撃への懸念から、感染症を報告するインセンティブが低い。この結果、報告をすべきか否かの検討に時間がかかったり、事実関係把握への積極性の低さにつながったりすることが少なくない。そして、これらが時に最終的にはより大きな経済的な被害を引き起こすことになる。いうまでもなく、2019年の新型コロナウイルスや2003年のSARSはこの典型である。新型コロナウイルスでは、多くの保健医療専門家によって、地方当局が隠蔽（いんぺい）を図ったため、初期段階でのウイルス拡散のスピードが速まった可能性が指摘されている（Page and McKay, 2020）。古い例では、1991年ペルーのコレラ、1994年インドのペストがこの代表的な例である。例えばペルーの例では前述のように保健省が報告しようとしても他省が大きく反対し報告できないという経緯もあった（Cash, R. A., & Narasimhan, V. 2000）。

　また、国によってはそもそも情報を収集したり、報告をしたりする能力自体が大幅に欠けているケースもある。後発途上国では感染症のサーベイランスネットワーク自体が整備されておらず、援助主体からの情報も断片的であることが少なくない。国の基礎的な保健に関する対応能力の低さにより地域ごと情報がブラックボックス化していることもしばしばあった。

　この点に関連して、さらにもう一つの問題点となったのが、多様化するアクター同士の情報共有のためのメカニズムの不在である。これは、特に資源の限定的なアフリカ諸国における感染症の対応で問題となった。例えば、1995年のコンゴ（旧ザイール）、キクウイトにおけるエボラ対応や、1997年の東アフリカにおけるリフトバレー熱対応などにおいて、多様なアクターがどのように対応するかの調整がつかず、状況に混乱が見られた（Enserink, 2004）。特に、WHOの関与するアクター、つまりWHO、WHO地域オフィス、CDC、MSF等のNGO、各国の保健省、他の国連機関（特にUNICEF及びFAOなど）、アカデミア等の間の情報共有や対処手順、ロジスティクスの処理等が十分に調整されず問題となった（Enserink, 2004, Zacher and Keefe 2008）。

　こういった問題に包括的に対処しようと、既存（または当時テスト中）のサー

ベイランスネットワーク同士、およびそれぞれのアクターによる専門家ネットワーク同士を統合して管理する必要性が意識されるようになった。これらを背景として、アイルランド人疫学者の Mike Ryan 氏のイニシアチブにより1997 年にパイロットが開始されたのが、GOARN と呼ばれるネットワークである（Enserink, 2004, Mackenzie et al. 2014）。

　GOARN は、地球規模感染症に対する警戒と対応ネットワーク（Global Outbreak Alert and Response Network）の略称で、アウトブレイクへの対処能力を何らかの意味で有する既存の機関やネットワークをさらにつなげたネットワークである。2019 年時点で 200 以上の機関が参加している。パートナーとなる機関やネットワークは多岐にわたり、米国 CDC のような代表的な公衆衛生専門機関やイギリスのロンドン大学衛生・熱帯医学大学院（London School of Hygiene and Tropical Medicine）、日本の長崎大学のような熱帯病に専門知識を有する大学に加え、オーストラリアの ARM Network（The Australian Response Masters qualification in Applied Epidemiology Network）のように、疫学者・公衆衛生学者による職能ネットワークも含まれる。さらに、MSF（国境なき医師団）、UNICEF や FAO など、代表的な NGO や国際機関も加わっている。

　加えて、前述のように、軍事関連機関の参加も特徴的である。アメリカの米国軍保健サーベイランス部門（Armed Forces Health Surveillance Branch: AFHSB）、ドイツのドイツ軍医療業務部（German Armed Forces Medical Service, Ministry of Defense）、ノルウェーのノルウェー軍医療業務部（Norwegian Armed Forces Medical Services）、フランスのフランス軍疫学公衆衛生部門（Centre d'épidémiologie et de santé publique des armées :CESPA）、に加え、研究機関としてはアメリカのアメリカ陸軍感染症医学研究所（U.S. Army Medical Research Institute of Infectious Diseases: USAMRIID）、タイの軍事医学研究所（Armed Forces Research Institute for Medical Sciences :AFRIMS）も含まれる[6]。

　GOARN の主たる機能はインシデント発生後の専門家による分析や専門家の現地への派遣であり、実質的な機能内容としてはかなり事後レスポンスによっているきらいがあるとされるが[7]、特に GOARN 設立時にはそれだけではなく、これらのネットワーク間ネットワークを活かしサーベイランス活動

を通じた情報収集と、可能な限りのアクター間調整を行うことが重要な機能
として企図されていた。

　他の国際的な取り決めにおいてもしばしばみられるように、本分野におい
ても、公式な規則に先んじて実務的な対応が行われていた。国際保健規則は
2005年まで改正されなかったものの、それより先に、国際的な問題の対処
において明らかに懸念されるいくつかの点を解消しようと、実質的に新たな
枠組みが構築されていたことになる。そして、本ケースにおける「先行する
実務的枠組み」であるGOARNにおけるいくつかの特色が、そのまま国際保
健規則の改正にも反映されることになった。

　まず、GOARNは定義上様々なアクターを含んでいることから、情報の
収集先を厳密に国家にのみ限定する意味が失われつつあった。この点は
GOARNのみに限ったことではなく、GPHINを代表とするインターネット
上の自動情報収集システムの展開やPubmed mailなど伝統的ながらインター
ネットの発展によって急速に迅速化した職能ネットワーク内の情報共有シス
テムなどの展開にも同様の性格がみられる。端的に言えば、「国から情報を
取ることに過度にこだわるより、直接最初に感染症の情報を入手した主体か
ら情報を入手したほうが早いし、正確になりうる」という状況が生じていた
（ただし、現在も、最も信頼に足り、情報収集に問題の少ないアクターは国家である
ことに変わりはない。あくまでも十分な可能性が生じたというだけである）。

　この背景にはもちろん、インターネットを中心とした技術的な発展による
情報共有の迅速化も関わっている。かつて感染症に関わる情報を国からの報
告に頼らざるを得なかったのは、もちろん国の権限や主権を尊重するという
意味合いもあるが、国単位で情報を収集することが効率性の面からも合理的
と考えられていたことが背景にあることは無視できない。技術的な変化は、
単純な情報収集のスピード向上以上の構造的な変化をもたらした。

　さらに、アクターの大幅な多様化と情報収集能力の技術的な向上・迅速化
は収集する情報の性質にも関わってくる。

　様々なアクターが感染症に関わり懸念される情報を提供するにあたり、そ
の疾病がどのような由来によるものか、どういった原因かについて報告前に

詳細に分析を行うことは、場合により報告を遅らせることになりかねない。例えインシデントの原因が人間の故意によるものでも自然由来のものでも、健康上の脅威に変わりない以上、幅広くかつ迅速に情報を収集しておき、必要な対応を行うべきであるとの認識が広がった。

　また、この背景として、アクターの多様化によって、そもそも色々な情報が収集されることになった点も挙げられる。例えば、先に見たようにGOARNには様々な軍事関連のサーベイランスネットワークが含まれているが、これらから報告にあたって緊急時において、厳密に人間の故意によるインシデントの可能性がある事例を排除するということは現実的ではないし、少なくともその分類をする時間的なロスや実質的なコストに見合わない。GOARNとのパートナーシップはパートナー機関にすべての受け取った情報を報告することを強制するものではないが（そもそも、そのような強制的手段を国際機関が持つことは極めて難しい）、明らかに軍事上の秘匿必要性がある事例を除いては情報を共有することが期待されているし、事実そのように運用されている。軍事的な機関ではなくても、UNICEFや国境なき医師団など必ずしも感染症に限られない健康問題を取り扱うアクターは、懸念材料となりうる幅広い情報を収集している。「厳密に、限られた数の自然由来の感染症だけを報告する」という枠組みはこの視点からも不適切なものとみられるようになっていった。

　こういった姿勢や関心事項は、World Health Assembly（世界保健総会：WHA）において正式に認識されることになる。例えば、2001年のWHAの報告書には、「WHOはそれが故意によるものでも自然発生のものでも、起こりうる公衆衛生上の結果を注視する。本組織の本分野における基本的な活動はすべてのレベルでの公衆衛生上の疾病を、それが故意によるものである可能性があっても、検知し対応することである」（WHA, 2001）とある。また、2002年にはWHAにおいて、WHOと全ての感染症のアラート・対応に関わる技術的なパートナー、関連する公的セクター、政府間組織、NGOやプライベートセクターとの協働を強化する」旨が述べられ（WHA, 2002）、GOARNによって形作られた「思想」が国際保健規則を含む新しい時代の「グローバルヘルス

ガバナンス」の構造を規定している様子が観察できる。

2. アメリカによる国際保健規則改正へのアプローチ

　総合的な判断において、同改正の最大の理由の一つは上述の「ネットワーク間ネットワーク」の構築であったと考えられる。一方で、別の角度から見た場合、オールハザードアプローチには異なったモチベーションもあった。

　2004 年 1 月の IHR ドラフトにおいて、アメリカは（感染症に関して、生物兵器等の）「意図的な放出が疑われる事例」を IHR の対象に含めるよう主張した。さらに、「公衆衛生上のリスク」の定義を「自然発生のものと同時に意図的な起源によるものを含む」と修正するよう勧めた。また、WHO が CBRN（化学（chemical）生物（biological）放射性物質（radiological）核（nuclear））の使用が疑われる例において現地捜査を行う権限を持つことを主張したのはアメリカであった（Weir, 2014）。

　これに対し、直接的に安全保障目的に WHO のネットワークが使われかねないとして途上国を中心に反発が起こった。イランは特に強硬に反対したが、様々な批判にもかかわらず 2005 年 1 月の IHR ドラフトにこれらの批判は十分に反映されず、変更後にほとんど変化がなかった。そのため、「モンテビデオ・ドキュメント」と呼ばれる資料がアルゼンチン・ボリビア・チリ・コロンビア・エクアドル・パラグアイ・ペルー・ウルグアイ・ベネズエラから提出され（Weir, 2014, Montevideo Document, 2005）、EMRO（WHO Eastern Mediterranean Region; WHO 東地中海地域事務所）や SEARO（WHO Regional Office for South-East Asia; WHO 東南アジア地域事務所）とともに最終的に WHO の CBRN インシデントの報告を義務付ける 45 条を削除することに成功した（Kelle, 2007; Weir, 2014）。

　つまり、ここまで大幅に報告対象が拡大した背景には、特にアメリカを中心としてオールハザードアプローチに展開する安全保障上のモチベーションがあったことは否定できない。アメリカにとっては、自身が情報を相対的に得にくい中東地域の情報を得ることができる可能性があったためである。権限範囲を拡大したい WHO の意図もあり、このようなモチベーションはオールハザードアプローチの採用に決してマイナスには働かなかった（Kelle, 2007）。

　しかし、途上国の反発もあって、アメリカの提案は直接的には受け入れられなかったし、そもそも前述のような公衆衛生実務上の意義とそれによるオールハザードアプローチへの素地もなく軍事的な利益のみを目的として国際保健規則を改正することは現実的ではなかった。やはり、最大の理由は公衆衛生上のネットワーク化、その効率化のモチベーションに求めることが適当であると考えられる。

5. 課題と展開

　以上に見たように、国家の壁や不確定な情報などの困難に直面しながら「いかにして公衆衛生上の脅威を素早く特定するか」という要請は、伝統的に大きく異なるとされてきた分野間にも交錯関係をもたらすなど実務的な対応の在り方を変え、制度面の大きな変化にもつながってきた。

　一方、新型コロナウイルスは、これまでの課題が持続していることを示すとともに、さらに新たな様々な課題を突きつけている。特に浮き彫りとなったのは、実務的に2005年の国際保健規則の思想を担保することの困難である。つまり、2005年改正で起こった「発想の転換」は非常に大きなものであった一方で、国境を超えた現場からの報告の確保、不確定要素が多い中での迅速な情報確認、情報共有、次善の策も含めた対策の実行に対する協調された支援、などがスムーズに行われたとは言い難い状況にある。

　また、資金面での課題もある。2013年エボラ出血熱発生時、柔軟性の高いファンディングが行えなかったことの反省から、新たにグローバル感染症に対する予算はWHOのCFE（Contingency Fund for Emergencies）や世界銀行のPEF（Pandemic Emergency Financing Facility）などの制度が一定程度確保された。しかし、一般的に予防的なものに対する資金の確保は困難となりがちである。「ブーム」が去ると予算がつかなくなり、結果として制度が存在してもそれを実行するに足りる機動性が落ち、実行が困難となることが少なくない。新型コロナウイルスへの対応においては、検証は中立的に行われる必要があるものの、ドナー国に対する配慮が必要であることがWHOでの緊急事態宣言

の遅れにつながったのではという批判も寄せられている。

　しかし、ある意味で最も実務的な困難となったのが、不確定要素の大きい状況におけるリスクを伴う判断に関する問題である。WHO は 2020 年 1 月 23 日、新型コロナウイルスについて一旦緊急事態宣言を見送っておりこの点にも批判が集まっているが、これには緊急事態宣言を出す判断に必要な情報、特にヒト－ヒト感染に関する情報が不十分であったことが背景にあると主張されている (Schnirring, 2020)[8]。各国の中国からの渡航制限に関する判断に際しても、初期段階に感染に関する現地の状況が掴めず、春節の経済活動に対する打撃との関係で判断に十分な要素が揃っていなかった。しかし、特に感染力が高い（疑いがある）感染症に関しては、初期にやや「過剰な」隔離措置を取ることが合理的な場合もある。不正確な状況下でどのような判断手続を取り、それをどのような形でコミュニケーションを取るのが適切であるか、今一度の見直しが必要となる可能性がある。

　その一方、新型コロナウイルスに関する対応は、科学技術の進歩によるグローバル保健ガバナンスの新しい展開を感じさせるものでもあった。新型コロナウイルスについて最初のアラートが出されたのは 2019 年 12 月 30 日、ボストン小児病院において運用されている疾病関連情報収集システムである HealthMap system であったとされる。また、公式に最もこれを早く報告したものの一つはカナダのスタートアップのブルー・ドットで、AI を用いて武漢でのアウトブレイクを 12 月 31 日に予想した。現段階では、確かに、AI は収集したデータに依存せざるを得ず、データのノイズから受ける影響もあることから、実際には人による観察が必要になる。今回の例でも、疫学者が HealthMap system 上で、人力でこの経緯を観察していた。それらの限界を前提としても、このような分析はサーベイランス行動に新たな方向性を示すものである。GOARN や改正国際保健規則が実現しようとしてきた「国や、情報の種類に捉われず幅広く迅速な情報共有を行う」という思想から一歩進んで、危険の可能性を科学の力を用いてプロアクティブに認識する、というフェーズに入りつつあるといえる。

　今後さらに、高い致死率かつ空気感染の未知の感染症が流行しないという

保障はどこにもない。現在の課題や状況を踏まえて、改正国際保健規則の理想が実現され、現実の感染症対応の水準を大きく改善するオペレーションを実現できるように、事前の対策が求められている。

注

1　本章は、未公刊の博士論文 松浦 (武見) (2017) を引用する。
2　インタビュー 1　世界保健機関　2016 年 8 月。
3　インタビュー 2　世界保健機関　2015 年 8 月。
4　インタビュー 3　世界保健機関　2015 年 8 月。
5　インタビュー 3　世界保健機関　2015 年 8 月。
6　パートナーの例について、全体 :https://extranet.who.int/goarn/　2014-2015 年のエボラ出血熱へ対応したパートナー :https://www.who.int/csr/disease/ebola/partners/en/
7　インタビュー 1　世界保健機関　2016 年 8 月。
8　台湾は、1 月頭の時点でヒトーヒト感染の疑いについて WHO に報告していたとされる。

参考文献

Cash, R. A., & Narasimhan, V. Impediments to global surveillance of infectious diseases: consequences of open reporting in a global economy. *Bulletin of the World Health Organization*, 78 (11) , 1358-1367, 2000.

Chapnick, *A. The middle power project: Canada and the founding of the United Nations*. UBC Press, 2007.

Davison, H. P. *The American Red Cross in the Great War (Vol. 46)*. Macmillan, 1919.

Enserink, M. A global fire brigade responds to disease outbreaks. *Science*, 303 (5664) , 1605, 2004.

Farley, J. Brock Chisholm, *the World Health Organization, and the Cold War*. UBC Press, 2009.

Global Emerging Infectious System. DoD Global Emerging Infectious System- Partnering in the Fight Against Emerging Infections ANNUAL REPORT fiscal year 2003, 2003.

Global Emerging Infectious System. DoD Global Emerging Infectious System- Partnering in the Fight Against Emerging Infections ANNUAL REPORT fiscal year 2004, 2004.

Heymann, D. L. SARS and emerging infectious diseases: a challenge to place global solidarity above national sovereignty. *ANNALS-ACADEMY OF MEDICINE SINGAPORE*, 35 (5), 350, 2006.

Heymann, David L., and Guénaël Rodier. "Global surveillance, national surveillance, and SARS." *Emerging infectious diseases* 10, no. 2: 173, 2004.

Johns, M. C., Burke, R. L., Vest, K. G., Fukuda, M., Pavlin, J. A., Shrestha, S. K., ... & Faix, D. J. A growing global network's role in outbreak response: AFHSC-GEIS 2008-2009. *BMC public health*, 11 (Suppl 2), S3, 2011.

Kelle, A. Securitization of international public health: implications for global health governance and the biological weapons prohibition regime. *Global Governance: A Review of Multilateralism and International Organizations*, 13 (2), 217-235, 2007.

Koplan, Jeffrey P., T. Christopher Bond, Michael H. Merson, K. Srinath Reddy, Mario Henry Rodriguez, Nelson K. Sewankambo, and Judith N. Wasserheit. "Towards a common definition of global health." *The Lancet* 373, no. 9679: 1993-1995, 2009.

La Confèrence sanitaire internationale. *Procès-verbaux De La Conférence Sanitaire Internationale Ouverte À Paris Le 27 Juillet 1851*, Nabu Press, 1851.

Lee, K. *The World Health Organization (WHO)*. Routledge, 2008.

Lee, K., Eckhardt, J., & Holden, C. Tobacco industry globalization and global health governance: towards an interdisciplinary research agenda. *Palgrave communications*, 2 (1), 1-12, 2016.

Mackenzie, J. S., Drury, P., Arthur, R. R., Ryan, M. J., Grein, T., Slattery, R., ... & Bejtullahu, A. The global outbreak alert and response network. *Global public health*, 9 (9), 1023-1039, 2014.

Montevideo Document, Consideration points of consensus between Argentina, Bolivia, Brazil, Chile, Colombia, Ecuador, Paraguay, Peru, Uruguay, and Venezuela with regard to Document A/IHR/IGWG/2/2, of 24 January 2005.

National Science and Technology Council, Emerging Infectious Disease, Presidential Decision Directive NSTC-7, 1996.

O'Brien and Larson, Can AI flag disease outbreaks faster than humans? Not quite, AP Feb 21., 2020.

Page and Mckay. The Wall Street Journal, Feb 13, 2020.

Panisset, U. B. *International health statecraft: foreign policy and public health in Peru's cholera epidemic.* University Press of America, 2000.

Reich, M. R. Public–private partnerships for public health. *Nature medicine*, 6 (6), 617-620, 2000.

Richter, J. Public–private Partnerships for Health: A trend with no alternatives?. *Development*, 47 (2), 43-48, 2004.

Schepin, Oleg P., and Waldemar V. Yermakov. *International Quarantine*, 1991.

Schnirring. WHO decision on nCoV emergency delayed as cases spike, Center for Infectious Disease Research and Policy, Jan 22, 2020.

Tornberg, Testimony at Committee on Government Reform: Subcommittee on National Security, Emerging Threats and International Relations held a hearing on Homeland Security: Improving Public Health Surveillance., 5 May, 2003.

Weir, L. *Inventing Global Health Security, 1994–2005. Routledge Handbook of Global Health Security.* New York: Routledge, 18-31, 2014.

World Health Assembly, Global health and Security: epidemic alert and response, WHA54.14, 2001.

World Health Assembly, Deliberate use of biological and chemical agents to cause harm, Provisional Agenda Item13.15, A55/20, 2002.

Zacher, M., & Keefe, T. J. *The politics of global health governance:* united by contagion. Springer, 2008.

松浦（武見）綾子『国際保健と安全保障の交錯―政策実施機能強化を目的とした対象の重複と情報共有の観点から―』博士学位請求論文、東京大学法学政治学研究科、2017 年。

安田佳代『国際政治のなかの国際保健事業―国際連盟保健機関から世界保健機関、ユニセフへ―』ミネルヴァ書房、2014 年。

第3章

UHC の国際的な伝播とグローバルヘルス外交
—— 「すべての人に健康を」という潮流のなかでの規範の展開

勝間　靖

はじめに

　ユニバーサル・ヘルス・カバレッジ（universal health coverage: UHC）という理念は、「すべての人に健康を（health for all: HFA）」というビジョンを実現するための政策的枠組みとして国際的に受け入れられるようになった。その際に、人間を中心としながら、感染症対策などの「垂直型アプローチ」と、保健システム強化（health systems strengthening: HSS）という「水平型アプローチ」を相互補完させる役割も期待されている。

　本章では、HFA へ向けた潮流のなかで、UHC が、規範・戦略・目標としてすでに国際的に合意されていた「健康への権利」、プライマリ・ヘルス・ケア（primary health care: PHC）、ミレニアム開発目標（Millennium Development Goals: MDGs）および持続可能な開発目標（Sustainable Development Goals: SDGs）などのそれぞれの概念とどのような関係にあるかを整理したい。

　そして、UHC が国際的に伝播していくにあたって大きな役割を果たした、世界保健機関（World Health Organization: WHO）、国際連合（国連）、主要7か国首脳会議（G7 サミット）または主要8か国首脳会議（G8 サミット）、主要20か国・地域首脳会議（G20 サミット）などにおけるグローバルヘルス外交や、UHC2030 という UHC を推進する官民パートナーシップの形成を振り返る。

　最後に、近年、新型コロナウイルス感染症（COVID-19）が世界的に流行するなか、新興感染症（emerging infectious diseases: EID）の脅威の緩和と、人びとの

新しい環境への適応が急務となっている。人間の安全保障の視点からは、脅威からの保護の政策と、とくに脆弱な人びとの強靭化のためのエンパワーメント（empowerment）の政策が必要とされる。UHC の理念がどのような視座を提供できるかについても議論する。

---

1. 「すべての人に健康を（HFA）」へ向けた国際的な潮流

1977 年に WHO が開催した第 30 回世界保健総会（World Health Assembly: WHA）において、2000 年までに「すべての人に健康を（HFA）」というビジョンと目標が、WHO 加盟国によって決議された。HFA の国際的潮流は、WHO 憲章（1946 年）の前文に明記された「到達しうる最高基準の健康を享有することは、人種、宗教、政治的信念又は経済的若しくは社会的条件の差別なしに万人の有する基本的権利の一である」（「健康への権利」）という国際的規範を出発点する。その実現のための国際保健開発の戦略や目標は、WHO 加盟国の保健大臣を中心とした議論のなかで、プライマリ・ヘルス・ケア（PHC）、健康の安全保障（health security）の視点を含めた特定の感染症への対策、保健システム強化（HSS）、ユニバーサル・ヘルス・カバレッジ（UHC）などに重点が置かれてきた。

HFA は、非常に野心的なビジョンであり、2000 年までに達成されることはなかった。そうしたなか、2000 年、国連がミレニアム・サミットを開催し、そこで国連加盟国の国家元首と政府首脳によって国連ミレニアム宣言が採択された。そして、宣言に基づき、2015 年までに途上国において達成すべきミレニアム開発目標（MDGs）が策定された。そのなかには、目標 4（乳幼児の健康）、目標 5（妊産婦の健康）、目標 6（HIV/ エイズやマラリアなどの感染症対策）が含められた。

MDGs は、目標 4 と 5 と 6 を含めて、2015 年までに達成されなかった。そうしたなか、2015 年の国連サミットでは、持続可能な開発目標（SDGs）を含めた「持続可能な開発のための 2030 アジェンダ」が採択された[1]。MDGs と違い、SDGs は途上国だけでなくすべての国連加盟国の目標として位置づけ

られた。その目標 3（すべての人に健康と福祉を）は HFA とも言える内容であるが、そのなかのターゲット 3.8 として UHC の達成が含められたことは注目される。

2.　健康への権利と UHC

「すべての人に健康を（HFA）」の根拠となる国際法上の規範として、「健康への権利」を位置づけることができる。WHO の設立基本条約である WHO 憲章（1946 年）の前文では、「到達しうる最高基準の健康を享有することは、人種、宗教、政治的信念又は経済的若しくは社会的条件の差別なしに万人の有する基本的権利の一である」と謳われているのはすでに見たとおりである。この考え方が、「健康への権利」という国際規範として発展してきた。

　この「健康への権利」は、国連総会で採択された世界人権宣言（1948 年）の第 25 条の「生活水準についての権利」として食糧、衣類、住居とともに含められた。さらに、経済的・社会的・文化的権利に関する国際人権規約（1966 年）の第 12 条の「健康を享受する権利」へと発展し、国際人権法において「到達しうる最高基準の身体および精神の健康を享受する権利」として認められてきた。

　「健康への権利」の内容の明確化や、その実現方法についての理解を深めるため、2002 年より、「すべての人の到達しうる最高基準の身体および精神の健康の享受の権利（健康への権利）」国連特別報告者が任命された。2002 年 8 月から 2008 年 7 月まではニュージーランド出身のポール・ハント（Paul Hunt）が、2008 年 8 月から 2014 年 7 月まではインド出身のアナンド・グローバー（Anando Grover）が、そして 2014 年 8 月から 2020 年 7 月現在までリトアニア出身のデイニウス・プラス（Dainius Pūras）がこの任務にあたっている。「健康への権利」国連特別報告者による報告やそれをめぐる議論において、医療以外の水・衛生や栄養などの健康の基礎的な決定要因（underlying determinants of health）や、国家の最低限の中核的義務（core minimum obligation）といった考え方が示されてきた（OHCHR & WHO 2008）。

「健康への権利」を保障するために、UHC の推進が重要な役割を果たすことは間違いない。UHC とは、すべての人が負担可能な費用で基礎的な保健医療サービスを受けられるようにするということである。その狭義の定義は、SDGs 目標 3 のターゲット 3.8 の指標によると、質の高い基礎的な保健サービス（安価な必須医薬品とワクチン等）へのアクセスと、すべての人びとに対する経済的リスクからの保護から構成される。したがって、保健サービスを受けるうえでの経済的障壁を下げることに重点が置かれる傾向にある。そのことは、一方で、質の高い保健サービスへのアクセスを拡大するために不可欠であるが、他方で、健康の基礎的な決定要因を含めた包摂的な学際アプローチが難しいという指摘もある（WHO 2015）。また、国家の最低限の中核的義務という視点が必ずしも含められない。そのため、明示的に、人権を基盤とした（human rights-based）アプローチをとり、国家の国際法上の義務の履行を求めながら、UHC を推進することが重要だとも指摘されている。

　このように、「健康への権利」は、HFA の根拠となる国際法上の規範であるが、UHC によって代替される概念ではない。筆者は、UHC の推進においては、「健康への権利」の保障へ向けて、人権を基盤としたアプローチをとることが、非差別の原則に沿って「誰も置き去りにしない（leave no one behind）」HFA につながると考えている（勝間 2020）。

3. プライマリ・ヘルス・ケア（PHC）と UHC

　HFA というビジョンを目指す国際的な潮流のなかで、戦略として合意されたのはプライマリ・ヘルス・ケア（PHC）という概念であった。1978 年に PHC を中核としたアルマ・アタ（Alma-Ata）宣言が採択され、国際保健戦略は大きく転換した。

　第二次世界大戦後に植民地支配から脱した新興独立国は、旧宗主国へ行かなくても先進医療や高等教育を自国で受けられるように、病院や大学の拡充のための援助を先進国に対して求める傾向があった。それは、自律的発展のために必要であったが、必ずしも「すべての人」のために保健・教育サービ

スを提供することにつながらなかった。こうした傾向を是正するために、教育分野ではジョムティエン (Jomtien) 宣言が採択される 1990 年まで待たなくてはならなかったが、保健医療分野では 1978 年、アルマ・アタ宣言が国際保健戦略の転換をもたらした。

(1) アルマ・アタ宣言

　1977 年に WHA において「2000 年までに HFA」というビジョンと目標が WHO 加盟国によって決議された翌年、アルマ・アタ (現在はカザフスタンのアルマティ) において、WHO と国連児童基金 (United Nations Children's Fund: UNICEF) の共催で、プライマリ・ヘルス・ケア (PHC) に関する国際会議が開催された。そこで採択されたアルマ・アタ宣言 (1978 年) は、HFA というビジョンの実現のためには PHC がカギになるとした[2]。

　アルマ・アタ宣言において、PHC の概念は、「科学的に有効でかつ社会的に受容できるやり方や技術に基づく必要不可欠なヘルス・ケアである。自立と自決の精神に則り、コミュニティや国がその発展度合いに応じ負担できる費用の範囲で、コミュニティのなかの個人や家族があまねく享受できるよう、十分な住民参加のもとで実施されるものである」と明示された。

　そして、実施上の原則として、①地域住民の参加、②地域住民のニーズに基づいた活動、③地域資源の有効活用・適性技術の使用、④多分野間の協調と統合、の 4 つが示された。また、具体的な活動項目として、①健康課題等にかかわる教育、②食糧供給と適切な栄養、③安全な水と基本的な衛生措置、④家族計画を含む母子保健、⑤主要感染症の予防接種、⑥風土病の予防と対策、⑦日常的な疾病と外傷の適切な治療、⑧必須医薬品の供給、の 8 つがあげられた。こうした内容は、コミュニティや住民を重視した公平性や、健康の基礎的な決定要因を含む包摂性・包括性で特徴づけられ、「健康への権利」とも共通している。

　しかし、アルマ・アタ宣言で提示された PHC は非現実的であるという批判もあった。そうした批判のなかでも、アルマ・アタ宣言で示された PHC 概念を非現実的な「包括的 PHC」としたうえで、特定の感染症や個別の疾患

に特化した「選択的PHC」こそが現実的であると主張する議論は大きな影響力をもった (Walsh & Warren 1979)。実際、1980年以降、コミュニティに根ざしたボトム・アップ (bottom up) な包括的PHCと、予防接種などを中心とした政府によるトップ・ダウン (top down) な選択的PHCとに方向性が分裂した結果、そもそもPHCとは何であったのかが不明瞭になってしまった。

(2) アスタナ宣言

　アルマ・アタ宣言から40年後の2018年、カザフスタンの首都のアスタナ (Astana) において、PHCに関するグローバル会議が再び開かれた。そこで採択されたアスタナ宣言 (2018年) において、PHCは、「健康への権利」の保障へ向けて、UHCおよびSDGs目標3の達成に必要とされる持続的な保健システムの礎石と位置づけられた[3]。

　また、UHCとSDGsとの関係を含めて、本来のPHCの概念の現代的な再解釈も試みられた。そこでは、PHCに焦点を絞ることが重要である理由として、以下の3点をあげている (WHO & UNICEF, 2018)。

① PHCは、複雑で急速に変化する世界に保健システムを適応・反応させることを可能にする。

②ヘルスプロモーションと予防を重視し、人間中心のアプローチをとることから、PHCは、不健康の主要因・危険因子のほか、将来に健康を脅かすかもしれない新たな課題に対処するうえで、非常に効果的・効率的である。

③ UHCと健康に関連したSDGsは、PHCに重点を置くことによってのみ、持続的に達成される。

　アスタナ宣言は、「健康への権利」という国際規範の保障へ向けて、PHCという戦略を再解釈し、今日の文脈において「持続的な保健システムの礎石」と位置づけ直した。そして、持続的な保健システムの礎石としてのPHCは、HFAへ向けたUHCおよびSDGs目標3の達成のために不可欠な戦略とされる。のちに見るように、2015年に採択されたSDGsにおいては、UHCが目標3のターゲット3.8に含まれたのに対して、PHCは明示的に示されなかっ

た。その意味で、2018 年のアスタナ宣言は、「包括的 PHC」か「選択的 PHC」かという長年の PHC 論争を終わらせ、国際開発目標における PHC の復権をもたらしたと言える。

---

4. ミレニアム開発目標（MDGs）から持続可能な開発目標（SDGs）へ

　時代を少し遡ると、1980 年代以降、選択的 PHC の提唱に基づき、予防接種などを中心とした 5 歳未満児の死亡率の削減が進められた。UNICEF は、子どもの生存キャンペーンを展開し、子どもの成長観察、経口補水療法、母乳育児、予防接種から構成される GOBI（Growth monitoring; Oral rehydration therapy; Breastfeeding; Immunization）プログラムを実施した。のちに、食料補給（Food supplementation）、出産間隔の延長（Family spacing）、女子教育（Female education）が加えられ、「GOBI-FFF プログラム」と呼ばれるようになった。

　なかでも、予防接種は重点的に進められた。その理由として、1988 年の WHA 決議に基づき世界ポリオ根絶計画が国際的な優先課題とされたことや、成果を数値化しやすく開発援助国からの資金が集まりやすいことなどがあげられる。また、その前提として、1980 年に天然痘の世界根絶宣言が WHO によって出されており、人に害のあるウイルスの封じ込めや根絶は可能であるという楽観論が大勢を占めていた。

（1）感染症対策とミレニアム開発目標（MDGs）

　ワクチンや治療薬がなく、封じ込めや根絶が困難とされる、顧みられない熱帯病（neglected tropical diseases: NTD）や新興感染症（EID）が国際問題化するようになり、楽観論が揺らぐようになってきた。1981 年、HIV/ エイズの最初の症例が報告され、先進工業国においても感染が拡大していったことから、開発援助国は途上国における感染症対策への支援により一層の関心をもつようになった。また、ワクチンがないなか、感染予防のための啓発を含めた教育が重視されるようになった（Kelly 2000）。

　さらに、その他の EID と合わせて、非伝統的な安全保障の課題であると

し、健康の安全保障という概念も使われるようになった。WHO 加盟国が合意した国際保健規則 (International Health Regulations: IHR) に基づき、WHO 事務局長は「国際的に懸念される公衆衛生上の緊急事態 (public health emergency of international concern: PHEIC)」を宣言できる (Katsuma 2017)。これまで、H1N1 新型インフルエンザ (2009 年)、野生型ポリオ・ウィルス (2014 年)、エボラ・ウィルス (2014 年)、ジカ・ウィルス (2016 年)、エボラ・ウィルス (2019 年) について PHEIC が宣言されてきた。最近では、2020 年 1 月、新型コロナウイルス感染症 (COVID-19) について PHEIC が宣言されたのは周知のとおりである。

　さて、2000 年 7 月に日本 (九州・沖縄) で開催された G8 サミットで、感染症対策が主要課題の 1 つとして取り上げられ、追加的資金調達と国際的なパートナーシップの必要性について主要 8 か国が確認した。それが、世界エイズ・結核・マラリア対策基金 (グローバルファンド) の設立 (2002 年) の発端となった。

　こうした感染症対策への関心の高まりは、MDGs における目標設定にも影響を及ぼした。目標 6 として、HIV/ エイズやマラリアなどの感染症対策が独立して取り上げられたことは、グローバルファンドの設立と深く関係していると考えられる。先進工業国は、とくに途上国における HIV/ エイズ対策のために、グローバルファンドに多くの資金を調達するようになった。それは、抗ウイルス薬を途上国へ供与することにも役立てられた。

(2) 持続可能な開発目標 (SDGs) と UHC

　選択的 PHC、予防接種、特定の感染症への対策などは、「垂直型アプローチ」と呼ばれることもある。しかし、途上国において個別の疾患や特定の感染症のみに資金が供与されることによって、保健セクターの実施体制に歪みを生じさせているという批判も高まった。そして、途上国の能力強化へ向けて、保健システム強化 (HSS) という「水平型アプローチ」を主張する声も大きくなってきた。

　SDGs の原則の 1 つは、「誰も置き去りにしない」であり、「持続可能な開発のための 2030 アジェンダ」では明示的でないが「健康への権利」との親和

性がある (Rao, et al. 2019)。また、SDGs の目標設定を見ると、選択的 PHC か包括的 PHC か、垂直型アプローチか水平型アプローチか、といった論争を踏まえて、これまで分裂していた流れを統合し、HFA の国際的潮流を再構築することになったのではないかと思える。

　まず、MDGs において 3 つ（乳幼児の健康、妊産婦の健康、感染症対策）あった保健関連の目標を、SDGs では目標 3（すべての人に健康と福祉を）と 1 つにした。次に、SDGs 目標 3 のなかのターゲット 3.8 として UHC の達成が含められた。「持続可能な開発のための 2030 アジェンダ」では、垂直型アプローチと水平型アプローチを相互補完させると同時に、生活習慣病と呼ばれる非感染症疾患 (non-communicable diseases: NCD) をも視野に入れたような政策的枠組みを UHC に期待しているとも考えられる。

　すでに見たとおり、SDGs では PHC について明示的でなかったが、アスタナ宣言において、PHC は、UHC および SDGs 目標 3 の達成に必要とされる「持続的な保健システムの礎石」とされた。その結果、HFA の国際的潮流のなかで概念的に整理されたと言えよう。

5.　G20 サミットと国連ハイレベル会合における UHC

　HFA の国際的な潮流において、UHC は包摂的な政策的枠組みを提供していると言えるのではないだろうか。日本では 1961 年に国民皆保険制度が整備されており、UHC の概念は目新しいものではないかもしれない。しかし、国際的には、ユニバーサル・カバレッジとして WHA で初めて決議されたのは 2005 年であった。そして、UHC について国連総会で初めて決議されたのは 2012 年である。この流れに沿って、2015 年に SDGs 目標 3 のなかに UHC が明記されたことになる。

　UHC を推進する国際的な官民パートナーシップである UHC2030 が、2016 年に伊勢志摩で開催された G7 サミットと神戸で開催された G7 保健大臣会合での賛同を受けて、同年に設置された[4]。2017 年、UHC2030 は、UHC 国際デー（12 月 12 日）とともに、国連によって公式に承認された。

2019 年、G20 サミットが大阪で、G20 保健大臣会合が岡山で開催された際、UHC をめぐって活発なグローバルヘルス外交が展開された (Bloom, et al. 2019)。G20 の首脳は、6 月 28-29 日のサミットの成果として、G20 大阪首脳宣言を採択した[5]。国際保健に関する合意は 30-33 項において示されたが、そのうち 30 項では UHC へのコミットメントが謳われた。また、のちに出てくるが、薬剤耐性 (antimicrobial resistance: AMR) に取り組むためのワン・ヘルス (one health) のアプローチについてもさらなる努力を約束している。

大阪 G20 サミットにおける UHC へのコミットメントは、3 つの点から重要だと考えられる (Katsuma 2019)。第 1 に、SDGs の目標 3 とターゲット 3.8 (UHC) の達成へ向けて、すべての関係者が調和を保ちながら努力できるようにするためには、すべての人の健康と福祉のための世界行動計画が必要であると国際機関に対して要請した。第 2 に、3 か月後に開催される UHC に関する国連ハイレベル会合への強い期待を表明した。第 3 に、G20 の財務大臣と保健大臣による合同の会合において「途上国における UHC ファイナンスの重要性に関する G20 共通理解」が合意された[6]。これは、UHC の達成のためには、保健省の努力のほかに、財務省による財政的措置が不可欠であることを反映したものであった。その際、世界銀行は、早期の UHC 達成への努力が、包摂的な経済発展につながることを示して、UHC ファイナンスを支持した。

2019 年 9 月、国連において、国家元首と政府首脳が集まり、UHC に関する初のハイレベル会合が開催され、政治宣言「UHC—より健康な世界をともに築こう」が採択された[7]。そこでは、UHC は、狭義の定義を超えて、より包括的な政策的な枠組みとして扱われた。また、同時に、10 を超える国際機関は、共同文書として、「すべての人の健康な生活と福祉のための世界行動計画」を発表した[8]。これは、大阪 G20 サミットでの要請に応えるものであった。

6. 新型コロナウイルス感染症 (COVID-19) と人間の安全保障

2019 年末に中国の湖北省にある武漢で EID がアウトブレイク (outbreak) し、

新しいコロナウイルス (coronavirus: CoV) の発見が、2020 年 1 月 12 日、世界保健機関 (WHO) によって確認された。新型コロナウイルス感染症 (COVID-19) と呼ばれている。それは、文字どおり世界的流行、つまりパンデミック (pandemic) になっており、ワクチンや治療薬がないなか、その終息の見通しが立たない。

すでに見たとおり、WHO は、新型コロナウイルス感染症 (COVID-19) について 6 度目となる PHEIC を宣言した。しかし、院内感染を防止するための受診者を対象とした検査キットの開発や、N95 マスク、シールド付きマスク、帽子、ガウン、手袋など医療従事者にとって不可欠な個人防護具 (personal protective equipment: PPE) の調達のほか、ワクチンや治療薬の研究・開発において、WHO は国際協力を十分に促進できていない。それどころか、アメリカ政府と中国政府はウイルスの発生源をめぐって激しい応酬を繰り返している。また、アメリカのドナルド・トランプ大統領は、WHO 事務局長が中国寄りであると批判し、WHO への拠出金の支払いを停止したうえ、2020 年 7 月に 1 年後の脱退を WHO に通知している。このように、WHO 加盟国を含めた国際社会には亀裂が入っている。

他方、WHO 改革の必要性は認めつつも、WHO を代替する国際機構はないという冷静な立場もある。たとえば、アメリカの拠出金の支払い停止によって財政的に苦しい WHO が新型コロナウイルス感染症 (COVID-19) 対策に継続して取り組めるよう、国連財団とスイス慈善財団は基金を設立した。この「WHO のための新型コロナウイルス感染症対応連帯基金 (COVID-19 Solidarity Response Fund for WHO)」は、政府間国際組織である WHO の活動のために市民社会や民間企業から募金を集める新しい試みとして、グローバルヘルス・ガバナンスの観点から注目される。これによって、WHO による新型コロナウイルス感染症 (COVID-19) 対策のほか、そのパートナー組織である UNICEF による新型コロナウイルス感染症 (COVID-19) の脅威に晒された子どものための活動や、感染症流行対策イノベーション連合 (Coalition for Epidemic Preparedness Innovation: CEPI) によるワクチン開発が支援される[9]。

(1) 健康の安全保障

　先進工業国も大きな影響を受けているなか、国際保健開発の戦略や目標は、新型コロナウイルス感染症 (COVID-19) という特定の感染症への対策を中心とした「健康の安全保障」の視点に重点が置かれがちである。しかし、とくに途上国において、HIV/ エイズ、マラリア、結核のほか、NTD が多くの人びとを脅かしていることを忘れてはならないだろう。また、子どもへの定期予防接種について、途上国のなかにはワクチンの調達などに課題を抱える国もある。未知のウイルスの脅威に直面して、自国第一主義になりがちであるが、先進工業国は、従来からの途上国への国際保健協力を継続するべきであろう。

　さて、新型コロナウイルス感染症 (COVID-19) は、ヒトに感染するコロナウイルスとしては 7 つ目となる。7 種類のうち 4 つは、世界的にヒトのあいだで蔓延しているが、風邪のように、軽い症状しか出ないことが多い。残りの 3 つは、今回の新型コロナウイルス感染症 (COVID-19) を含めて、より重い症状を引き起こすことがある。2002 年に中国の広東省で発見された重症急性呼吸器症候群コロナウイルス (SARS-CoV) は、キクガシラコウモリのコロナウイルスがヒトに感染するようになったと考えられているが、翌年 7 月までに 30 以上の国と地域に感染拡大し、感染確認者は約 8,000 人、死亡確認者は 700 人以上に達した。2012 年にサウジアラビアで発見された中東呼吸器症候群コロナウイルス (MERS-CoV) は、ヒトコブラクダのコロナウイルスがヒトに感染するようになったと考えられているが、2019 年末までに 27 か国に感染拡大し、約 2,500 人の感染が確認され、800 人以上が死亡している。すでに知られているコロナウイルスと比較すると、今回の新型コロナウイルス感染症 (COVID-19) は、これまでに確認されている感染者が 1,500 万人以上、死亡者が 62 万人以上 (2020 年 7 月 23 日現在) と、桁違いの規模に拡大している [10]。

　感染規模の著しい拡大の理由として、第 1 に、保健システムの問題であるが、症状が出ていて感染が疑われる者がいても、ウイルス感染の判定などに使われるポリメラーゼ連鎖反応法 (polymerase chain reaction: PCR) による遺伝子検査 (PCR 検査) がすぐに実施されないため、感染が未確認のままで残され

ていることがある。また、結果が出るまで時間のかかる PCR 検査のほかに、短時間で結果の出る抗原検査キットがないか、あっても精度が低いため、感染を確認できない場合もあるだろう。

　第 2 に、新型コロナウイルス感染症 (COVID-19) の特筆すべき点として、感染しても、無症状か軽症後の回復のため、無自覚のまま日常生活を過ごしている者が相当数いると思われる。今後の研究を待たなくてはならないが、無症状の感染者が他者へ感染させる可能性があるという報告がある。いずれにせよ、検査で感染者を見つけ、隔離することによって、非感染者へのさらなる感染が拡大しないようにする、という対策を取ることが難しい状況である。そのため、自覚していない感染者や、症状のあるのに未確認の感染者が、接触者追跡 (contact tracing) を難しくする形で感染を拡大させている可能性があると言えるだろう。

　たとえば、韓国を見ると、2015 年に発生した MERS-CoV による院内感染からの教訓があり、あらかじめ PCR 検査体制が拡充されていた。新型コロナウイルス感染症 (COVID-19) の脅威を受けて、PCR 検査体制を早期に強化し、多くの検査によって感染者を見つけ、隔離したことが、集団感染予防や蔓延防止のうえで功を奏したと思われる。

　ウイルスとそれが人にもたらしうる感染症の脅威そのものを緩和させるためには、ワクチンや治療薬が開発されて入手可能となることが必要である。健康の安全保障の視点からは、こうした脅威そのものの緩和が中心的な課題となり、そのためにトップ・ダウンな保護のアプローチがとられることが一般的である。

（2）人間の安全保障

　人間の安全保障の視点からは、脅威の緩和に加えて、人びとが強靱性を高め、新しい社会環境へ適応できるようにすることが課題となる。とくに脆弱な人びとをエンパワー（empower）し、行動変容を促し、強靱にするようなボトム・アップのアプローチがとられる。その際、医療以外の健康の基礎的な決定要因も重視される。

　ワクチンや治療薬が開発されて入手可能となるまでの期間においては、通常、感染予防と蔓延防止がより重要な役割を担うことになる[11]。具体的には、個人による行動変容をとおした感染予防、人が集まる空間を管理する組織による3つの「密」(密閉空間、密集場所、密接場面)軽減対策をとおした集団感染予防、政府による集団の移動制限をとおした蔓延防止があるだろう。

　とくに前者2つについては、PHCの視点から、地域住民の参加によるヘルスプロモーションが重要な役割を果たす。人びとの強靱性を高めるための行動変容のはたらきかけとして、手洗いの習慣を定着化させる試みがある。たとえば、ベトナムでは、ミュージシャンが、ヒット曲の替え歌を使って、正しい手洗いの方法を人びとに広く推奨した[12]。接触感染や飛沫感染を予防するためには、個人として、手洗いに加えて、マスク着用のほか、身体的距離の保持(physical distancing)が重要である[13]。しかし、3つの「密」を軽減するためには、個人による身体的距離を保持する努力だけでは難しく、とくに大規模集会(mass gathering)において、人が集まる空間を管理する組織による集団感染予防対策が不可欠となる。

　身体的距離の保持と3つの「密」の軽減については、宗教などの繊細な課題もある。とくに、集団礼拝をどう考えるかは議論の分かれるところである。たとえば、マレーシアのクアラルンプールの郊外にあるスリ・ペタリン(Sri Petaling)モスクで、2月27日から3月1日までの期間、イスラーム教のタブリギ・ジャマート(Tablighi Jamaat)派の祭日のため、集団礼拝がおこなわれた。そこに、約1万6,000人(そのうち約1,500人は非マレーシア人)が参加したところ、そのうち数百人が集団感染したと報道された[14]。そこに参加したベトナム人ムスリムの何人かは、帰国後も、自主隔離の法律に従わず、ベトナムにあるモスクでの礼拝に参加し続けたことが大きな社会問題となった。他の宗教でも同様の集団感染が起こる可能性があるだろう。たとえば、韓国ではキリスト教系の新興宗教の集団礼拝で感染が起こったことがよく知られている。新型コロナウイルス感染症(COVID-19)と共生するなかでの集団礼拝のあり方については、まずは宗教指導者たちに検討していただくべき課題であろう。

　3つ目の政府による集団の移動制限は、国際的な制限と国内的な制限に区

別される。国際的な移動制限とは、国境対策、または島国にとっての水際対策である。たとえば、早期に厳格な国境対策をとったベトナムは、現段階で新型コロナウイルス感染症 (COVID-19) の封じ込めに成功していると言える。医療水準が必ずしも高くないベトナムにとって、できるだけウイルスを国内に入れないことが最優先課題であり、2003 年の SARS-CoV 制圧から学んだ教訓も生かされたと考えられる。他方、ベルギーは、中国への渡航の延期勧告を出していたが、イタリア北部をはじめとした近隣諸国へのベルギー人観光客がウイルスを持ち帰ってしまった。また、欧州統合を進める欧州連合 (European Union: EU) の本部がブリュッセルに所在することもあり、ベルギーとしては、出入国審査をなくしたシェンゲン協定 (Schengen Agreement) 加盟国との国境対策に当初は消極的であった。グローバル化のなかで人びとの国際移動に伴う手続きをできるだけ簡素化する傾向があったが、今後は再検討する必要も出てくるだろう。

　蔓延防止を目的とした国内的な移動制限は、人びとから移動の自由を奪うことになる。一方で、移動することによってもたらされる脅威があり、他方で、行動の制限による移動の自由の剥奪が発生する。したがって、個人の健康および公衆衛生と、人権とのバランスが求められる。また、移動制限は、人間の安全への脅威が存在する期間のみに限定されるべきである。この点で、「市民的および政治的権利に関する国際規約」(1976 年発効) の第 4 条に基づく適用除外について、シラクサ (Siracusa) 原則が重要である (UN 1985)。

　ところで、日本でもロックダウン (lockdown) という用語がよく聞かれるようになった。ロックダウンには辞書的な定義がないかもしれないが、基本的に、人間の安全のために「今いる場所」に留まるよう「当局」から強制力のある「指示」が出る、という理解でいいだろう。「今いる場所」については、室内、建物内、コミュニティ内、市内、県内など、かなり空間的な幅がありうると思われる。一般的に、空間的に一番狭いロックダウンとして、建物内という意味で、自宅待機または外出禁止がある。さらに、武漢封鎖のような都市封鎖もあるし、県外への旅行を許可制にする場合もある。「当局」は政府が一般的であるが、場合によっては、非政府組織が管理する空間を対象にロック

ダウンするシナリオもあり得るだろう。「指示」については、従わない者に対して刑罰や罰金を科したり、移動を許可制にするような強制力がある場合に、ロックダウンという用語が使われることが多い。他方、不要不急な外出の自粛を要請するなど、強制力のない緩い「指示」はロックダウンに含まれないという理解が一般的ではないだろうか。

　さて、人間の安全保障の視点からは、SDGs の「誰も置き去りにしない」という原則が重要である。ベルギーで新型コロナウイルス感染症 (COVID-19) による死亡が確認された者の多くは、介護施設にいた。また、十分な情報がないが、刑務所の収容者の健康も同様に重要な課題であろう。また、国家的な緊急事態宣言の下にあっては、マスメディアに登場する有識者と呼ばれる人びとでさえも「国民」を強調しがちであるが、グローバル化時代における多文化社会においては、多くの他国籍の人びとも社会の一員としてともに生活していることに留意したい。包摂的で「誰も置き去りにしない」UHC の推進をとおして HFA を目指したいところである。

(3) ワン・ヘルス・アプローチ

　これまで、すべての人の健康、人間の安全保障、などヒトを中心に議論を進めてきた。最後に、ヒトは、他の生物とともに、生態系のなかで生きているという視点から、先に述べたワン・ヘルス・アプローチの重要性をここで指摘しておきたい。

　コロナウイルス感染症のほか、鳥インフルエンザ (avian influenza) 感染症やヘニパ (henipah) ウイルス感染症といった新興の人獣共通感染症 (zoonotic diseases) は増加傾向にあると推定されている。その背後には、ヒトと野生動物との接点が増えていることが一因としてある。健康の安全保障のためには、ヒトの健康だけでなく、動物の健康と、それらを取り巻く生態系に取り組む必要があるだろう。動物―ヒト―生態系の相互作用に注目し、ワン・ヘルスという概念のもと、すでに、国連食糧農業機関 (FAO)、国際獣疫事務所 (OIE)、WHO は、2010 年に三者協力に合意している (勝間 2018)。

　たとえば、タイでは、ライルのオオコウモリ (Lyle's flying fox) が、果物など

を求めて、村に集まる現象が見られるようになった。一例として、チョンブリー（Chonburi）県のパナットニコム（Phanat Nikhom）郡にある村の寺院には、無数のライルのオオコウモリが住みついている。糞や食べ残しの果物を落とすが、村の住民は人獣共通感染症のリスクについて十分な認識がなく、感染リスクが心配された。その対策のため、住民への健康教育が進められた。また、オオコウモリが村に餌を求めるようになった背後には、森林破壊などの生態系の変化がある。ヒトと野生動物との間の身体的距離の保持のためには、長期的な観点から、環境保全にも取り組むべきであろう。

　このほか、先に G20 サミットとの関連で述べたとおり、薬剤耐性（AMR）についても、ワン・ヘルスのアプローチをとる必要がある。多くの国の畜産業では、抗菌薬が、感染症の治療だけでなく、発育促進のために飼料に混ぜられている。家畜に抗菌薬を使用することにより、皮膚や消化管にいる細菌が薬剤耐性菌に置き換わってしまうという問題が生じる。このような薬剤耐性菌が、畜産業に従事する労働者に感染したり、食肉をとおして消費者に感染することがある。たとえば、オランダで畜産業に従事する人びとの間にブタ由来のメチシリン耐性黄色ブドウ球菌（Methicillin-resistant Staphylococcus aureus: MRSA）が蔓延し、抵抗力の弱い人が重症患者となったという報告がある。それによると、豚から畜産業従事者と獣医へ、さらにその家族へと MRSA が感染した。また、食肉をとおしての消費者への感染も確認されている。

おわりに

　最後に、「健康への権利」を保障し、「すべての人に健康を（HFA）」をもたらす社会の実現へ向けて、2030 年までに SDGs 目標 3 を達成することが国際的に合意されており、そのための世界行動計画も作成されていることを再度、確認しておきたい。そして、ターゲット 3.8 に明記された UHC は、グローバルヘルス外交をとおして、より広義な政策的枠組みとして国際的に伝播してきた。人間を中心とした広義の UHC の理念は、SDGs 目標 3 の達成へ向けて、持続的な保健システムの礎石である PHC を基盤とした保健シス

テム強化 (HSS) と、感染症対策とを相互補完させる政策的枠組みを提供して
いると考えられる。新興感染症 (EID)、とくに新興の人獣共通感染症が脅威
となっているなか、生態系のなかではワン・ヘルス・アプローチをとりなが
らも、それと並行して、人間を中心としては「人間の安全保障」の視点から、
脅威の緩和のための保護のアプローチと人びとの強靭化と適応のためのエン
パワーメントのアプローチをとることが重要であろう。

付　記

　　本研究は、早稲田大学特定課題 2018K-397 と、国立医療研究開発費 29 指 2003
の助成を受けたものである。また、本章は、『アジア太平洋討究』に掲載された
論文をもとに論点を絞って整理し、発展させたものである。

注

1 「持続可能な開発のための 2030 アジェンダ (Transforming Our World)」は以下の
ウェブサイトを参照のこと。https://www.un.org/ga/search/view_doc.asp?symbol=A/
RES/70/1&Lang=E (accessed 23 July 2020)

2 アルマ・アタ宣言は以下のウェブサイトを参照のこと。https://www.who.int/
publications/almaata_declaration_en.pdf (accessed 23 July 2020)

3 アスタナ宣言は以下のウェブサイトを参照のこと。https://www.who.int/docs/
default-source/primary-health/declaration/gcphc-declaration.pdf (accessed 23 July 2020)

4 UHC2030 についての詳細は以下のウェブサイトを参照のこと。https://www.
uhc2030.org (accessed 23 July 2020)

5 G20 大阪首脳宣言は以下のウェブサイトを参照のこと。https://www.mofa.go.jp/
mofaj/gaiko/g20/osaka19/jp/documents/final_g20_osaka_leaders_declaration.html
[accessed 23 July 2020] また、G20 岡山保健大臣宣言は以下のウェブサイトを参
照のこと。https://www.mofa.go.jp/mofaj/gaiko/g20/osaka19/pdf/documents/jp/
okayama_hm_jp.pdf (accessed 23 July 2020)

6 「途上国における UHC ファイナンスの重要性に関する G20 共通理解」は以下の
ウェブサイトを参照のこと。https://www.mofa.go.jp/mofaj/gaiko/g20/osaka19/pdf/
documents/jp/annex_05.pdf (accessed 23 July 2020)

7 UHC 政治宣言 (Universal Health Coverage: Moving Together to Build a Healthier World) は

以下のウェブサイトを参照のこと。https://www.un.org/pga/73/wp-content/uploads/sites/53/2019/07/FINAL-draft-UHC-Political-Declaration.pdf（accessed 23 July 2020）

8　「すべての人の健康な生活と福祉のための世界行動計画（Stronger Collaboration, Better Health: Global Action Plan for Healthy Lives and Well-being for All）」は以下のウェブサイトを参照のこと。https://www.who.int/publications-detail/stronger-collaboration-better-health-global-action-plan-for-healthy-lives-and-well-being-for-all（accessed 23 July 2020）

9　日本での募金機関である（公財）日本国際交流センターによって運営されている以下のウェブサイトからの情報による。http://covid19responsefund.jcie.or.jp（accessed 23 July 2020）

10　ジョンズホプキンス大学のコロナウイルス・リソース・センターの数値。https://coronavirus.jhu.edu/map.html（accessed 23 July 2020）

11　例外として、スウェーデンのように集団免疫の形成を目指す場合がある。

12　Ghen Co Vy: Together we #EndCoV。YouTube でビデオを視聴できる。https://www.youtube.com/watch?v=wGoodWEtV8c（accessed 23 July 2020）

13　社会的距離の保持（social distancing）という用語が使われることが多いが、2020年 3 月 20 日以降、WHO は「身体的距離の保持」と言い換えるようになった。

14　2020 年 3 月 18 日のロイター通信の記事による。"How mass pilgrimage at Malaysian mosque became coronavirus hotspot." https://www.reuters.com/article/us-health-coronavirus-malaysia-mosque/how-mass-pilgrimage-at-malaysian-mosque-became-coronavirus-hotspot-idUSKBN2142S4（accessed 23 July 2020）

参考文献

勝間靖「［すべての人に健康を］の国際的潮流における UHC の推進―健康への権利、PHC、SDGs を背景として」『国連研究』21 号、163-171 頁、2020 年 .

勝間靖「持続可能な開発目標（SDGs）へ向けたユニバーサル・ヘルス・カバレッジ（UHC）―新型コロナウイルスとの共生のなかでの健康への人間の安全保障アプローチ」『アジア太平洋討究』40 号、2020 年 .

勝間靖「5 章　保健医療―グローバル・ヘルス・ガバナンス」『国際開発学事典』（国際開発学会編）丸善出版、144-145 頁、2018 年 .

Bloom, Gerald; Katsuma, Yasushi; Rao, Krishna D; Makimoto, Saeda; Yin, Jason D C; Leung, Gabriel M "Next Steps towards Universal Health Coverage Call for Global Leadership," in *The BMJ*, No.365, l2107, 2019.

Katsuma, Yasushi "Global Health Diplomacy to Promote Universal Health Coverage at the 2019 Osaka G20 Summit," in *AJISS-Commentary*, No.275, 2019, accessed 27 September 2019, https://www2.jiia.or.jp/en_commentary/201909/27-1.html.

Katsuma, Yasushi "Ebola Virus Disease Outbreak in Guinea in 2014: Lessons Learnt for Global Health Policy," in *Journal of Asia-Pacific Studies*, No.28, pp.45-51, 2017.

Kelly, Michael J., *Planning for Education in the Context of HIV/AIDS*, Paris: UNESCO, 2000 = 勝間靖訳・解説『HIV/ エイズと教育政策』東信堂 , 2015.

Rao, Krishna D; Makimoto, Saeda; Peters, Michael; Leung, Gabriel M; Bloom, Gerald; Katsuma, Yasushi "Chapter 7: Vulnerable Populations and Universal Health Coverage," *Leave No One behind: Time for Specifics on the Sustainable Development Goals*, (eds. by Homi Kharas, John W. McArthur, and Izumi Ohno) Washington, DC: Brookings Institution Press, pp.129-148, 2019.

OHCHR and WHO, *The Right to Health*, Geneva: UN, 2008.

UN, Economic and Social Council, Commission on Human Rights, "Status of the International Covenants on Human Rights" (E/CN.4/1985/4), New York: UN, 1985.

Walsh, Julia A; Warren, Kenneth S "Selective Primary Health Care: An Interim Strategy for Disease Control in Developing Countries" in *The New England Journal of Medicine*, Vol. 301: 967-974, 1979.

WHO, *Anchoring Universal Health Coverage in the Right to Health: What Difference Would It Make?*, Geneva: WHO, 2015.

WHO and UNICEF, *A Vision for Primary Health Care in the 21st Century: Towards Universal Health Coverage and the Sustainable Development Goals*, Geneva: WHO, 2018.

第2部　国際レベルにおけるガバナンス

第4章

複合リスクとしてのエボラ出血熱とガバナンスの失敗

松尾真紀子

はじめに

　感染症の問題は新しい問題ではない。1918年のパンデミックインフルエンザは5000万人の死者をもたらしたといわれている (UN High-level Panel 2016)。しかし今日、グローバル化の進展により人・モノの移動ははるかに増大し、速度も増している。現在の新型コロナウイルスでも明らかになったように、感染症の問題は瞬時に世界に大きな影響をもたらす。

　従来、感染症対策の基本は「特定し、隔離する」ことであった。WHOの役割は、国際保健の確保という観点で、それを実施するための専門的な指針・規範のガイダンスを提供することに主眼があった。しかし、本稿で取り上げるエボラ出血熱 (2014-2016) の事例は、グローバル化した今日においては、そうした専門的・技術的ガイダンスの提供だけでの対応では限界があると認識されるとともに、グローバル保健の問題は、保健セクターだけでは対処できず、マルチセクターでの対応が必要であることを明らかにする契機となった。本章は、国家ないしローカル・レベルでエボラ出血熱 (2014-2016) の限定・対処をできなかった要因は、ヘルスリスクのインパクトを増大させる「多様な個別リスク要素（経済・社会・政治・文化的）」を踏まえて、国際社会の主要なアクターがセクター横断的に対処しなかったことにあることを明らかにする。すなわち、ヘルスリスクはもちろんのこと、多様に連関する質の異なる個別リスクに関する専門知やアクターも総動員して、いわゆる「Whole of Society

（社会一体）」、「Whole of Government（政府一体）」、そして「Whole of Globe（国際社会一体）」で対応する「システム全体」の視点（国連が謳う UN as One）が、各国レベルでも、主導的立場にある WHO 組織内においても、国連組織間においても、既存のグローバル保健のガバナンス構造に十分に反映されてこなかったことが、問題の深刻化を招いたことを示す。

1.　エボラ出血熱の概要と国際社会の対応の遅れ

(1) 西アフリカ諸国におけるエボラ出血熱（2014-2016）の概要

1. エボラ出血熱とは[1]

　エボラ出血熱は 1976 年に発見されて以降、主としてスーダン、コンゴ民主共和国、コンゴ共和国等を中心に発生してきた。それまでのアウトブレイクが一定の規模に収まっていたのに対して、2014 年から 2016 年に西アフリカ諸国（ギニア、リベリア、シエラレオネ）で生じたパンデミックは、エボラ出血熱史上、最悪の死亡者と損失をもたらした（この事案を「エボラ出血熱（2014-2016）」とする）。その後、2017 年から 2020 年現在（2020 年 1 月時点）にいたるまで、新たにコンゴ民主共和国でアウトブレイクが生じており、エボラ出血熱（2014-2016）に次ぐ死亡者を出している。

　この疾病は、主として患者の体液等（血液、分泌物、吐物・排泄物）に触れることにより感染し、潜伏期間は 2 〜 21 日、症状は、発熱、倦怠感、食欲低下、頭痛などを伴い、その後嘔吐、下痢、腹痛などを発する。重症化すると、神経症状、出血症状等が見られ死亡に至る。発症していない患者からは感染しない。臨床的にはマラリアなどと見分けが困難であることから、生検による診断が必要である。平均的な致死率は 50% であるが、発生する国や地域によって致死率が非常に異なる（25 〜 90%）。

　現在（2020 年 1 月時点）のところ、承認されたエボラワクチンはないが、開発中の rVSV-ZEBOV が試験的に 2015 年にギニア、2018 年からのコンゴ民主共和国のアウトブレイクへの対応に用いられ、効果を発揮したとされる。

2. 西アフリカ諸国で生じたエボラ出血熱（2014-2016）

　前述の通り、2014年から2016年に発生した西アフリカ諸国（ギニア、リベリア、シエラレオネ）のエボラ出血熱は、死亡者1万人以上という、最悪の結果をもたらした。しかし多くの感染症で指摘できることであるが、同じウイルスでも、感染した国により、感染者数、死亡者数、致死率が異なる[2]。エボラ出血熱（2014-2016）の場合、ギニアでは感染者数は3か国で最も少ない3,811人であったが、致死率は67%（死亡者数2,543人）であった。一方シエラレオネは、感染者数は最も多く14,124人であったが、致死率は28%（死亡者数3,956人）、リベリアは感染者数10,675人、致死率45%（死亡者数4,809人）であった。

　エボラ出血熱（2014-2016）は、単なるヘルスリスクの問題にとどまらず、多大な社会的経済的損失をもたらしたことを本章では後述するが、世銀によれば、2014-2015年の実績と2016年の見込みを含む経済影響は3カ国全体で、約28億ドルとされた（World Bank 2016）。

（2）国際対応の遅れによる感染拡大と収束までの経緯

1. 国境なき医師団（MSF）からの警告とWHOの躊躇（2013年の年末から2014年の夏まで）

　国連ハイレベルパネルの報告書（UN High-level Panel 2016）によれば、最初の感染者はギニアで、2013年の年末に死亡した2歳の男児とみられている。その後、家族から病院、近隣へと感染が広まった。2014年1月にギニア政府が調査をしたが、エボラ出血熱の診断に失敗した。その結果、2014年3月にWHOがエボラ出血熱の感染を確認した時点では、すでに感染者49人（29人の死亡）となり、国境を接するシエラレオネに感染が拡大していた。現場で活動していた国境なき医師団（MSF）などは早い段階から、過去に例を見ないとして、国際的な対応が必要との警告を発していた（MSF 2015）が、WHOによるイニシアティブの発揮には至らなかった。当初、アウトブレイク発生国も、WHOや国際社会も、脅威や事態の深刻さを十分に判断できていなかった（UN High-level Panel 2016:25）。またこの段階で国際社会がWHOに対して求めた役割と、WHO自身が果たすべきと認識していた役割に違いがあった。こ

れは当時の事務局長で、指揮を執っていたマーガレット・チャン氏の発言
「WHO は専門的・技術的な組織 (technical agency) で、対応する責任は第一義的
に当該国政府にある」(New York Times 2014) に象徴される。6 月末には、MSF
が事態は制御不可能と訴えたが、当該国もギニアやシエラレオネに常駐して
いた WHO も、感染はコントロール下にあるとして、むしろ MSF が無用な
パニックを煽っているとして批判した (MSF 2015:7)。健康上の危機への対応
よりも、経済的・政治的な影響を重視する当該国の認識も、国際社会の対応
を遅らせた。その後も、MSF は 7 月に行われた、地球規模感染症に対する警
戒と対応ネットワーク (Global Outbreak Alert & Response Network: GOARN) の会議
でも、早急な国際対応の実施を訴えたが、聞き入れられなかった (MSF 2015:8)。
MSF はエボラ出血熱の対応に関するレポートの中で、WHO は MSF を相手に
戦うべきなくウイルスと戦うべきだった、と痛烈に批判している (MSF 2015)。

2. 感染の深刻化と WHO の PHEIC 宣言 (2014 年の夏)

　2014 年 7 月から 8 月にかけて、エボラ出血熱の感染はギニア、リベリア、
シエラレオネの首都に到達した。都市に感染が拡大したことで感染率も急速
に高まった。6 月末には合計 800 名弱の感染者だったが 7 月末には倍の 1,600
名を超え、8 月末には 3,707 名となった (UN High-level Panel, 2016:26)。また、7
月にはナイジェリア、8 月にはセネガルなど、周辺近隣国への感染も確認
されるようになる。2014 年 7 月に、WHO のアフリカ地域事務局 (AFRO) が、
Sub-regional Ebola Operation Coordination Centre (SEOCC) を国連人道問題調整事
務所 (UN Office for the Coordination of Humanitarian Affairs: OCHA) や国連世界食糧
計画 (UNWFP)、国連児童基金 (UNICEF)、米国疾病管理予防センター (Center
for Disease Control: CDC) などの関係機関の参加を得て立ち上げた (しかし同組織
は後述する UNMEER の設立により解体された) (WHO Ebola Interim Assessment Panel
2015:para.80, 81)。

　2014 年 8 月に入ると、治療や援助に当たった米国・スペインの医療従事
者がそれぞれ感染して帰国したことから、先進国の関心が一気に高まった。
米国ではちょうど米国アフリカ・リーダーサミットの開催があったことから、

当初アジェンダにはなかったものの、世論の高まりを受けてオバマ政権はエボラ出血熱の対策に乗り出すことを表明した。

　WHO でも、8 月 8 日、ついに事務局長が国際保健規則 (IHR) に基づき「国際的に懸念される公衆衛生上の緊急事態 (public health emergency of international concern: PHEIC)」を宣言し、28 日に WHO のロードマップを提示した。国連では、国連事務総長が 8 月 12 日に、元 WHO でこれまで感染症対策に功績があったデビッド・ナバロー氏を UN System Senior Coordinator for Ebola Virus Diseases に任命した。民間にも影響が広がり、民間の航空会社がシエラレオネ、リベリアへの飛行を一時的に中止した。

3. 国連での議論と UNMEER の設置（2014 年の秋）

　深刻化する事態の対応に際し、国連では当初、OCHA の人道危機に対応する枠組みや、国連開発援助枠組み (United Nations Development Assistance Framework: UNDAF) 等の既存の枠組みを活用することも考えられた。しかし状況の深刻度合いから、単に調整だけでなく強力なリーダーシップが必要であったこと、また既存の枠組みではすぐに調達可能な予算がなかったこともあり、国連事務総長のイニシアティブで展開することとなった。2014 年 9 月に入ると国連で政治的な動きが加速する。迅速なロジスティクスが必要との観点から、平和維持やフィールド支援等のスペシャリストであるアンソニー・バンブリー氏が、Deputy Ebola Coordinator and Operation Crisis Manager に任命された。彼のコンセプトペーパーをベースとして、9 月 18 日の安全保障理事会[3]の決議 (Security Council resolution 2177, 2014)、19 日の総会の決議 (General Assembly resolution 69/1) を踏まえて、健康・保健を目的とする国連ミッションの国連エボラ緊急対応ミッション (UN Mission for Ebola Emergency Response: UNMEER) が設立された。この設立により、ナバロー氏はエボラ特使 (Special Envoy on Ebola) に任命され、バンブリー氏は UNMEER のヘッドとなった。総会や安保理の決議は、それが保健相レベルでなく首相・大統領レベルの話になるという、政治的なレベルの向上を意味する点で重要であった。同総会では、オバマ大統領や安倍総理大臣が出席し、エボラ出血熱対策の支持を表明するなど各国

のリーダーが政治的な後押しをした。

　国連では UNMEER が設置されたが、エボラ出血熱の対応にあたる、政府、国際機関、NGO と民間機関等のインフォーマルな連合として、グローバル・エボラ対応連合（Global Ebola Response Coalition: GERC）も設置された。GERC の調整や情報交換は、週単位でエボラ特使により実施されることとなった。その他、旧宗主国のフランス、英国や、米国などが軍隊や医療チームの派遣を行ってサポートした。

4.UNMEER による役割分担と収束

　感染発生国における国際機関間での連携は、当初国連組織間ですら十分になされなかった。上述の通り、既存の国連の枠組みとして存在していた、UNDAF の UN カントリーチームにしても、緊急的な人道危機に対応する OCHA[4] にしても、エボラ出血熱の対応について率先して調整をするということはなかった（UNICEF 2017:63）。全体の調整と役割分担が明確となったのは、UNMEER が設置された後、アクラで国連事務総長室官房長（chef de cabinet）を議長として、10 月 15 ～ 18 日に開催された運営計画会議においてであった。UNMEER の体制の下では、感染各国にエボラ各国マネージャー（Ebola Country Manager:ECM）が設置され、地区（district）ごとにエボラ対応チーム（Ebola Response Team:ERT）が対処にあたった。また、国連本部においてもグローバルインフォメーションセンターが設置された（UN 2015a）。国際機関はそれぞれの強みを生かして、以下のような役割分担を担って活動することとなった。

- WHO は職員の派遣により、現場の医療従事者の訓練、サーベイランス、検査ラボ能力の強化等を行うとともに、GOARN を通じた国際援助の調整も担った。
- 国連児童基金（UNICEF）は、社会動員（理解増進、教育）と学校等の水や衛生（water, sanitation and hygiene:WASH）、輸送を担当した。社会動員については、個別訪問やコミュニティケアセンターの設置をした。また、コペンハーゲンにある拠点をベースとして、感染地域への救急車、医療資材等の輸送・調整を担った。

- 国連世界食糧計画（UNWFP）は、食料供給と輸送や施設整備のロジスティクスを担当した（WFP, 2015）。2014年の9月には45万人分の食料を配達、同年10月にはエボラ対応センターを設置して、ロジを担当する1,000人の職員を投入した。また、2015年2月までに国連人道支援航空サービス（UNHAS）を通じて、19,000名以上の人員の移送と荷物の輸送を行った。その他、医療施設の設置、インターネットやラジオ設備の設立、さらに学校の給食の提供や栄養管理なども行った。

- UNDPは、医療従事者がそのリスクに見合っただけの報酬を即受け取れるような賃金支払い制度を確立した。UNMEERが設置されると、本部に現金支給や社会保護に関する調整のためのグループを設置して、UNDPが主導して支払いのプログラム（Payments Programme for Ebola Response Workers:PPERW）を3か国で展開した。これにより、2015年3月までにエボラ対応に当たった従事者の、およそ7割に当たる49,250名に対して、即時現金支給が行われた（UNDP 2015）。

- 国連人口基金（UNFPA）は、人口調査等で地域コミュニティにネットワークを有す経験を生かして、接触追跡とサーベイランスにおいて大きな役割を果たした。地域における接触追跡の担い手（Contact tracers）の訓練も実施し、2015年の1月から2月までに、シエラレオネで5千人以上の接触感染の担い手を訓練し、7万5千人ほどの追跡を行った。リベリア、ギニアでもそれぞれ400名、500名の接触追跡の担い手の訓練を行った（UN 2015b:9）。

- 西アフリカ諸国が加盟するマノ川連合（Mano River Union）は、国境管理を徹底して国境を越えて接触追跡が可能となるように体制を整えた。

UNMEERの設置後、上記国連機関間での役割分担が試行錯誤を経ながら明確化されていった。UNMEERが感染減少にどの程度貢献したかについては評価が分かれるところであるが（次項を参照）、2014年の秋から冬にかけて国際社会の機運の高まりと国連全体での動きが展開されたことで、爆発的な感染の状況は収まり、感染者数も減少していった。UNMEERは2015年7月末に解体された。全体の管理についての権限をWHOが引き継ぐ形で復興に

向けた動きが展開されていくこととなった。2015 年 5 月 9 日、リベリアで終息宣言[5]、シエラレオネでは 2015 年 11 月 7 日に終息宣言、ギニアでは 2015 年 12 月 29 日に終息宣言がなされた。WHO はリベリアで終息を確認したことをもって、2016 年 1 月 14 日、西アフリカ諸国におけるエボラ出血熱の終息宣言を出した（が、その一日後シエラレオネで再び 1 件が確認された）。

（3）UNMEER とエボラ出血熱（2014-2016）への対応の教訓——UNMEER の意義と限界

　UNMEER はどのように評価されたのだろうか。国連ハイレベルパネルの報告書では、国連事務総長のリーダーシップのもと UNMEER を中心とする国際組織間の調整が事態の終息に寄与をした、との一定の評価がなされている（UN High-level Panel 2016: 56）。実際 2014 年の秋口に、国連の場で事務総長をはじめ、各国のリーダーが強い政治的意思を示さなければ、あそこまで深刻化した状況からの脱却は不可能だったと思われる。WHO は、狭い意味でのグローバル保健のコミュニティでのプレゼンスは確かに大きいが、その政治的影響力は各国の保健省レベルにとどまる。国連事務総長レベルでの対応は、問題の認識を各国の首相レベルに引き上げる象徴的な意味があった。現場でも、UNMEER だったからこそ、健康危機、医療、政治、人道、ロジのすべてを一つにして、異なる多様なアクターを集約できたとする声もあった。IASC は、2014 年 11 月に UNMEER が共通のオペレーション計画を国連組織全体に示したことで、実質的な変化をもたらしたと指摘した（UNICEF 2017: 65）。

　一方で、UNMEER の稼働も援助資金開始も時間がかかり、上から新規の調整メカニズムを強要することで、既存のメカニズムや構造がうまく利活用されず、調整がむしろ複雑化したとの批判もある（Ebola Interim Assessment Panel 2015, Moon et al. 2015:4 及び 7, UN High-level Panel 2016: 56）。このため、今後このような組織を設けて対応することは望ましくないとされる点も、共通に指摘されている。国連の中も一枚岩でなければ、国によって異なる宗主国などの関係もあり、またそこで活動する民間・NGO 等のアクターも存在し、加えて、各国レベルでも国内のセクショナリズムがある。このようにあらゆる調

整問題がある中で、外からのイニシアティブによる対応は、様々な混乱をもたらした。UNICEF のエボラ出血熱への対応を検証した報告書では、前述の IASC の UNMEER に対する評価とは対極的に、「国内調整のメカニズムについて多くの NGO が疑問を持っていた」し、UNICEF の本部も「UNMEER にほとんど追加的な価値はなかった (little added value)」と指摘した (UNICEF 2017:64-65) としている。また、外からの介入は当該国のリーダーシップを損なうとの指摘もある。開発援助のパートナーもドナーも、現地政府と効率的な調整を行わず、リベリアとシエラレオネではむしろ競争的な重複する活動にいそしんだとの指摘もある (UNDP 2016: 20)。さらに、軍隊的なロジスティクスの展開をする UNMEER のようなトップダウン的なやり方が、緊急時の迅速な対応を可能としたことは確かであるが、草の根レベルで活動する UNICEF や UNDP からすると、現場の社会的文化的要素や人間関係に根差した対応が必要であるとの反発もあった。

　このような様々な教訓を経て、第5章で論じるグローバルヘルスの改革では、イベントが生じるごとに新規の組織を設置するのではなく、既存の枠組みを強化して、マルチセクトラルにリーダーシップを発揮できる仕組みを強化することこそに力を割くべき、という考えで展開されていくこととなる。

2. リスク間の相互連関・相互作用

　以上、第1節ではエボラ出血熱(2014-2016)の時系列の経緯をみた。本節では、感染症リスクが持つ特性が、多様なリスク要因との相互作用を通じてシステマティックな複合リスクに発展したことを具体的にみていく。

(1) 感染症リスクの特性：大きな変動幅、広範な直接的影響の範囲、不可視性

　人の健康を脅かすリスクには、自然由来、化学物質由来、微生物等の生物由来、放射性物質等の物理由来等、様々なものがあるが、感染症リスクは、①大きな変動幅、②広範な直接的影響の範囲、③不可視性で特徴づけられる。

　この特徴を理解するために自然災害リスクと比較すると、災害リスクは一

度災害イベントが発生すると基本的には収束に向かう[6]。これに対して感染症リスクは、必ずしも収束に向かわず、適切な対応がとられない場合は再び感染拡大を繰り返すこともあり、状況の変動幅が大きいといえる。また直接的な影響範囲も、災害リスクの場合は基本的には災害地域とその周辺に限定される。それに対して、感染症リスクはその感染源が移動することでグローバルに影響をもたらし、地理的な影響範囲が大きいといえる。また、可視性という意味でも、災害リスクによる被害の状況はあるイベントを契機とするため目に見えて把握可能であるが、感染症リスクはいつどこで発生したのか（当初）目に見えない為、被害規模の特定や管理も困難で（特に発症していない潜在的な感染者の移動など）、社会不安や混乱も大きくなる。リスクが「見えない」不安は人の行動に大きく影響し、将来の状況を想定することを困難にする。このように、感染症リスクには特有の性質があると指摘できる。

　さらに、ヘルスリスクは質の異なるリスクに転換されることも指摘できる。つまり、リスクが単なる健康上のリスクにとどまらず、多様な経済的・社会的リスクに波及して複合的なリスクに発展する点である。その複合性を大きく規定するのは、そのハザードが置かれているヘルスシステムや社会状況である。

　こうしたことから、WHO では、リスクを評価する際に、単に感染症のハザードそのものの特性（病原体の疫学的・臨床学的評価等）を分析するだけでなく、どれだけそのハザードにさらされやすいのかといった曝露評価に加え、その感染症事案が生じている状況の評価（状況評価：Context Assessment）も重要とされる（WHO 2012）。特に状況評価は、社会的、技術的、経済的、倫理的、政策的、政治的な様々な要素（いわゆる Social, Technical and Scientific, Economic, Environmental, Ethical, and Policy and Political:STEEEP）を考慮するものである。つまり、ハザードそのものの特性が世界共通であったとしても、公衆衛生上のインパクトは、曝露にかかわる変数（そのリスクに曝されないための管理体制と曝された後の対応）を規定するヘルスシステムの頑強さに加え、そのイベントが生じる場所の社会的・政治的・経済的な多様な因子も影響することが認識されている（**図 4-1**：公衆衛生上のインパクトを規定する様々な要素）。必要とな

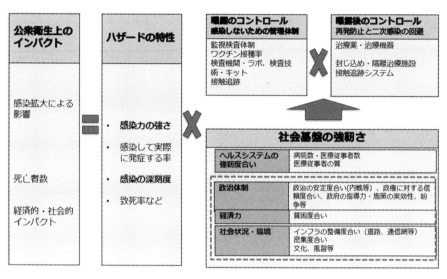

図4-1　公衆衛生上のインパクトを規定する様々な要素（筆者作成）

る専門知も、感染症にかかわる医師（医学・獣医学・公衆衛生学等）のみならず、
経済・社会制度・情報・人間心理等、多様なディシプリンの総合的な専門知
が必要となる。また、対応する側も単に一つのセクター、一つの地域・国家
でなく、マルチセクターによる政府全体（whole of government）、世界全体（whole
of society, whole of globe）での「総力戦」での対応が必要となる。これは健康上の
危機への備え（preparedness）が重要であることはもちろんのこと、それを下支
えする、ヘルスシステム、さらには社会基盤の強靭性も公衆衛生上のインパ
クトに影響するということである。

　エボラ出血熱（2014-2016）は、まさにヘルスシステムの脆弱さと多様なリス
ク要因が複雑に相互作用した結果複合リスク化していった典型であることを
以下でさらに見ていく。

（2）ヘルスシステムの脆弱性：3 か国におけるヘルスシステムの状況

　1. 脆弱なヘルスシステムの基盤

　複合リスクを深刻化させた要因には、発生国における脆弱なヘルスシステムも挙げられる。**表 4-1** にあるように、いずれの国においても医療施設も医療従事者の数も非常に少なかった。そして、そもそも少なかった医療従事者が、扱うリスクに見合っただけの報酬が十分に支払われないことが、医療従事者によるストライキや病院離れにつながった。また、エボラ出血熱感染者の診断のための検査機関が不十分、かつ検体を輸送するための手段も限られていたことが診断を遅らせ、感染者の接触追跡による影響範囲の把握なども困難にさせた。

表 4-1　ギニア、シエラレオネ、リベリアの病床数と医師の数[7]

	ギニア	シエラレオネ	リベリア
1000 人当たりの病床数	0.3（2011）	0.4（2006）	0.8（2010）
1000 人当たりの physician	0.1（2010）	0.0（2010）	0.0（2010）

　基本的な衛生に関するインフラの確保も、エボラ出血熱の再発を制御する上で重要であるが、例えば小学校での水のアクセスは、エボラ出血熱の前ですら、シエラレオネで 7 割、リベリアで 4.5 割、ギニアで 2 割という状況であった（UNICEF 2015: 7）。

　2. 医療従事者の感染症に関する知識不足や備えの欠如

　感染拡大した国の最前線で対処する医療従事者は、これまでエボラ出血熱が西アフリカで発生したことがなかったので、当初なじみがなかった。このため、防御（Infection Prevention Control: IPC）に対する十分な知識・教育、訓練がなく、また、治療に必要な医薬品、処置に不可欠な防護服等（Personal Protective Equipment: PPE）の備えもなかった。その結果、最も大きな被害を受けたのが医療従事者となってしまった。エボラ出血熱のリスクが医療従事者に重くのしかかったことは、WHO の報告書でも指摘されている（WHO 2015b）。医療従事者がエボラ出血熱に感染する確率は一般に比して 21 〜 32%

高かったとされる（医療従事者の中でも看護師の感染が5割を占めたという）。

3. 社会・文化的基盤に由来するもの

　地域コミュニティにおける文化・風習もヘルスリスクを高めたことが指摘されている。特に、埋葬の習慣や呪い師による治療である。死者の体を洗って清めたりその水に浴したり、また死体のそばで幾日も寝たりする習慣があることから、死者が感染源となった。ギニアでは感染者の6割が、またシエラレオネについては8割近くが、埋葬と葬儀の慣習に起因するものとされた（WHO 2015a: 6）。特にこうした慣習を女性が中心となって担うことから女性の感染率が高まった（UNDP 2016: 20）。また、西洋医学とは異なる伝統的な呪い師等による治療に人々が頼ったことも感染リスクを高めた。

（3）リスク間の相互作用・増幅：健康リスクから別の健康リスク、経済リスク、社会・政治リスクに波及

　上述のエボラ出血熱（2014-2016）が生じた脆弱なヘルスシステム・社会基盤の状況の中で、健康リスクに起因する問題は、経済、社会リスクに波及し、それがまたヘルスリスクを高めるという負のスパイラルを生み出し、事態が深刻化していった。

1. 異なる健康リスクの増大（健康リスク→健康リスク）

　エボラ出血熱の感染拡大により、妊婦の病院離れや他の疾患者の病院回避にもつながり、別のヘルスリスクを引き起こした。例えば病院での出産は、リベリアでは52%から38%に減少し、またシエラレオネでも3割減少したと報じられている（UNDP 2016:24）。病院離れの結果、はしか、マラリア等必要な予防接種を受けられず、例えば、シエラレオネでははしかの予防接種率が21パーセント減少したとされる（UNICEF 2015）。その他、栄養失調やエイズなどほかの病気のリスクが高まったとの指摘もある。

2. 経済リスクへの波及（健康リスク⇔経済リスク）

　エボラ出血熱の拡大は経済リスクにも波及した。いずれの感染国も世界の中でも最貧国にあたる。UNDPのインデックスによれば、当時187か国中、シエラレオネは180位、ギニアは170位であった[8]。感染拡大後、主要な収入源である鉱山が閉鎖されて雇用が減少したり、農業就労者が減少したり、海外からの投資が回避されたりといったことが起き、逸失利益の増大につながった。世銀の報告書によれば、経済影響（2014-2015年の実績と2016年の見込みで）は、ギニアが6億ドル、リベリアで3億ドル、シエラレオネで19億ドルとされた（World Bank 2016）。こうした影響は、投資、生産、消費活動に幅広く影響し、単に感染が勃発した年だけにとどまらず、かつ地域的にも感染国にとどまらず、アフリカに地域としての影響をもたらしうる。上記3ヶ国を除くサブアフリカ全域で2015年に5億〜60億米ドルの経済インパクトをもたらしうるとも報告された（World Bank 2015）。WHOのIHR委員会は不必要な渡航・貿易制限はするべきでないと勧告を行っていたものの、実際多くの国が必要以上の措置を講じていた。事後的に検証したWHOの報告によれば、58か国がIHR委員会の勧告以上の措置を講じていた。43か国でエボラ出血熱発生国からの入国を禁じ、15か国は過度な制限を設けていた（WHO 2017）。民間航空会社の自主的な飛行の停止や各国でとられた制限的な措置により、国際的な物資調達も困難となった。これは医薬品や医療従事者の輸送にも大きな影響をもたらし、対応の妨げにもなり、更なる健康リスクの増大にも寄与した。

3. 社会的・政治的リスクへの波及と複合化（健康リスク⇔社会政治リスク）

　感染拡大は、社会的・政治的なリスクにも結びついた。感染主要三か国はいずれも長い期間内戦や政情不安定な状況にあった。国の体制管理の不徹底さから国境管理が十分に行われず、感染地域からの避難や治療を求める人の移動が国境を越えた感染拡大に寄与した。権力や政府に対する根強い不信感がコミュニティにあり、中央からの情報発信や対応の徹底も困難であった。そうした不信感や恐れは外部からの援助者への敵対心にもなった。外部の援

助者による治療施設が収容所や感染源のようにとらえられて、嫌厭されるだけでなく攻撃の対象にすらなった。またこうした誤った認識に基づく攻撃は、コミュニティ内部にも向けられ、エボラ出血熱の感染者であるという社会的な烙印を押されるということもあった。さらに、16,000人の子供が片親もしくは両親をエボラ出血熱により失ったことから（UNICEF 2015: 4）、そうした子供の生活保護や支援も課題となった。「恐れ」や「信頼の欠如」といった感情や認識を起因とする人々の行動が社会的・政治的不安要素とあいまって複合リスクをさらに複雑化させていった。

3.　ガバナンスの失敗

(1) エボラ出血熱の国際対応の反省と教訓——代表的な報告書のレビュー

　エボラ出血熱（2014-2016）後、WHOや国連のみならず、多様な主体が事態の深刻化の要因について分析した（表4-2参照）。WHOが取り組んだものは多数あり、元OXFAMのバーバラ・ストッキング氏を座長とする独立パネルによる「エボラ暫定評価パネル報告書」（Ebola Interim Assessment Panel 2015）、2015年にIHR委員会に設置された、IHRの役割に関するレビュー委員会による報告書（WHO 2016）、2015年7月ナバロ氏座長をとして設置した「感染症拡大と健康緊急事態におけるWHOの役割についての改革アドバイザリーグループ」による報告書（WHO Advisory Group 2016）などがある。国連においては、2015年4月国連事務総長が設置した「健康危機に関するグローバルな対応におけるハイレベルパネル」（UN High-level Panel 2016）による報告書、および、その後その勧告の進捗をモニターする「グローバル保健危機タスクフォース」の報告書（UN Global Health Crisis Task Force 2017）が作成された。また国連機関では、UNDP（UNDP 2016）やUNICEF（UNICEF 2017）などもそれぞれレビューを行っている。さらにそれ以外の主体としては、一定の独立的な専門家グループによる分析として、全米医学アカデミーによる報告書（National Academy of Medicine 2016）や、ロンドン大学熱帯医学校とハーバードグローバルヘルス研究所の専門家による独立パネルが検討した論文（Moon et al. 2015）などが挙げ

られる。また、日本でも G7 に向けたグローバルヘルス・ワーキンググループが設置され、勧告を論文 (Japan Global Health Working Group 2016) として提示した。これだけ多くの報告書・論文により検討がなされたことはエボラ出血熱 (2014-2016) がグローバルに持った衝撃の大きさを表しているといえる。

表 4-2　エボラ出血熱 (2014-2016) の国際対応の検証をした代表的な報告書・論文

WHO	WHO のエボラ暫定評価パネル報告書	2015 年 1 月の WHO 執行委員会の決議に基づき設置された独立パネル。WHO 等のエボラ対応を批判的に検証し、勧告を提示。
	IHR の役割に関するレビュー委員会の報告	2015 年 8 月に IHR 委員会に設置されたレビュー委員会の報告書。エボラ出血熱の対応における IHR の有効性を検証・勧告を提示。
	感染症拡大と健康緊急事態における WHO の役割についての改革アドバイザリーグループの報告書	2015 年 7 月事務局長により座長をエボラ特使でもあったナバロー氏として設置された諮問機関による報告書。独立した予算と人員により運営される健康危機対応に関するプログラム (のちの WHE につながる) の設置を勧告。
国連全体	「健康危機に関するグローバルな対応におけるハイレベルパネル」の報告書	2015 年 4 月国連事務総長が設置したハイレベルパネルによる報告書。エボラ出血熱の教訓を踏まえ、将来的な健康危機の防止と対応に関する国及び国際レベルのシステム強化のための勧告を提示。
	「グローバル保健危機タスクフォース」の報告書	上記ハイレベルパネルの勧告に基づき勧告状況のモニターを目的として設置され、進展状況を報告。
その他の主体	米国医学アカデミーのグローバルヘルス・リスク・フレームワーク	4 つのグループ (①ガバナンス、②ファイナンス、③レジリエンスとヘルスシステム、④医薬品の R&D) による検討結果の報告書とそれに基づく最終報告書を作成。①国レベルでの公衆衛生の能力の強化、②国際レベルでの対応能力、調整機能の強化、③ R&D の促進の 3 つの分野における勧告を策定。
	ロンドン大学熱帯医学校とハーバードグローバルヘルス研究所の専門家によるエボラ出血熱への国際対応パネル	リーダーシップ、調整、国際ルール、ファイナンス、オペレーションの対応、健康に関するテクノロジー、R&D について議論し、勧告を論文で提示。
	G7 に向けたグローバルヘルス・ワーキンググループ	G7 に向けて日本で設置された、専門家・関係省庁等、アカデミアと行政のワーキンググループによる報告書。公衆衛生の危機に対する事前対策・対応強化等を可能とするグローバルヘルス・アーキテクチャの構築等を提言。

(2) 3つのガバナンスの欠陥

　第2節で論じたヘルスリスクの複合化には、国際レベルでのガバナンスの欠陥も大きく影響した。以下では前項の検証報告書で多く指摘された問題を、上記報告書や Katsuma et al. 2016 をもとに3点に整理して紹介する。

1. IHR の不徹底・機能不全

　ガバナンスの欠陥の1つ目は、IHR の不徹底・機能不全である。IHR は、WHO の事務局長に PHEIC の権限を与え、加盟国に対して国際的な公衆衛生上の脅威に関する情報の WHO 通告義務とともに、サーベイランスとコアキャパシティ（危機管理対応上必要な能力）を備えることを課している。しかしエボラ出血熱(2014-2016)は、特に脆弱国において IHR が十分に機能していなかったことを露呈させた。

　多くの報告書は、PHEIC の宣言が遅すぎて国際的な対応の動員の遅延につながったこと、さらに PHEIC が白黒（binary）でしか判断できず柔性に欠ける点（WHO Ebola Interim Assessment Panel 2015:para. 23）を指摘し、段階的な対応が可能な基準に変えるべきと論じた（Moon et al. 2015, Katsuma et al. 2016）。

　しかしより根本的には、感染国で IHR の実施が徹底されていなかったことと、そうした不信感から非感染国が IHR 委員会の勧告以上の対応をとったことが、感染国のヘルスリスクのみならずあらゆる状況の深刻化を招いた要因ともされる。2.(2)で見たように、感染が発生した西アフリカ諸国はいずれもヘルスシステムが脆弱で、サーベイランスもコアキャパシティも十分に機能しなかった。また、1.(2)の経緯でも明らかになったように、感染国では感染拡大の兆候が把握されてすらも、健康・保健上の脅威への対応よりも、経済的考慮が優先された。感染国政府は当初、感染症対応に非常に非協力的だったと指摘されている（MSF 2015, p8）。そして IHR の緊急委員会が第二回会合以降、繰り返し海外渡航と貿易制限、特に渡航や飛行機の禁止は、感染国の経済的打撃と孤立につながり（第2回）、また、エボラ対応する人員の妨げになるので（第4回）すべきでないことを勧告した（IHR Emergency Committee 2015 a, IHR Emergency Committee 2015 b）ものの、国際社会からの不信感

の増大に歯止めがかからず、感染国の孤立と援助の遅れにつながった。これは脆弱国にとっては致命的になる。国際保健に限らないが、国際的な対応は常に国家主権と国際協力との間に緊張があり（Fidler and Gostin 2006, Frenk and Moon 2013）、IHR一般に言われることだが、強制的に国家を従わせることはできない（第1章、第2章を参照）。IHRの不徹底はグローバルなガバナンスと国家主権との緊張の間に生じる典型的問題ともいえる。

2. 国際機関間・国際機関内の調整・連携メカニズムの欠如

　ガバナンスの欠陥の二つ目は、国連における調整・連携（人道・開発・ヘルス間）とWHOにおける調整・連携（3レベル、および本部の部署間）の問題である。

　国連には、健康そのものが主目的でないものの健康にかかわる草の根レベルの活動をする組織として、UNICEF、WFP、UNFPAなどが存在していた。平時には、「国連開発援助枠組み」（UN Development Group/UN Development Assistance Framework）の常駐調整官（Resident Coordinator）が国連のセクターごとの活動の全体調整をしている。一方、自然災害や紛争等で人道問題が発生した際には、国連人道問題調整事務所（UN Office for the Coordination of Humanitarian Affairs: OCHA）を事務局として、関連組織の長で構成される機関間常設委員会（Inter-Agency Standing Committee: IASC）が中核となり人道調整官（Humanitarian Coordinator）のもと、クラスターアプローチにより「人道枠組み」が稼働する。しかし、感染症による問題は、当初どちらの枠組みにおいても自らの所管と認識されなかった（1.(2)）。特に人道全体の枠組みの稼働は検討されたものの、実施するに至らなかった。その理由としては、以下が論じられている。第一に、エボラ出血熱は健康の問題で人道の問題でないと考えられたこと、第二に、早い段階でWHOがIASCで取り上げなかったこと、そして第三に、初期の段階の感染者は人道危機が対応する人数の規模よりも相対的に小さかったことである（UN high level 2016:51）。WHOの事務局長が初めてIASCに報告したのは2014年の8月であったが、この段階でIASCはWHOがこの危機の対応にあたるべきと考え、人道枠組み全体での対応がなされることはなかった。こうしたことに加えて、国連と国連専門機関間で一般的に言われる調整・連携

問題が、国連と WHO の間での調整メカニズムを難しくしている点も指摘できる。「国連全体（UN as ONE）」の枠組みの必要性は古くから論じられてきたが、実態はそれぞれの組織が異なるマンデートと組織文化のもと運営されており、「feudal system」と特徴づけられる（Weiss 2016）。国連の中でも、国連の傘の下にある国連計画・基金と、WHO のような国連の「専門機関（specialized agency）」では、後者が国連とは異なる独自の憲章・ルール・行動原理のもと行動していることから、連携が難しいことが従来より指摘されてきた。また、より根本的には WHO が考える WHO の役割と国連や国際社会が WHO に求めた役割の齟齬も調整・連携を困難にした（第5章も参照）。

　国連における調整・連携問題に加え、WHO 自身もその組織の中で調整・連携問題を抱えていた。いわゆる「3レベル問題」――WHO の本部・地域事務局・感染国の3つのレベルでの意思疎通・情報共有、権限ラインが十分に機能していないという問題――である。特に第1章でも指摘されたように、地域事務局はその歴史的経緯もあり（アメリカ地域事務局のように WHO よりも前に設立されたものもある）、独自の組織・ルールで運営されていることから独立性が高い（Lee 2009:33）。今回のエボラ出血熱への対応においても、感染発生国、AFRO と WHO 本部との間で十分な連携が図られなかったことが対応を遅らせた要因とされる。さらに、ジュネーブの WHO 本部においてもグローバルな健康危機対応にかかわる部署が分散した組織体制になっていた。特に、健康セキュリティにかかわる部署（IHR や GOARN の部署）と、より人道・緊急時対応に近い内容を扱う部署（ポリオや Foreign Medical Team, FMT[9] の部署）が独立しており、相互に連携していなかった（WHO Secretariat, 2015, para.16）。また、より長期的な保健システムを担う部署は、開発にかかわるアクターが主体で組織文化がまた異なり、緊急時とヘルスシステムの有機的な関係もなかった。

3. 複合的な感染症対応への資金メカニズムの欠如

　ガバナンスの欠陥として挙げられる3つ目の点は、対応しようにも健康危機における即時支払い可能なメカニズムがなかったことが、結果として国際的な対応と支援の動員の遅延につながった点である。驚いたことに、対応

の中核となるべき WHO 自身が、当時緊急時に即拠出可能な独立した財源を
持っていなかった。WHO は緊急時対応にかかわる資金をこれまでほとんど
任意拠出金に依拠してきた。通常 PHEIC の宣言が出されると任意拠出金は
集まりやすいが、これを使えるまでには時間を要する。緊急時に重要な初動
において任意拠出金を当てにすることは事態の悪化を招くので、任意拠出金
が使えるまでの間を埋める資金の確保が肝要との指摘があった (UN high level,
2016:64-65)。一方、国連には、緊急時の人道的な案件に対する資金援助の枠
組みとして、国連中央緊急対応基金 (Central Emergency Response Fund: CERF) が存
在した。しかしこれは自然災害や紛争を対象としており、健康・保健にかか
わる用途での利用は想定されていなかった。上述のように、人道の枠組みが
稼働しなかったことでこれが使われることがなかった。

4.　最後に

　本章は 2014 年〜 2016 年に西アフリカ諸国で生じたエボラ出血熱につい
て、国際社会の対応の遅延により深刻化した経緯、国際社会の対応として
国連主導の UNMEER が設立された過程、そして終息に至る過程についての
事実関係を整理するとともに、この UNMEER への評価について論じた (第 1
節)。そこから、感染症リスクが、発生国のおかれた状況により多様なリス
クと相互連関して複合化しうることを明らかにし、その対応においては、リ
スクの複合化への連鎖を断ち切るための、個別リスクの要素・セクター間の
調整、それを支える社会基盤の強化 (感染症への備えのみならずヘルスシステム
全体としての底上げ) が重要であることを示した (第 2 節)。その意味すると こ
ろは、ヘルスリスクの管理においては、マルチセクトラルな対応と、「Whole
of Society (社会一体)」、「Whole of Government (政府一体)」、そして「Whole of
Globe (国際社会一体)」で対応する「システム全体」の視点 (国連が謳う UN as
One) を、各国レベルでも、主導的立場にある WHO 組織内においても、国連
組織間においても、グローバル保健のガバナンス構造に十分に反映すること
であった。本章ではさらに、国際社会が実施したエボラ出血熱をめぐる様々

な教訓と課題についての検証レポートをレビューし、グローバル保健ガバナンスの課題を 3 つの論点に整理（① IHR の不徹底・機能不全、②国際機関間・国際機関内の調整メカニズムの欠如、③複合的な感染症に対する資金提供メカニズムの欠如）し、具体的に論じた（第 3 節）。

　こうしたガバナンスの課題を受けて、国連、WHO における様々なガバナンス改革が展開されていくこととなった。これについては、第 5 章で詳述する。

付　記

　　本章の第 1 節及び第 2 節は主として、松尾真紀子（2017）「第 7 章　複合リスクとしてのエボラ出血熱—多様なリスク間の相互連関とグローバル・ヘルスリスク・ガバナンスの課題に関する予備的考察」『複合リスクガバナンス—リスク俯瞰マップ、領域別事例比較、制度的選択肢　研究成果報告書』（平成 25 年度〜平成 27 年度基盤研究（A）（課題番号：25245018）（研究代表者：城山英明）pp.99-115をベースに発展させたものであり、また、第 3 節は主として、Hideaki Shiroyama, Yasushi Katsuma, Makiko Matsuo（2016）, "Rebuilding Global Health Governance - Recommendations for the G7, *PARI Policy Brief* 及び Yasushi Katsuma, Hideaki Shiroyama and Makiko Matsuo（2016）, "Challenges in achieving the Sustainable Development Goal on good health and well-being: Global governance as an issue for the means of implementation," *Asia-Pacific Development Journal*, Vol.23, No.2 等で得られた知見をベースに、再整理し発展させたものである。

注

1　本項の記載は以下のサイトを共に整理した。
　WHO ウェブサイト　Ebola virus disease（https://www.who.int/news-room/fact-sheets/detail/ebola-virus-disease）, 2020 年 5 月 6 日確認。
　厚労省ウェブサイト　エボラ出血熱について（https://www.mhlw.go.jp/stf/seisakunitsuite/bunya/0000164708.html）, 2020 年 5 月 6 日確認。
2　注 1 の WHO ウェブサイト参照。
3　安保理の決議は拘束力が強く国際世論の動員力も強い。安保理議長は月交代であるが決議を取った月は米国が議長であった。
4　当時リベリアで UNMIL が活動しており OCHA が稼働し、その他の国では UNDP が活動していた。

5 ただしその後も 11 月に再発が報告された。

6 津波による原発事故のように自然災害を契機とした技術由来の災害（NaTech）の
ような二次災害等がある可能性はある。

7 世銀の World Development Indicators より。（https://datacatalog.worldbank.org/dataset/
world-development-indicators），2020 年 5 月 6 日確認。

8 United Nations Development Programme（UNDP）Human Development Index.

9 ポリオも感染症であるが、現場対応における経験が蓄積されていることから、
文化的には人道セクターと近接的である。

参考文献

Fidler, David P., and Lawrence O. Gostin, "The new International Health Regulations: an historic development for international law and public health.", *The Journal of Law*, Medicine & Ethics 34.1, 2006, pp.85-94.

Frenk, Julio, and Suerie Moon, "Governance challenges in global health.", *New England Journal of Medicine* 368.10, 2013, pp.936-942.

Japan Global Health Working Group, "Protecting human security: proposals for the G7 Ise-Shima Summit in Japan", *the Lancet*, Health Policy, Volume 387, No. 10033, 2016, pp.2155-2162.

Katsuma, Y., Shiroyama, H., & Matsuo, M, "Challenges in achieving the sustainable development goal on good health and well-being: Global governance as an issue for the means of implementation", *Asia-Pacific Development Journal*, 23（2）, 2017, pp.105-125.

Lee Kelly, *The World Health Organization (WHO) - Global Institutions*, Routledge, 2008.

Moon S, Sridhar D, Pate MA, et al., "Will Ebola change the game? Ten essential reforms before the next pandemic." The report of the Harvard-LSHTM Independent Panel on the Global Response to Ebola. *Lancet*; 386, 2015, pp.2204–221.

MSF, *Pushed to the Limit and Beyond A year into the largest ever Ebola outbreak*, 2015.（https://www.msf.org/sites/msf.org/files/msf1yearebolareport_en_230315.pdf），2020 年 5 月 6 日確認

National Academy of Medicine, *The Neglected Dimension of Global Security: A Framework to Counter Infectious Disease Crises*, National Academy Press, 2016.

New York Times, "W.H.O. Leader Describes the Agency's Ebola Operations", SEPT. 4, 2014（http://www.nytimes.com/2014/09/04/world/africa/who-leader-describes-the-agencys-ebola-operations.html?_r=1），2020 年 5 月 6 日確認。

UN, "Letter dated 12 January 2015 from the Secretary-General addressed to the President of the General Assembly" 90-day report - A/69/720, 2015a.（https://www.un.org/en/ga/search/view_doc.asp?symbol=A/69/720）, 2020 年 5 月 6 日確認。

UN ,"Letter dated 12 March 2015 from the Secretary-General addressed to the President of the General Assembly" 150-day report - A/69/812, 2015b.（https://www.un.org/en/ga/search/view_doc.asp?symbol=A/69/812）, 2020 年 5 月 6 日確認。

UNDP "Issue Brief - Payments Programme for Ebola Response Workers" 2015.（http://www.undp.org/content/dam/undp/library/hivaids/English/Payments-Programme-Ebola-Response-Workers.pdf）, 2020 年 5 月 6 日確認。

UNDP, *Socio-economic impact of Ebola in West Africa*, 2016.（http://www.africa.undp.org/content/rba/en/home/library/reports/socio-economic-impact-of-the-ebola-virus-disease-in-west-africa.html）, 2020 年 5 月 6 日確認。

UN Global Health Crisis Task Force, *Final report*, 2017.（https://www.un.org/en/pdfs/Final%20Report.Global%20Health%20Crises%20Task%20Force.pdf）, 2020 年 5 月 6 日確認。

UN High-level Panel, *Protecting Humanity from Future Health Crises - Report of the High-level Panel on the Global Response to Health Crises*（A/70/723）, New York: UN, 2016.（https://digitallibrary.un.org/record/822489）, 2020 年 5 月 6 日確認。

UNICEF, *Ebola: Getting to zero – for communities, for children, for the future*, 2015.（http://www.unicef.org/publications/index_81325.html）, 2020 年 5 月 6 日確認。

UNICEF, *Evaluation of UNICEF's response to the Ebola outbreak in West Africa 2014–2015*, 2017.（https://www.unicef.org/evaldatabase/index_95016.html）, 2020 年 5 月 6 日確認。

Weiss Thomas G, *What's Wrong with the United Nations and How to Fix it*, 2008.

WFP, *Ebola Response - from crisis to recovery*, 2015.（http://documents.wfp.org/stellent/groups/public/documents/communications/wfp276313.pdf）, 2020 年 5 月 6 日確認。

WHO, *Rapid Risk Assessment of Acute Public Health Events*, 2012.（http://apps.who.int/iris/bitstream/10665/70810/1/WHO_HSE_GAR_ARO_2012.1_eng.pdf）, 2020 年 5 月 6 日確認。

WHO, *One year into the Ebola epidemic: a deadly, tenacious and unforgiving virus*, 2015a.（http://www.who.int/csr/disease/ebola/one-year-report/ebola-report-1-year.pdf?ua=1）, 2020 年 5 月 6 日確認。

WHO, *Health worker Ebola infections in Guinea, Liberia and Sierra Leone*, 2015b.（http://www.who.int/hrh/documents/21may2015_web_final.pdf）, 2020 年 5 月 6 日確認。

WHO, *Report of the Review Committee on the Role of the International Health Regulations (2005) in the*

Ebola Outbreak and Response (A69/21), Report by the Director-General, 2016.（https://apps.who.int/gb/ebwha/pdf_files/WHA69/A69_21-en.pdf）, 2020 年 5 月 6 日確認。

WHO, "Countries' response to WHO's travel recommendations during the 2013–2016 Ebola outbreak" *Bulletin of the World Health Organization*, 95, pp.10-17, 2017WHO Advisory Group, Second Report of the Advisory Group on Reform of WHO's Work in Outbreak and Emergencies, 2016. http://www.who.int/about/who_reform/emergency-capacities/advisory-group/second-report.pdf?ua=1）, 2016 年 11 月 6 日確認。

WHO Advisory Group, *Report of the Director-General's Advisory Group on Reform of WHO's Work in Outbreaks and Emergencies with Health and Humanitarian Consequences*, http://www.who.int/about/who_reform/emergency-capacities/advisory-group/second-report.pdf, 2016 年 6 月 2 日確認。

WHO Ebola Interim Assessment Panel, *Report of the Ebola Interim Assessment Panel*, 2015.（https://www.who.int/csr/resources/publications/ebola/ebola-panel-report/en/）, 2020 年 5 月 6 日確認。

WHO Secretariat, *WHO Secretariat Response to the Report of the Ebola Interim Assessment Panel*, 2015.（https://www.who.int/csr/resources/publications/ebola/who-response-to-ebola-report.pdf?ua=1）, 2020 年 5 月 6 日確認。

World Bank, "Ebola: Most African Countries Avoid Major Economic Loss but Impact on Guinea, Liberia, Sierra Leone Remains Crippling" 2015.（https://www.worldbank.org/en/news/press-release/2015/01/20/ebola-most-african-countries-avoid-major-economic-loss-but-impact-on-guinea-liberia-sierra-leone-remains-crippling）, 2020 年 5 月 6 日確認。

World Bank, Zafar A, Talati C, Graham E. "2014-2015 West Africa Ebola crisis: impact update, Washington（DC）", 2016.（http://pubdocs.worldbank.org/en/297531463677588074/Ebola-Economic-Impact-and-Lessons-Paper-short-version.pdf）, 2020 年 5 月 6 日確認。

第 5 章

グローバル保健改革

——G7 における議論と WHO・国連・世界銀行における対応

松尾真紀子・城山英明

1. 国際アジェンダとしての感染症問題

(1) エボラ出血熱を契機とする国際的な機運の高まり

1. グローバル保健がハイレベルな国際アジェンダに

　第 4 章で論じた、国際社会のエボラ出血熱 (2014-2016) への対応の失敗は、良くも悪くもグローバルヘルスの問題をさらに上位の政治的スペースに引き上げた。第 1 章で論じたように、WHO 改革の試みは、これまでも漸進的に進展してきたが、エボラ出血熱 (2014-2016) は、この試みをさらに加速させる新たな契機となった。特に、従来は保健省の問題にとどまっていたグローバル保健の問題は、実質的に外務省、財務省、さらには首相レベルの問題と認識されるようになった。そして国連、G7、G20、G77 等におけるハイレベルなアジェンダとして取り上げられるようになった。2015 年ドイツ G7 エルマウ・サミット首脳宣言、2016 年の「国際保健のための G7 伊勢志摩ビジョン」、その後もグローバルヘルスは、2017 年ドイツの G20 ハンブルグサミット、2019 年の G20 大阪サミットのアジェンダとして取り上げられ、G7、G20、G77 の舞台において議論がなされている。

　また、国連の持続可能な開発目標 (SDGs) の項目としても「SDG3」において、すべての世代のすべての人の健康を確保することが目的の中に位置づけられ、特に「目的 3.d」の項目において具体的に国際保健規則 (International Health Regulations:IHR) と健康危機への備えが指標として位置づけられた。

2. 伊勢志摩サミットにおけるグローバル保健にへの取り組み

　日本がグローバル保健の問題を 2016 年の G7 の主要議題の一つとして取り上げたのは、第 4 章で論じた、国際社会のエボラ出血熱 (2014-2016) に対する関心の高まりが直接の要因ではあるが、この分野におけるそれまでの日本の取り組みの延長という意味もあった。もともと日本にとってグローバル保健の問題は、2008 年の G8 洞爺湖サミットにおける「人間の安全保障」の概念の提唱をはじめ、従来から取り組んできた分野である。2013 年には安倍首相が G8 の首脳級の寄稿としては初めてとなる、「日本のグローバル保健戦略ーなぜ重要か」と題するコメントをランセット誌に寄稿した。こうした動きも背景にあり、日本では、2016 年 5 月の G7 伊勢志摩サミットのアジェンダ形成に向けて、公式・非公式なプラットフォームで準備が進められた。まず、2014 年に武見敬三参議院議員が中心となり、日本国際交流センター (JCIE) と東京大学大学院医学系研究科国際保健政策学教室でグローバルヘルス・ワーキンググループ (Global Health Working Group) を発足させた。同ワーキンググループは、内閣府、外務省、厚生労働省、財務省等の関係省庁や政府機関の実務担当者や、アカデミアが参画した。そして、サミットに向けてグローバル保健に関する様々な論点について国内外の調査を実施するとともに、著名なアカデミアなどを招へいした研究会、シンポジウム等で議論を重ねた。サミット直前にはそこでの知見を政策提言にまとめ、英医学誌ランセットに政策提言の形で発表し (Japan Global Health Working Group 2016)、G7 のアジェンダ形成に寄与した。また、並行して塩崎恭久大臣 (当時) が国際保健に関する懇談会を設置して「グローバル・ヘルスの体制強化 :G7 伊勢志摩サミット・神戸保健大臣会合への提言」を取りまとめ、G7 保健大臣会合へのインプットを行った。

(2) エボラ出血熱の後の国際機関における議論の概要と本章の構成

　上述の多様な国際議論の場におけるグローバル保健への関心が高まる中、国連と WHO を主要な舞台としてグローバル保健改革の議論が展開された (第 4 章参照)。当初、エボラ出血熱 (2014-2016) への対応の失敗と国連エボラ

緊急対応ミッション（UN Mission for Ebola Emergency Response: UNMEER）の設置という経験から、WHOにはもはやグローバル保健のリーダーを任せていられないという政治的風潮すらあった。実際、エボラ出血熱（2014-2016）の国際対応を検証した報告書の中には、国連にUNMEERのような新規の組織を設けて緊急対応をすべきでない、との点では共通理解があった一方、例えば、国連の安保理にグローバル保健委員会を設置すべき（Moon et al., 2016）、国連総会にグローバル保健健康危機に関するハイレベル理事会を設置すべき（UN high level panel, 2016）、とした意見を提唱するものもあった。しかし、第2節で論じるように、国連では、既存の国際組織を前提に、それを改革・強化することでグローバル保健の問題に対応することが妥当とされた。具体的には、ヘルス（健康・保健）の主導的・中核的役割を担うのはWHOと再確認するとともに、国連の枠組み（特に人道）の中にきちんとグローバル国際保健を位置づけ、システムとして取り組んでいくべきとされた。これを踏まえ、人道の枠組みである、機関間常設委員会（Inter-Agency Standing Committee: IASC）とWHOが、国際健康危機が人道危機に発展した際に連携する上での「標準作業手順（Standard Operation Procedure: SOP）」が策定され、IASC関連機関によるシミュレーション演習なども実施された。一方、WHOはグローバル保健における自身の役割を、従来の「技術的規範（technical norm）」の提供に加え、「現場でのオペレーション」と定め、その組織目的を反映する改革を断行している（第3節）。また、エボラ出血熱（2014-2016）の際には即拠出できる資金がなく、対応の遅延を招いた。このため、グローバル保健の緊急時の健康危機を対象とした資金提供メカニズムとして、WHOでは緊急対応基金（Contingency Fund for Emergencies: CFE）が、世界銀行ではパンデミック緊急ファシリティ（Pandemic Emergency Facility: PEF）が新たに設置された（第4節）。このようにエボラ出血熱（2014-2016）後、様々なグローバル保健改革が展開された。本章では以下、上述のそれぞれの議論の経緯・内容と課題について具体的に整理し、最後に第5節で残された課題を論じる。

2. 国連における取組み

（1）国連における議論の経緯

1.　国連事務総長のイニシアティブ - 国連ハイレベルパネル・国連タスクフォース

　国連では、2015 年 4 月に潘基文国連事務総長により、「健康危機に対する
グローバルな対応におけるハイレベルパネル（以下国連ハイレベルパネル）」が
設置された。同パネルは、2016 年 2 月に、「将来的保健危機から人類を守る」
と題する報告書（UN High-level Panel 2016）を作成し、27 の勧告を提示した。そ
の中で同パネルは、グローバル保健の唯一のリーダーは WHO であるべきと
したうえで、各国における IHR コアキャパシティの実施・レビュー、WHO
のオペレーション能力の強化、国連組織と WHO の連携体制の構築、感染症
に対応するための資金対策等の強化の必要があると指摘した。さらに国連総
会に 45 〜 50 の加盟国で構成される、「グローバル保健健康危機に関するハ
イレベル理事会（high-level council on global public health crises）」を設置して、健康危
機への備えに対する改革の実施状況を監視するよう勧告した。

　これに対して国連事務総長は、同パネルの勧告の多くの点、とりわけグロー
バル保健のリーダーとして WHO に代わる主体がない点等を支持し、健康保
健の緊急時における人道にかかわる国連組織と WHO の連携手順の明確化を
指示した（第 2 節 (2) で後述）。一方、国連ハイレベルパネルが勧告したハイレ
ベル理事会の設置案については明確に否定し、むしろ国連総会や経済社会理
事会（ECOSOC）と WHO 総会との日常的な相互交流が有効であるとした（UN
Secretary General 2016）。そして新たに 2016 年 7 月から 1 年間の時限的な組織
として、より小規模の「グローバル保健危機タスクフォース（以下国連タスク
フォース）」を設置した。国連タスクフォースは、国連副事務総長、WHO 事
務局長、世界銀行総裁が共同主幹事を務め、国連開発計画（UNDP）総裁のほ
か、日本から尾身茂氏などが参画した。2017 年に最終報告書を策定し、①
グローバル保健の危機回避のため国内保健システムの戦略的サポート、②コ
ミュニティ・市民社会の取り込み、③地域調整のサポート、④国連システム
の対応能力強化、⑤シミュレーションによるテストの実施、⑥グローバルへ

ルスに関連する研究イノベーションの促進、⑦持続的な資金の確保、⑧ジェンダー、⑨グローバルな政策における健康上の危機の優先的位置づけの確保、の各項目についての現状と課題について整理した (UN Global Health Crisis Task Force 2017)。同報告書は、様々な進展が確認されたものの依然として課題が残ることから、グローバル保健の改革状況をフォローアップする時限的な独立のメカニズムの設置を求めた。

2. グローバル健康危機への備え (preparedness) のモニタリングに関する委員会 (GPMB)

　国連タスクフォースの終了後、その提言にあったフォローアップに関する組織がすぐに立ち上がらなかったことから、立ち消えとなったのではないかと危ぶむ声もあったが、約一年後、国連の場ではなく、WHO と世界銀行 (以下世銀) が共同で会議運営を担う形で、「グローバル健康危機への備えのモニタリングに関する委員会 (以下、GPMB)」を 2018 年 5 月に発足させた。議長は、国際赤十字赤新月社連盟 (IFRC) 事務局長と、元 WHO 事務局長のブルントランド氏が共同で務める。目的を、グローバル保健に対する備えと対応の進展の確認としている。従来のこの種のモニタリングは、時限的であったり、ある特定の組織やセクターに限定されたりしたことから、GPMB は、そのような枠や政治的状況にとらわれずに、俯瞰的かつ独立的な立場からモニタリングすることを強調している。

　2019 年 9 月、GPMB は、初の年次報告書となる「リスクにさらされた世界」を公表した (Global Preparedness Monitoring Board 2019)。この年次報告書の作成にあたり、様々な観点 (国家におけるグローバル保健への備え、資金、研究開発、ガバナンスなど) からの報告書が、WHO や世銀の他、オックスフォード大学やチャタムハウス等への委託等により作成され[1]、入念な分析がなされた。

(2) 国連における取組み──人道コミュニティとのグローバル保健の連携の確立

　上述の様々な報告書の勧告を受けて、国連事務総長のイニシアティブのもと、国連のシステムの中にヘルス (健康・保健) が位置づけられるようになった。例えば、WHO がグレード 2 および 3 レベルと評価する健康危機が発生した

際、WHO は国連に報告することとし (UN Secretary General 2016, para.14)、健康・保健と人道の緊急時のシステムを統合することが合意された。

　その具体的な SOP が、2016 年 12 月に、WHO と IASC の間で策定された、「感染症事案におけるレベル 3 稼働手続き」である (IASC 2016)。第 4 章の繰り返しになるが、国連システムにおける人道危機への対応は国連人道システムの調整の場を通じてなされる。IASC は、人道支援にかかわる国連児童基金 (UNICEF)、世界食糧計画 (WFP) 等の国連機関、国際赤十字や NGO など多様な主体との政策協議や意思決定をする場で、国連人道問題調整事務所 (Office for Coordination of Humanitarian Affairs: OCHA) がその事務局を担っている。従来、国連人道システムは、紛争と自然災害を主要な対象としており、健康危機やグローバル保健はスコープになかった。エボラ出血熱 (2014-2016) で国連システム全体の対応が遅れた要因には、こうした既存の枠組みから健康危機やグローバル保健が抜け落ちてしまっていたこともあった。したがって今回の SOP は、国連人道システムにグローバル保健がきちんと文書として位置付けられたことに大きな意義がある。この SOP により、WHO の事務局長はグローバル保健の技術面におけるリーダーシップを担い、IASC の議長である緊急援助調整官 (Emergency Relief Coordinator: ERC) は人道のリーダーシップを担う、とする役割分担が明確になった。また、WHO がグレード 2 以上と判断した全ての案件は、WHO 事務局長から国連事務総長と ERC に 72 時間以内に報告することとされた。さらに、国境なき医師団 (MSF) など国際 NGO がこの枠組みの中にきちんと位置付けられた点も重要であった。

　2018 年に IASC は、人道システム全体をスケールアップする際の手順を改訂した (IASC 2018)。これを受けて 2019 年 4 月、この手順を感染症に適合させた「感染症事案における人道システム全体のスケールアップを稼働する際の SOP」(IASC 2019) が策定された (これにより前述の IASC (2016) の SOP は同 SOP と差し替えられた)。

　この文書では、感染症事案で IASC が国連全体での対応にスケールアップする (Scale-Up activation) 際の、評価、諮問、意思決定等の手順について、何時間以内にだれがどのようなクライテリアに基づいて何をするといった点

も定めている。具体的には、ERC が、WHO の事務局長との連携にもとづき、IASC 加盟主体の代表（principals）と（場合によってはその他の関連組織も交えて）スケールアップの決定をするとした。また、その決定は、IASC（2018）のスケールアップの5つのクライテリア（①規模、②緊急度合、③複雑性、④能力、⑤被害者に有効で適切な規模の対応ができなかった場合のリスク）を感染症事案に適応させたもの（具体的には脚注を参照[2]）と、WHO のリスク評価に基づくとしている。前 SOP（IASC 2016）と同様、WHO が深刻な公衆衛生上の事態を宣言した場合には自動的に情報共有される仕組みができている。具体的には、WHO が地域的・グローバルなリスクが高い・非常に高いとし、かつ／もしくは、WHO がグレード3を宣言したすべての事案は、国連事務総長、ERC に自動的に情報共有される（IASC 2019:4）[3]。また、動物由来の感染源が多いことも考慮していわゆる「ワン・ヘルス」のアプローチも取り入れている。SOPの策定（IASC 2016 及び IASC 2019）は、手順・役割の明確化と情報共有という意味で、国連と WHO の連携における最大の成果と言える。その他、国連内における日常的なグローバル保健に関連する情報のやり取りは、UNOCC（United Nations Operations and Crisis Centre）と WHO の間でなされるようになった（UN Global Health Crisis Task Force 2017: para43）。

(3) 残された課題

こうした改革により、エボラ出血熱（2014-2016）の時点に比べれば、国連の人道枠組みの中でのグローバル保健の位置づけが明確になったという点で評価できる。ただし、国連システムは人道枠組みだけでなく、開発など様々な枠組みがある。ヘルス（健康危機・保健）が国連システムの中で重要な要素と位置づけられるためにも、WHO はヘルスクラスターのリーダーとしてのプレゼンスの向上に更に努めることが求められる。

また SOP により、グローバル保健の位置づけが国連システムの中に明確化されてもなお課題が残る。第一に、実際に国連全体としてシステムワイドな対応へ転換する「トリガー」の判断は依然として難しいことが挙げられる。つまり、あらゆる感染症事案は異なる状況下で生じることから、何を以てシ

ステム全体で対応すべきと判断するか、の画一的・具体的なクライテリア (例えば数値等) を設けることは困難である。これは第 4 章でも論じたように、感染症のリスク特有の変動性、不確実性という特性による部分も大きい。事案が発生して被害の規模や影響の把握がある程度容易な自然災害等への対応に比べて、感染症の場合は、目に見えないうえ、人々の行動などでも被害が変動し、リスクも経済・社会的リスクに波及する。どのタイミングの介入が適切なのかは、単にヘルスリスクだけの問題にとどまらず、ほかの政策目的とのバランスやその国のおかれている状況などを踏まえた高度な判断が求められるのである。

　第二に、確かに国際機関間の役割の明確化は進んだが、実際に感染症が勃発して対応しなければならない現場は国であり、国と国際レベルとの役割分担は依然として明確でない。GPMB のレポートでも、国際機関と国の間の具体的な責任権限や役割は、しばしば事後的に判明するとして、事前に明確化しておくことが重要としている (GPMB 2019: 14)。ただしこうした国と国際レベルの役割分担も、ヘルスシステムの脆弱性や対応能力の違いで大きく異なることが考えられる。従って、具体的な検討には日々のやり取りや実践の積み重ねが重要である。2017 年の 12 月に、IASC 加盟主体の代表レベルのシミュレーション演習が実施された (IASC 2017) が、こうしたシミュレーション演習・机上訓練などを国際機関のみならず国も参加して検討することが重要である。GPMB は、2020 年 9 月までに少なくとも 2 回のシミュレーション演習を WHO も含めて実施すべきと勧告している (GPMB, 2019, 10)。

3. WHO のグローバル保健改革

(1) WHO におけるグローバル保健改革の経緯

　2015 年の WHO 執行理事会におけるエボラ出血熱に関する特別セッションでは、緊急時における対応の改革が要請された。この要請を受けて、①独立パネルによる「エボラ暫定評価パネル報告書」(Ebola Interim Assessment Panel 2015) の他、②感染症拡大と健康緊急事態における WHO の役割についての

改革アドバイザリーグループによる報告書（WHO Advisory Group 2016）、さらに③ IHR 委員会におけるエボラ出血熱の対応に関する検証をする委員会の報告書（WHO 2016）などが作成された。

　これら3つの報告書の勧告により、WHO では大きな組織改編を含む改革が行われた。その象徴が、新たに創設された「WHO における健康危機（WHO Health Emergency:WHE）プログラム」である。また、初動時に即拠出可能な資金のメカニズムとして緊急対応基金（Contingency Fund for Emergencies: CFE）が設置された。2017 年に WHO 事務局長が、マーガレット・チャン氏からテドロス・アダノム氏に代わったが、新体制下でもグローバル保健は変わらず重視されている。例えば第 11 次総合事業計画（通称 GPW）では、健康危機管理の強化は3つの目標の1つと位置づけられている（ちなみに残りの2つは UHC とよりよい健康である）。

　以下では、(2) で WHO におけるグローバル保健改革の目玉である WHE プログラムと CFE の概要について紹介し、(3) でそれらの実施状況と残された課題について論じる。

(2) WHO 健康危機（WHE）プログラムと緊急対応基金（CFE）の概要

1. WHO 健康危機（WHE）プログラム

　WHE プログラムは、2016 年 5 月の世界保健総会（WHA69）で承認され、2016 年 7 月に発足した。このプログラムの最大の特徴は、健康危機対応・グローバル保健に関連する全ての機能・要素を一本化して「One WHO」の実現を目指した点である（WHO WHE 2016）。これにより、横のライン（健康危機対応に関連する機能・要素）と縦のライン（WHO の本部・地域・国の3レベル）の一本化を図っている。横のラインの一本化については、健康危機・グローバル保健に関するすべての機能・要素（①回避・予防、②備え、③早期の警告・アセスメント・対応・回復）を、組織改編と手続き改変等により実施した。また、縦のラインについては、権限ライン、予算ルール、パフォーマンスの指標などを、本部・地域事務所・国（カントリーオフィス）で整合性を図ることにより試みている。

WHE プログラムの組織改革

　WHO の本部では組織改革により、WHE プログラムの 5 つの部署が新設された (WHO WHE 2016:8)。各部署の概要を 2016 年の WHE の報告書 (WHO WHE 2016) をもとに紹介する。

- まず、予防に関しては、「感染症病原体管理部 (IHM)[4]」が設置された。この部署は感染症に関する規範的な基準策定の役割を担い、技術的なサポートを提供する。また、専門家のネットワークの調整も担う。PIP (Pandemic Influenza Preparedness) の事務局もここに位置づけられている。

- 次に、健康危機への備えに関しては、「国家の健康危機の備えと IHR に関する部署 (CPI)[5]」が設置された。この部署は 3 つのユニットからなっている。1 つ目が、「コアキャパシティ・モニタリングと評価 (CME)[6] ユニット」である。各国の IHR におけるコアキャパシティの実施状況を確認し、合同外部評価 (Joint External Evaluation: JEE) を所管している。2 つ目が「備え・準備とコアキャパシティ構築 (PCB)[7] ユニットである。このユニットは特に脆弱な国家におけるコアキャパシティ構築の支援を行う。そして 3 つ目が、「IHR 事務局とグローバル機能 (IHR[8]) ユニット」である。IHR 委員会の事務局はここに属す。

- WHE のプログラムにおける、健康危機への早期の警告・対応・回復を担う部署としては以下の 2 つが設けられた。1 つが「健康危機に関する情報とリスク評価部 (HIM)[9]」で、もう 1 つが、「緊急オペレーション部 (EMO)[10]」である。前者の HIM は、広範な情報源から情報収集し、意思決定者と公衆一般に対して、迅速なリスク評価と正確な情報提供を行う。後述する「早期警告・警報と対応システム (Early Warning, Alert and Response System: EWARS)」を所管しているのもここである。後者の EMO は、緊急時のオペレーションにあたる部署である。WHO では本部・地域事務所・カントリーオフィスの 3 つのレベルに「包括的な危機管理システム (Incident Management System: IMS)」を導入した。こうした IMS などの新たな仕組みを導入したことを受けて、2017 年に「緊

急時対応枠組み (Emergency Response Framework: ERF)」を改訂した (後述)。
同部署は、緊急オペレーション時に、IASC のヘルスクラスターのリードとして多様なパートナーとの有機的連携のための調整を担う。

　WHO 事務局長は 2019 年 3 月、「インパクトのための変革 (Transforming for Impact)」と題するスピーチ (WHO 2019b) の中で、更なる組織改編の実施を発表した。これまでの組織体制とは異なり、急速な新興技術へ対応するため、主席科学顧問 (Chief Scientist) 部やデータ分析部といった新たな部署を設けたほか、UHC を冠した部署を 3 つ (UHC/ ライフコース、UHC/ 伝染・非伝染疾患、UHC/ より健康な集団) 新設するなど[11]、WHO としては相当大きな組織改革をしており、今後の更なる展開を注視する必要がある。各部署の詳細が文献調査のみでは十分に明らかでない限界もあるが、組織図を見る限りは、WHE プログラムの主要な要素は「緊急事態の備えと対応 (Emergency Preparedness & Response)」という部署に引き継がれ、WHO 事務局長直属の組織としての位置づけは変わらないと思われる。

　いずれにしても WHE の設置により、緊急時にかかわる様々な要素の集約と、本部・地域事務所・国の 3 レベルでの一本化が図られたことが大きな組織体制上の成果である。

　次に、WHE プログラムのこれまでの取り組みに関して、①国際レベルの緊急時の対応の強化と②各国レベルの備えの強化 (IHR の実施の強化) の二点について、具体的に論じる。

WHE プログラム設置後の取り組み——①国際レベルの緊急時の対応強化

　まず、国際レベルの緊急時の対応強化のために行われたのが、情報収集と共有の仕組みの改善である。特にデジタル化と、システマティックな対応が、従来と異なる点である。「早期警告・警報と対応システム (EWARS)」は、自然災害や紛争などの人道的な緊急時に発生する感染症の検出・情報収集を目的として、2015 年に WHO が構築した仕組みである。インターネットや電気がない場所でもサーベイランスを可能とする装備の提供 (携帯、パソコンや電源のセット) により、緊急時の情報収集・共有の共通基盤を提供している。ま

た、2017 年から 2018 年にかけて、WHO が地球規模感染症に対する警戒と
対応ネットワーク（GOARN）と共同開発した Go.Data は、感染症発生データ
の管理や現場のオペレーションをサポートするソフトウェアで、データ収集、
接触追跡、感染経路の可視化を可能とする。従来異なるフォーマットの書面
で共有されていた情報が、共通のフォーマットにデジタル化され、瞬時の状
況把握と迅速な対応に寄与している。こうした現場での情報収集能力の向上
への取り組みの他、本部レベルでも、事務局長への日々の定期的報告、「new
emergency dashboard（疫学、対応計画、役割分担、資金諸々を統合したダッシュボー
ド）」なども導入された。このように、全体として常時モニタリングを可能と
する改善が見られた。

　国際レベルの対応強化において次に重要なステップは、こうして収集し
た情報に基づき、適切なリスク評価を実施して対応することである。WHO
では 2015 年に「緊急時対応枠組み（ERF）」を定めていたが、エボラ出血熱の
教訓や WHE プログラムの設置・IMS の導入等の変化を受けてそれを改定し、
2017 年に ERF 第 2 版が策定された（WHO 2017a）。WHO ではリスク評価と状
況評価（situation analysis）に基づき、WHO の対応の段階を設定する。これを「グ
レード」と言い、深刻度合いに応じて 1 〜 3 に設定される（このうちグレード
3 が最も深刻）[12]。一刻を争うような緊急事態ではリスク評価・状況評価から
グレーディングまでを 24 時間以内に実施する。対応のグレーディングが設
定されると、24 時間以内に IMS が稼働し、危機管理担当（Incident Manager: IM）
が任命され、危機管理（IM）チームが設置される。グレードが 2 以上の場合
は、緊急事態調整担当者（Emergency coordinator）と IM サポートチームが設置さ
れる。IMS では WHO の 3 つのすべてのレベル（本部・地域事務局・国）におい
て以下の 6 つの機能を組織的に展開する － ① WHO の対応を全体として監督
する「リーダーシップ」、②健康・保健とほかのセクターも含む「パートナー
との調整」、③情報収集・分析・提供と WHO の様々な計画（行動計画・戦略
的対応計画・共同オペレーション計画・復興ニーズに基づく計画等）を策定する「情
報収集と計画策定」、④専門性とエビデンスに基づき予防・コントロール措置、
リスコミやコミュニティのエンゲージメント、スタッフのトレーニングなど

を行う「健康・保健オペレーションと技術的専門性の提供」、⑤ GOARN や
ヘルスクラスターのメンバー、緊急医療チーム（Emergency Medical Team: EMT）
などとの連携を確保する「オペレーションサポートとロジスティックス」、
⑥「予算と事務」、である。

　WHO と国連の緊急時の連携体制に関しては第2節で論じたように、一定
の整理と明確化が進展したが、国際 NGO や民間アクターとの関係性や連携
体制は今後の課題である。2016 年の第 69 回 WHO 総会では、WHO と非国
家主体（NGOs, 民間主体、慈善財団、研究機関）の連携を深めることを目的とし
て「非国家主体のエンゲージメントの枠組み（Framework of Engagement with Non-
State Actors: FENSA）」を採択した（決議 WHA69.10）[13]。リソースの限られている中、
現場の対応で非国家主体を活用することは必須であるものの、現実にこれを
実施しようとすると、例えば利益相反のほか、出向者を派遣する際のクライ
テリアなど検討事項が多々あり、今後さらなる検討が必要とされる。

WHE プログラム設置後の取り組み──②各国の備えの強化

　次に WHE プログラムの取り組みとして、国家の備えの強化、特に、IHR
の実施について紹介する。IHR 委員会が WHO のエボラ出血熱（2104-2016）へ
の対応を検証した報告書は、対応の失敗は基本的には IHR 自体の問題では
なく、IHR がきちんと実施されていないことによるものとした（WHO 2016）[14]。
つまり、IHR のコアキャパシティが徹底されていれば、感染発生国の早期発
見・対応、国際レベルへの通報と国際対応ができたはずなので、IHR 本来の
役目を果たせる改革こそが大事であるとされた。

　そのためにも、改めて各国で IHR の徹底が求められた。具体的には、す
でに課されている IHR 実施状況の報告の徹底と、そうした活動を実施する
ための資金援助のあり方（例えば開発援助の中に IHR の実施を位置づける等のイ
ンセンティブ付与）が論じられた。これまでも繰り返し指摘されてきたことで
あるが、IHR の実施状況の報告が自己評価に基づくことへの限界が指摘さ
れ、より客観性のある第三者との合同外部評価（JEE）が推奨された。実際の
健康危機を想定した演習が必要であることから、WHO のシミュレーション

マニュアルも策定された (WHO 2017b)。これらの活動により JEE とシミュレー
ション演習に関しては大きな進展が見られた。2017 年の 11 月時点では JEE
の実施が 61 か国だった (WHO IOAC 2018) のに対し、2019 年 12 月時点で 111
か国が JEE を実施、シミュレーション演習 120 件以上とその検証も 59 件実
施された (WHO IOAC 2019)。

　また、エボラ出血熱 (2014-2016) の際には、国際社会からの断絶を恐れた感
染国が感染隠しをしたり、非感染国がパニックに陥って不必要な移動・貿易・
輸送制限を講じたりした。この教訓から、感染国が安心して報告を行い、かつ、
非感染国が不当に過度な措置を講じない体制の構築が求められた (第 4 章参
照)。このため、コンゴ共和国で進行しているエボラ出血熱に関しては、非
感染国による過度な措置の抑制を目的として、そうした措置を講じる国を公
表するウェブサイトが設けられている[15]。また、国際航空運送協会 (IATA) は、
健康危機時の移送等に際して作成すべき緊急対応計画のガイダンスを作っ
た[16]。

2. 緊急対応基金 (CFE)

　CFE は、感染症の勃発と健康被害を伴う人道危機の対応に迅速かつ柔軟
な資金提供を可能とすることを目的として、2015 年の第 68 回世界保健総会
の決定を受けて設立された (WHO CFE 2017)。これは、ほかの援助枠組みや
ドナー等による実質的な資金提供が開始されるまでの間、健康危機の初期
段階に必要な予算を埋めるものという位置づけで、3 か月間を最長とした資
金提供を可能とする。5 万ドルまでは電話かメールで 24 時間以内に WHO
職員の判断で執行可能とされ、それ以上の資金は、WHO の対応計画もしく
は WHO が主導するヘルスクラスターの共同機関行動計画に基づいて、提
供の可否が判断される。WHO の活動予算には、加盟国の義務的分担金と任
意拠出金があるが、CFE は任意拠出金で、WHE プログラム本体の会計とは
別建てで設計されている。このため不安定な財源であるが、使途に縛りが
なく (un-earmarked)、合算でプールされ、執行後に WHO がドナーから再補充
(replenish) をしてもらうという構想で作られている。

(3) WHO のグローバル保健改革の課題

　WHE はいかなる成果を上げているのであろうか。プログラム発足以来、2019 年の 11 月時点までに 166 件の事案の対応がなされた (WHO IOAC 2019)。2017 年 5 月にコンゴ民主共和国でエボラ出血熱が生じた際には、即座に WHO の職員が派遣され、CFE も活用され、わずか 2 か月で 4 名の死者と 200 万米ドルの対応費用で収まった。これは WHE プログラムと CFE の成功ストーリーとして語られた (WHO CFE 2018: 8)。しかしその後、同国の深刻な紛争地域で再びボラ出血熱が勃発し長期化している。2019 年 6 月には、国連緊急エボラ対応調整官 (UN Emergency Ebola Response Coordinator: EERC) が任命され、翌月 7 月に WHO の事務局長により「国際的に懸念される公衆衛生上の緊急事態 (public health emergency of international concern: PHEIC)」が宣言された。本章ではこのコンゴ民主共和国におけるエボラ出血熱対応の分析は、将来課題としてスコープに入れない。しかしこの事例は、経済的・政治的に脆弱な国で、かつ深刻な紛争状態にある地域での対応がいかに困難で、特に現地で対応にあたる職員や医療従事者等に対する攻撃が頻発する中で (Garrett 2019)、安全 (セキュリティ) をどう確保するかが大きな課題である点を指摘したい。

　さて、WHE プログラムの設置後、その実施状況を監督する外部の独立組織の必要性が論じられた。その結果、2016 年 3 月に「独立管理諮問委員会 (以下 IOAC)[17]」が設置された。同諮問委員会のメンバーは 2 年の任期で、第 1 期のメンバーは 2016-2018 年で終了し、現在第 2 期のメンバーが活動している。主たる活動は、定期的な会議とフィールド調査などを踏まえ、WHO の執行委員会と総会に対して報告することである。以下では、主としてこの IOAC の報告書と GPMB (前述第 2 節 (1) 2) の勧告なども踏まえつつ、WHO におけるグローバル保健改革の課題を、① WHE プログラムと、② CFE について整理する。

　なお大前提として、エボラ出血熱 (2014-2016) 後の状況は、それ以前の状況に比べて大きな前進があったことは、IOAC を含め多くの報告書が認めるところである (WHO IOAC 2018, WHO IOAC 2019, GPMB 2019)。

1.　WHO の健康危機（WHE）プログラムの課題─①予算・人材確保、②役割の拡大と組織文化、③ IHR の実施

　WHE の課題としては、①予算・人材確保、②役割の再定義によるスコープの拡大と組織文化、③ IHR の実施、の 3 点が挙げられる。

WHE プログラムの課題──①予算・人材確保

　まず一点目の予算と人材確保の点である。WHE の構想と組織改革が明確になっても、それを実践する予算と人材確保が遅れている。WHO の予算構造の問題は、WHE プログラムだけに限ったことではなく WHO 全体の問題としてしばしば指摘されている。予算額は 2004 年からの 10 年で 1.4 倍に増大[18]したものの、WHO 予算全体に占める加盟国からの義務的分担金の割合は減少し、任意拠出金の割合が増大する不均衡問題がある（Lee 2009: 41）。任意拠出金の比率が大きいということはそれだけ WHO が自由に使えるお金がないということである。さらに WHO の予算構造は国家「以外」の主体の任意拠出金に大きく依存しており、例えばビル＆メリンダ・ゲイツ財団の 2018-2019 年の WHO の拠出額はアメリカに次ぐ 2 位で、全体予算の実に 13% 弱を占めるまでになっている[19]。このように、自由度の高い予算の確保が不安定な状況の中で、WHE プログラムも活動している。他方で、援助国の立場にたってみると、支援を現場で判断することも多い。WHO は、保健省以外の開発系の援助機関等を資金援助調達の対象とするためにも、ジュネーブの本部だけでなく、実際の現場で予算の調達から実施までを行う必要がある。WHO としてもこうした「カントリービジネスモデル」の必要を認識しており、専属で資金調達にあたる職員の配置をカントリーオフィスで進めている（WHO IOAC 2019, para36）。

　次に WHE プログラムに関与する人材の確保も深刻な問題である。WHO の組織改編で新たな役職や定数が増大した結果、職員の採用が急務となったが、それを即埋められる状態にない。例えば 2017 年の段階で、このプログラムのために 1,438 人分のポジションが作られ、その約半分（684 名）は充足

できたが、残りの登用が決まっていなかった（WHO IOAC 2017）。2019年11月の時点ではさらにポジションが増え、1,583人分となったが、519のポジションが空席となっている（WHO IOAC 2019）。登用にあたっては、短期間契約にとどまらない長期的な戦略に基づく人材計画が必要であるが、雇用の確保もWHEに持続的な予算確保ができるかという問題と裏表になっている。

WHEプログラムの課題——②役割の再定義と組織文化

　二つ目の課題は、より本質的な問題で、WHOの役割の再定義による任務の拡大と組織文化の変化である。WHEプログラムの立ち上げは、「技術的専門的規範の提供者」という従来のWHOの役割に加えて、現場でのオペレーションの役割の追加も意味した。人道枠組みとの連携が重視されることにより、WHOが扱う対象の範囲はますます拡大している。そもそもIHR（2005）が「オールハザード・アプローチ」を採択していることから、本来WHOは健康を脅かすあらゆる「ハザード」（感染症に留まらず化学物質・放射性物質・生物学的リスクなど）を対象としていたものの、これまでの多くの活動の主眼は感染症への対応にあった。それが今や感染症の対応はもちろんのこと、紛争・自然災害・難民・さらに気候変動のリスクまでが対象となった。しかし、そうしたことは、より根本的にはWHOにおける組織文化の転換も迫る。従来活動の中核を担ってきた医師を中心とする体制に、新たにほかの専門知や、オペレーション等の実践能力を備えた人材が続々と採用される中、既存と新規の体制との間での一定の緊張関係も考えられる。またオペレーションを重視するといっても、WHOに全て対応できるわけではないので、より高度で洗練されたアクター間調整が必要となる。例えば、調達などのオペレーションの中でWHO自ら実施する部分と、UNICEFやWFPなど現場の活動に専門性のある国際組織に委託するところとを、柔軟に判断し即対応できる連携体制が必要となる（WHO IOAC 2018）。

WHEプログラムの課題——③IHRの実施

　三つ目の課題としてはIHRの実施が挙げられる。加盟国は、IHR実施状

況を WHO 事務局長に報告する義務を課されている。実施状況は「加盟国自己評価年次報告 (State Party Self-Assessment Annual Reporting: SPAR)」というツールを用いて行う。2019 年は 2010 年以降で最多となる 191 ヵ国（196 加盟国の内）の報告があった (WHO 2019a)。さらに昨今はウェブベースの e-SPAR[20] によりオンラインで報告ができるようになり、報告も容易になった。自己評価に加えて、第 3 節 (2) で論じたように JEE の実施も増加している。こうしたことから、やっと加盟国の IHR の実施状況と埋めるべきギャップの特定が可能なところまで来たといえる。次のステップは、こうして特定されたギャップを改善するための行動計画を立案して実行することである。WHO では 2016 年から「ヘルスセキュリティのための行動計画 (National Action Plan for Health Security: NAPHS)」が導入され、2019 年には 65 ヵ国が NAPHS を策定した。なお、この行動計画の実施状況をモニタリングするとともに、自己評価も JEE も評価した時点のものに過ぎないので、評価・検証・行動計画・実施のサイクルを繰り返し回していくことが重要である。資金難にあえぐ途上国はリソースを保健以外の分野に優先的に振り分けがちなので、援助機関側も、SPAR、JEE、そして NAPHS を援助の際の指標に取り入れ、被援助国が保健に明確な目標を持って取り組む援助デザインをするべき、と指摘されている (GPMB 2019)。

2. CFE のその後と課題

　CFE の使用実績は着実に進展している。2018 年は 29 件の事案（感染症 21 案件、自然災害 6 件、複合的緊急事態 2 件）に対して、総額 3,760 万米ドルが CFE を通じて執行された (WHO CFE 2019: 8)。しかも 1 件当たり平均 85 万 7,000 米ドルが、平均 1.8 日で迅速に執行された。これはエボラ出血熱 (2014-2016) 以前に比べれば大きな前進である。しかし課題は、持続可能な資金集めである。
　CFE は設立時に 1 億米ドルを目標に掲げていたが、2015 年はわずか 1,400 万米ドルにとどまった。2018 年は 3,700 万米ドル、2019 年 4,300 万米ドル、そして現在 (2019 年 11 月時点) までに、累計としては 1 億 2000 強米ドルに達し、ドイツ、日本と英国を主要な貢献国として 22 ヵ国が参加する枠組みとなっ

た[21]。しかし、長期化しているコンゴ民主共和国への対応もあり、2019 年の CFE の資金は枯渇状態に陥った (WHO IOAC 2019)。特に執行後の再補充が十分にできていない。これは、健康危機に際して CFE の資金を用いて即座に対応し、その後資金集めをして再補充するという当初のモデルが機能していないことを意味する。理由として、資金援助提供国からすると、すでに対応済みの案件への資金提供が魅力的でないことが考えられる (これから対応する案件に対して資金援助するほうがアピールする)。2018 年には再補充率も多少改善したが (2016 年の 33%、2017 年の 36% に比して向上)、依然として 49% の再補充に留まる (WHO CFE 2019:39)。今後の対策としては、①緊急時の世銀の PEF、IASC の国連中央緊急対応基金 (Central Emergency Response Fund: CERF) などの関連する資金枠組みとのさらなる連携の模索、②新たなドナーの開拓、が必要である。新規のドナーに関しては、オーストラリアやデンマークなどの加盟国が新たに参画したが、今後はファンディングの多様化のためにも、加盟国以外の慈善団体などの巻き込みも必要、といったことが論じられている (WHO CFE 2019:41)。

　こうした CFE の持続的な資金集めのためにも、初動対応の有効性をきちんと示すとともに、実施内容に関する透明性の確保が必要である。CFE は初動における現場の活動を最大限に可能とするよう、活用の仕方の判断に現場の裁量と柔軟性を持たせている。その分、使途やアカウンタビリティの事後検証も丁寧に実施しておくことが重要であろう。

4. 世銀における議論

(1) パンデミック緊急ファシリティ (PEF) 設置の経緯と概要[22]

　エボラ出血熱 (2014-2016) が世界的に多大な経済的・社会的影響をもたらしたことを受けて、WHO や国連での議論に並行して、世銀でもグローバル保健への対応が議論された。その結果、日本の財務省も大きな役割を果たして設立したのが「パンデミック緊急ファシリティ (PEF)」である。PEF は、伊勢志摩サミットに先立って、2016 年 5 月に仙台で行われた G7 財務大臣・中

央銀行総裁会議において設立の発表がなされた。

　PEF は国際開発協会（IDA）の融資適格国である最貧国 77 ヵ国を対象とする。2 つの枠があり、①ドナー国（日本・ドイツ、2018 年からオーストラリアが参画）によって保険料が拠出される「保険枠」と、②ドイツによって拠出される「現金枠」がある。後者の「現金枠」は、「保険枠」の要件を満たさないパンデミックへの対応を補完する位置づけで、柔軟に拠出することを目的としてドイツの拠出により設置された。

　一方前者の「保険枠」は、パンデミックを引き起こす可能性のあるウイルス、具体的には新型オルソミクソウイルス（A 型の新型インフルエンザウイルスなど）、コロナウイルス（SARS（重症急性呼吸器症候群）、MERS（中東呼吸器症候群））、フィロウイルス（エボラ出血熱、マールブルグ熱等）、その他動物由来性感染症（クリミア・コンゴ出血熱、リフトバレー熱、ラッサ熱等）が対象とされる[23]。そして、あらかじめ設定された要件（死者数・感染スピード・複数の国に感染が広がっているのか等）に基づき資金が提供される。支払いは WHO が公表する情報によって自動的に稼働されることとなっている。ドナー国の拠出金で保険料を賄い、世銀が発行する大災害債権（キャットボンド）により調達される資金と、保険デリバティブ・スワップ取引等を活用した保険金が、パンデミック発生の際に感染症発生国への支払い原資となる（世銀 2017）。キャットボンドは、「キャピトルアットリスク（CAR）プログラム」に基づいて発行され、投資家の投資元本の一部または全額が棄損する可能性があり、元本保証が原則の世銀債とは異なる（世銀 2017）。債券保有者は年間 13% の利子を得、2020 年 7 月満期まで利用がない場合は現金が返還される（Jonas 2019）。

　PEF は、ドナー国と国際機関（WHO、UNICEF と世銀）、IDA 適格国 2 ヵ国（リベリアとハイチ）から成る運営組織によって監督される。現金枠の支援金額、保険枠の支援金額の配分の手続きや承認は、この運営組織によって行われる。投票権はドナーが保有し、WHO と世銀は投票権を持たない。

(2) 実際の運用・課題

　PEF の「現金枠」は、2018 年から 2019 年に感染が拡大しているコンゴ民主

共和国のエボラ出血熱の対応で活用されている。世銀によれば、これまで、総額で 6,140 万米ドルが PEF から拠出され (2018 年に 1,140 万米ドル、2019 年に追加で 5,000 万米ドル)、政府、WHO、UNICEF、WFP、IOM などの対応に充てられている。これだけの予算が感染症の対応に拠出できることは画期的である。世銀全体としてはコンゴ民主共和国の対応のために、3 億米ドルの援助を IDA と危機対応融資制度 (Crisis Response Window) を通じて実施する予定で、PEF の予算もこの全体のパッケージの中に位置づけられている[24]。

　しかし、コンゴ民主共和国への拠出がいずれも PEF の「現金枠」からで、後述する新型コロナウイルス感染症 (COVID-19) の蔓延まで「保険枠」が用いられなかったことに批判があった。特に 2019 年 8 月には、コンゴ民主共和国の死者が 1,800 名を超え、しかも同年 7 月には WHO の PHEIC が発せられていたにもかかわらず、「保険枠」からの支払いがなされないことについては、強い批判があった (Reuters 2017)。保険枠の発動要件が厳格すぎるのではないか (GPMB 2019)、デザインを見直すべきではないかといった指摘が、元世銀のチーフエコノミスト (devex 2019) も含め多くなされた。だが、PEF はそもそも国境を越えるパンデミックを念頭に作られた枠組みだったので、支払いのクライテリアは、死亡者数が IDA 対象国で総計 250 名以上、かつ、少なくとも 2 ヵ国で 20 名以上の死者が出ないと稼働しないことになっている[25] (2019 年 8 月ウガンダでの死亡者は 2 名であった) (Reuters 2017)。コンゴ民主共和国での死者数がエボラ出血熱 (2014-2016) に次ぐ最悪の事態であったとしても、被害が 1 ヵ国内にとどまり、定められたクライテリアを満たさない限りは、周辺国への対応を含め、対応に「保険枠」を使うことはできない設計となっている。

　しかし、2019 年末から猛威を振るうようになった新型コロナウイルス感染症 (COVID-19) が途上国に広まるにつれ、ついに PEF の「保険枠」が日の目をみることとなった。2020 年 4 月 27 日、世銀は PEF の「保険枠」を発動して IDA 対象国に 1 億 9,582 万米ドルを配分すると発表した (World Bank 2020)。これにより 1 ヵ国あたり最低 100 万から最高 1,500 万米ドルが、人口規模と感染者数をもとに、脆弱・紛争国に重点的に配分される (World Bank 2020)。

　PEF の「保険枠」は、史上初の感染症対策のための世銀債であることと、

金融市場での資金調達が活用されることが、これまでにない画期的な点とされる。PEF の期限は 2020 年 7 月までで（現金枠については期限はない）、今後こうした枠組みが改めて設置されるかは現時点では不確定であるが、今回の検証と教訓を活かしていくことが期待される。

5. 教訓と残された課題

　本章では、第 4 章で論じたエボラ出血熱（2014-2016）を受けて明らかとなった、グローバル保健ガバナンスの課題に対して、国連、WHO、世銀などが行った様々な改革について論じた。第 1 章で論じた WHO 改革の試みの長い歴史の中でも、エボラ出血熱（2014-2016）を踏まえて展開された、今回の改革は、国連と WHO の連携体制の構築、WHO の WHE プログラムの設立や、WHO・世銀における緊急時の資金調達メカニズムの新設など、グローバル保健ガバナンスの改善に向けて更なる前進が見られたこと自体は、まず評価されるべきである。しかし本章でも論じた通り課題も多く残される。

　国連では、健康危機・グローバル保健と人道の枠組みを統合した SOP の策定や日常的な情報交流の進展により、グローバル保健の議論は一定の収まりを見た。しかし感染症事案の難しさは、国連システム全体で取り組む契機・トリガーの判断にある。こうしたことを具体的に考えるうえでも、様々な事例を念頭に国連の関連主体を巻き込んだシミュレーションの演習の積み重ねが重要となる。また、そうした活動を継続することで、人道だけでなく、開発枠組み等、あらゆる国連システムの枠組みに保健の要素を組み込んでいくことが今後の課題である。

　WHO では、グローバル保健対応における「One WHO」に向けて組織や手順の改革が進展している。最大の課題は、役割の再定義による任務の拡大（規範の提供に加えて現場のオペレーション）と対象の増大（感染症に加えてオールハザード）と、それに伴う人事・予算上の問題と組織文化の転換の問題である。特に既存の WHO の組織文化・フィロソフィーに、新たな現場における役割を浸透できるかが課題になる。また、WHE の導入により一本化された

緊急時の健康危機の対応と、より長期的なヘルスシステム全体の底上げを目的とする UHC（Universal Health Coverage: 第6章を参照）をつなぐ概念形成、即ち、IHR のコアキャパシティとヘルスシステムを包含した UHC の概念形成も今後の課題である。

　緊急時のグローバル健康危機に対する予算に関しては、CFE、PEF の設立で初動対応の枠組みができ、かつ、既存の CERF などとの連携も進展しつつある。他方で、そうした初動対応から長期的な回復・復興までをつなぐような援助、あるいは事前の予防対応のための資金援助の枠組みとの「つなぎ」がまだ十分でない。こうしたことを実現するためにも、保健に関連する多様な主体（国際機関、民間、NGO 等）が様々なレベル（国際・地域・国）で連携していくことが求められる。

　本章では、国連、WHO と世銀を中心にグローバル保健改革の試みを整理したが、G7、G20 といったフォーラム、NGO や民間をはじめとする新たなアクター、そしてそうした新たなアクターと官民連携で展開する枠組みなど、議論や取り組みの場はますます多層的に展開されている。第1章でも紹介した、エボラ出血熱（2014-2016）を契機に設置された CEPI（Coalition for Epidemic Preparedness Innovation）は COVID-19 に対するワクチン開発などに取り組んでいるが、こうした枠組みも今後注視していく必要がある。

　ガバナンスが機能するためには、継続的な見直しと改善が求められ、そのためには今後も国際社会がグローバルヘルスの問題を、政治的にハイレベルなイシューとして位置づけ続けられるかが課題になる。国際的に注目されるようなイベントが生じた直後は、たくさんの宣言やコミットメントが表明されてきたが、そのフォローアップが十分になされていないとの指摘もある（GPMB 2019）。グローバル保健の問題は、保健省だけでなく財務省や外務省、貿易あるいは安全保障（防衛）にも関連することを認識すべきで、グローバルヘルスの概念を狭義のヘルスセキュリティにとどめず、ヘルスシステム、UHC や SDGs など様々な問題の中に位置づけることも必要となる。その際に、政治的に高い関心を持って取り組むことと、保健の問題を政治化させることとは異なるので、適切なリンケージと適切な距離感をもって取り組んでいく

ことも大事になる。

　さて、本章で紹介した、エボラ出血熱(2014-2016)を受けて行われたグロー
バル保健の改革は、どれだけ現在の新型コロナウイルス感染症(COVID-19)
の対応に役立っているのだろうか。WHO は 2020 年 1 月 30 日に PHEIC を
宣言、2 月には感染発生国である中国と共同の調査を実施して報告書(WHO
2020a)を公開するとともに、「戦略的準備・対応計画」(WHO 2020b)及びそれ
を実践する上で国連のカントリーチームが行動すべき項目のガイドライン
(WHO 2020c)も発表した。「戦略的準備・対応計画」では、国ごとの対応能力
(感染症への準備と対応能力)と感染状況(感染がない状況から感染が蔓延している
状況まで)をそれぞれ 5 段階に分け、国際援助は対応能力が低く感染が蔓延
している国から優先すべきという考えを示している(WHO 2020b:11)。そして
国ごとの対応能力と感染状況を表(WHO 2020c)に整理し、国際的な援助の優
先状況が把握できるようにしている。すでに CFE を通じてヘルスシステム
が脆弱な国に対して 900 万米ドルが投じられた[26]。脆弱国を中心にマスク・
手袋等の PPE を提供し、検査機関の強化等様々な活動を展開している。また、
情報提供も積極的に展開しており、全世界の状況報告(毎日更新)を Situation
Report[27] として WHO の新型コロナウイルス感染症(COVID-19)のウェブサイ
ト[28]に掲載している。さらに、国連でも南米・アフリカ・中東・アジアの
51 ヵ国を対象とした、新型コロナウイルス(COVID-19)への対応として 10 億
米ドルの「人道的対応計画」(UN OCHA 2020)を立ち上げた。CERF からは新型
コロナウイルス感染症(COVID-19)の対策に 1 億 3500 万米ドルが投じられて
る(UN OCHA 2020)。前述の通り世銀からも PEF の保険枠等を稼働して、脆
弱国に対して援助資金が投入されることとなる。このように、WHO や世銀、
国連で、感染症問題の対応にいち早く動きだしていることについては、エボ
ラ出血熱(2014-2016)の経験が活かされている証といえる。

　しかし今回新型コロナウイルス感染症(COVID-19)は、エボラ出血熱が生
じたような脆弱な途上国ではなく、むしろ先進国に近年にない大きな被害が
出ている点が決定的に異なり、グローバル保健ガバナンスにまた新たな課題
をもたらしているといわざるを得ないだろう。先進国は脆弱な途上国と異な

り WHO や国連に頼らずとも自ら対応が可能であり、危機に瀕すれば瀕する
ほど国家の利益と存続を最優先するだろう。ヒト・モノの移動に関する不必
要な制限はすべきでないとする WHO の勧告[29]に反し、多くの国が早い段
階で入国拒否等の対応を取った。また、今回明らかになったのは、新型コ
ロナウイルス感染症 (COVID-19) への対応策は国によって非常に異なること
である。同じハザードに対しても、中国のように人権を制限した中央集権
的・強権的アプローチから、日本のように一定の経済活動を許容しプライ
バシーの保護をしつつ対応する順応的アプローチまで、非常に異なる。本章
で論じた、WHO は規範だけでなく現場のオペレーションにも関与すべきと
の議論は、脆弱な国において言えることであり、一定の国力を有す国からは、
WHO がオペレーションやマネジメントにまで介入することは期待されてい
ない。WHO に期待される役割も果たすべき役割も、支援や援助の在り方も、
国家ごとの対応能力により全く異なる。こうした中で WHO はどのような役
割を果たすべきか。こうした国々も含めて必要となる共通基盤としての、基
本的な情報共有、今急がれている医薬品に関する取り組み——ワクチンや治
療薬の開発や認証済みの医薬品の効果検証等の国際協調——において果たす
べき役割が大きいことは間違いない。

　いずれにしても、今回の新型コロナウイルス感染症 (COVID-19) において
どのようなグローバル保健の課題があるのか、それに対して国際社会がどう
対応していくのか、今後も継続的な検証が必要となる。

注

1　GPMB のウェブサイト "Background Papers"（https://apps.who.int/gpmb/thematic_report.html），2020 年 5 月 6 日確認。

2　IASC 2019 の手順の付属文書 1 に規定されている。例えば、①規模は、死亡者数、感染地域・国の数、②緊急度合は、公衆衛生への深刻さ、感染の国際的な広がり、国際移動や貿易制限の深刻度合い、③複雑さは、感染症案件がなじみがあるか、予測が困難か、多層的な緊急案件か等、④対応能力は、感染事案の調査・対応・コントロールにおいて外部の援助が必要か、⑤被害者に有効で適切な規模の対応ができなかった場合のリスクは、メディアや公衆の関心がどの程度あ

るか、国連への期待がどの程度あるのか等。

3　前 SOP ではグレード 2 以上と明記していたが、改定後はこのような表現になっている。ただし、WHO 側の「緊急時対応枠組み（Emergency Response Framework: ERF）」ではグレード 2・3 については 24 時間以内に国連事務総長と ERC に連絡をすると明記されている。

4　正式名称：Infectious hazards management

5　正式名称：Country health emergency preparedness and the International Health Regulations（2005）

6　正式名称：Core capacity assessment, monitoring and evaluation

7　正式名称：Preparedness, readiness and core capacity building

8　正式名称：IHR secretariat and Global Functions

9　正式名称：Health emergency information and risk assessments

10　正式名称：Emergency Operation

11　WHO のウェブサイトにある組織図（2020 年 1 月 15 日付）を参照。（https://www.who.int/docs/default-source/documents/about-us/who-hq-organigram.pdf?sfvrsn=6039f0e7_2），2020 年 5 月 6 日確認。

12　グレード 1 は、単一国家内の緊急事態で通常以上の対応を要するものの、WHO のカントリーオフィスの対応に限定されている状況。調整は地域事務局の緊急事態調整担当者（Emergency coordinator）が行う。グレード 2 は、単一国家内もしくは複数国家における緊急事態で、ある程度の WHO の対応が求められる状況。カントリーオフィスのみでは対処できず、調整は地域事務局の緊急事態調整担当者が行うとともに、本部の Emergency Officer が組織全体のサポートを担う。グレード 3 は、単一国家内もしくは複数国家における緊急事態で、最大級の WHO の対応が求められる状況。カントリーオフィスのサポートの調整は地域事務局の緊急事態調整担当者が行うとともに、本部の Emergency Officer が任命され組織全体のサポートを担う（場合によっては本部にも緊急事態調整担当者が任命され、複数国に対応が及ぶ場合は本部の IM サポートチームが地域間の調整を担う）。

13　WHO ウェブサイト "WHO's engagement with non-State actors"（https://www.who.int/about/collaborations-and-partnerships/who-s-engagement-with-non-state-actors），2020 年 5 月 6 日確認。

14　IHR に関しては、本章で指摘した論点の他、PHEIC が白黒判断しかできないことから、その中間の指標も導入すべき、といった議論が特にエボラ出血熱（2014-

2016）の対応の検証の際に論じられた（第 4 章 3.（2）1. 及び Katsuma et al.（2017）、GPMB（2019）、University of Oxford（2019））。

15　WHO ウェブサイト "Ebola outbreak in the Democratic Republic of the Congo: Travel and trade health measures"（https://extranet.who.int/sph/ihr-travel-and-trade-measures-ebola）, 2020 年 5 月 6 日確認（なお 2020 年 1 月 3 日ウェブサイト確認時点で、国際交通の妨げとなる過度な追加措置を講じている国は 1 ヵ国もなかった。）。

16　IATA ウェブサイト Emergency Response Plan, A template for Air Carriers, Public Health Emergency（https://www.iata.org/contentassets/f1163430bba94512a583eb6d6b24aa56/airlines-erp-checklist.pdf）, 2020 年 5 月 6 日確認。

17　WHO ウェブサイト Independent Oversight and Advisory Committee for the WHO Health Emergencies Programme（https://www.who.int/about/who_reform/emergency-capacities/oversight-committee/en/）, 2020 年 5 月 6 日確認。

18　WHO ウェブサイト "Funding of WHO Programme Budget 2016-2017"（https://www.who.int/about/finances-accountability/funding/financing-dialogue/session1-funding-2016-17.pdf）, 2020 年 5 月 6 日確認。

19　WHO ウェブサイト Contributors（http://open.who.int/2018-19/contributors/contributor）, 2020 年 5 月 6 日確認。

20　WHO ウェブサイト e-SPAR（https://extranet.who.int/e-spar）, 2020 年 5 月 6 日確認。

21　WHO ウェブサイト Contributions 2015-2020（https://www.who.int/emergencies/funding/contingency-fund-for-emergencies/contributions-and-allocations）, 2020 年 5 月 6 日確認。

22　世銀ウェブサイト "Pandemic Emergency Financing Facility"（https://www.worldbank.org/en/topic/pandemics/brief/pandemic-emergency-financing-facility）, 2020 年 5 月 6 日確認。
世銀ウェブサイト "Pandemic Emergency Financing Facility: Frequently Asked Questions"（https://www.worldbank.org/en/topic/pandemics/brief/pandemic-emergency-facility-frequently-asked-questions）, 2020 年 5 月 6 日確認。

23　世銀ウェブサイト「世界銀行グループ、感染症から最貧国を守る画期的な資金動員メカニズムを導入」（https://www.worldbank.org/ja/news/press-release/2016/05/21/world-bank-group-launches-groundbreaking-financing-facility-to-protect-poorest-countries-against-pandemics）, 2020 年 5 月 6 日確認。

24　世銀ウェブサイト FACT Sheet（https://www.worldbank.org/en/topic/pandemics/brief/fact-sheet-world-bank-support-to-10th-ebola-outbreak-in-democratic-republic-ofcongo），2020 年 5 月 6 日確認。

25　世銀ウェブサイト FACT Sheet: Pandemic Emergency Financing Facility
（https://www.worldbank.org/en/topic/pandemics/brief/fact-sheet-pandemic-emergency-
financing-facility），2020 年 5 月 6 日確認。

26　WHO ウェブサイト "Contingency Fund for Emergencies（CFE）"（https://www.who.
int/emergencies/funding/contingency-fund-for-emergencies），2020 年 5 月 6 日確認。

27　WHO ウェブサイト "Coronavirus disease（COVID-2019）situation reports"（https://
www.who.int/emergencies/diseases/novel-coronavirus-2019/situation-reports/），2020 年
5 月 6 日確認。

28　WHOウェブサイト "Coronavirus disease（COVID-19）pandemic"（https://www.who.
int/emergencies/diseases/novel-coronavirus-2019），2020 年 5 月 6 日確認。

29　2 月に 29 日に出した勧告でも COVID-19 感染国からのヒトとモノの移動の制限
すべきでないとしていた。
WHO ウェブサイト "Updated WHO recommendations for international traffic in relation
to COVID-19 outbreak"（https://www.who.int/news-room/articles-detail/updated-who-
recommendations-for-international-traffic-in-relation-to-covid-19-outbreak/），2020 年 5 月
6 日確認。

参考文献

世銀「世界銀行、パンデミック緊急ファシリティによる 5 億ドルの支援を資金面で
支える 史上初の感染症債を発行」2017. https://www.worldbank.org/ja/news/press-
release/2017/06/29/world-bank-launches-first-ever-pandemic-bonds-to-support-500-
million-pandemic-emergenc

devex ウェブサイト "World Bank pandemic facility 'an embarrassing mistake,' says former
chief economist" 2019/4/12.（https://www.devex.com/news/world-bank-pandemic-
facility-an-embarrassing-mistake-says-former-chief-economist-94697），2020 年 5 月 6 日確
認。

Garrett, L., "The World Bank Has the Money to Fight Ebola but Won't Use It" *Foreign Policy*,
2019.（https://foreignpolicy.com/2019/07/22/the-world-bank-has-the-money-to-fight-
ebola-but-wont-use-it/），2020 年 5 月 6 日確認。

GPMB（Global Preparedness Monitoring Board），*A world at risk: annual report on global
preparedness for health emergencies*. Geneva: World Health Organization; 2019.

IASC, "Level 3 Activation Procedures for Infectious Disease Events" 2016.（https://

interagencystandingcommittee.org/system/files/final_-iasc_system-wide_level_3_ activation_for_infectious_disease_events_-_iasc_principals.pdf), 2020 年 5 月 6 日確認。

IASC, "IASC Humanitarian System-Wide Scale-Up Protocols" 2018. (https:// interagencystandingcommittee.org/iasc-transformative-agenda/content/iasc-humanitarian-system-wide-scale-protocols-released), 2020 年 5 月 6 日確認。

IASC, *Standard Operating Procedure, Humanitarian System-wide Scale-Up Activation, Protocol for the Control of Infectious Disease Events*, 2019. (https://interagencystandingcommittee.org/system/ files/190404_iasc_infectious_disease_scale-up_activation_protocol_web.pdf), 2020 年 5 月 6 日確認。

Japan Global Health Working Group, "Protecting human security: proposals for the G7 Ise-Shima Summit in Japan", *The Lancet*, Volume 387, No. 10033, 2016, pp.2155–2162.

Jonas, O., "Pandemic bonds: designed to fail in Ebola", *Nature*, vol, 572, 2019, p.285 (https:// media.nature.com/original/magazine-assets/d41586-019-02415-9/d41586-019-02415-9. pdf), 2020 年 5 月 6 日確認。

Katsuma, Y., Shiroyama, H., & Matsuo, M., "Challenges in achieving the sustainable development goal on good health and well-being: Global governance as an issue for the means of implementation", *Asia-Pacific Development Journal*, 23 (2), 2017, pp.105-125.

Reuters "Pandemic bonds face scrutiny after Ebola outbreak yet to trigger payout" 2017/6/29. (https://www.reuters.com/article/us-health-ebola-worldbank-idUSKCN1UR5HD), 2020 年 5 月 6 日確認。

UN Global Health Crisis Task Force, *Final report*, 2017. (http://www.un.org/en/pdfs/Final%20 Report.Global%20Health%20Crises%20Task%20Force.pdf), 2020 年 5 月 6 日確認。

UN High-level Panel, *Protecting Humanity from Future Health Crises - Report of the High-level Panel on the Global Response to Health Crises* (A/70/723), New York: UN, 2016.

UN OCHA "COVID-19 Global Humanitarian Response Plan" Press Release, 25 March 2020. (https://www.unicef.org/rosa/media/6171/file/PRESS%20RELEASE%20 COVID-19%20Global%20Humanitarian%20Response%20Plan.pdf.pdf), 2020 年 5 月 6 日確認。

UN Secretary General, *Strengthening the global health architecture: implementation of the recommendations of the High-level Panel on the Global Response to Health Crises, Report of the Secretary-General*, 2016. (http://www.un.org/ga/search/view_doc.asp?symbol=A/70/824), 2020 年 5 月 6 日確認。

University of Oxford, *The state of governance and coordination for health emergency preparedness and response (DRAFT)*, 2019. (https://apps.who.int/gpmb/assets/thematic_papers/tr-1.pdf),

2020 年 5 月 6 日確認。

WHO, *Emergency response framework (ERF)*, 2nd ed, 2017a.（https://apps.who.int/iris/handle/10665/258604）, 2020 年 5 月 6 日確認。

WHO, *WHO Simulation Exercise Manual*, 2017b.（http://apps.who.int/iris/bitstream/10665/254741/1/WHO-WHE-CPI-2017.10-eng.pdf?ua=1）, 2020 年 5 月 6 日確認。

WHO, "Public health preparedness and response WHO's work in health emergencies Report by the Director-General"（EB146/17）, 2019a.

WHO, "Transforming for impact" 2019b.（https://www.who.int/dg/speeches/detail/transforming-for-impact）, 2020 年 5 月 6 日確認。

WHO, *Report of the WHO-China Joint Mission on Coronavirus Disease 2019 (COVID-19)*, 2020a.（https://www.who.int/publications-detail/report-of-the-who-china-joint-mission-on-coronavirus-disease-2019-（covid-19））, 2020 年 5 月 6 日確認。

WHO, "Strategic preparedness and response plan for the new coronavirus" 2020b.（https://www.who.int/publications-detail/strategic-preparedness-and-response-plan-for-the-new-coronavirus）, 2020 年 5 月 6 日確認。

WHO, "Operational Planning Guidelines to Support Country Preparedness and Response" 2020c.（https://www.who.int/docs/default-source/coronaviruse/covid-19-sprp-unct-guidelines.pdf?sfvrsn=81ff43d8_4）, 2020 年 5 月 6 日確認。

WHO Advisory Group, *Report of the Director-General's Advisory Group on Reform of WHO's Work in Outbreaks and Emergencies with Health and Humanitarian Consequences*, http://www.who.int/about/who_reform/emergency-capacities/advisory-group/second-report.pdf, 2016 年 6 月 2 日確認。

WHO CFE, *Contingency Fund for Emergencies Report of the WHO Health Emergencies Programme (April 2017)*, 2017.（https://www.who.int/docs/default-source/documents/contingency-fund-for-emergemcies-report-april-2017.pdf）, 2020 年 5 月 6 日確認。

WHO CFE, *Contingency fund for emergencies: enabling quick action to save lives, 2017 year in review*, 2018.（https://apps.who.int/iris/bitstream/handle/10665/272300/WHO-WHE-EXR-2018.1-eng.pdf?ua=1）, 2020 年 5 月 6 日確認。

WHO CFE, *Enabling Quick Action to Save Lives Contingency Fund for Emergencies (CFE), 2018 Annual Report, 2019*.（https://www.who.int/publications-detail/enabling-quick-action-to-save-lives-contingency-fund-for-emergencies-（-cfe）-2018-annual-report）, 2020 年 5 月 6 日確認。

WHO IOAC, "Public health preparedness and response Report of the Independent Oversight and Advisory Committee for the WHO Health Emergencies Programme" (EB142/8), 2018.

WHO IOAC, "Public health emergencies: preparedness and response Independent Oversight and Advisory Committee for the WHO Health Emergencies Programme", (EB146/16), 2019.

WHO WHE, "UPDATE - WHO Health Emergencies Programme: progress and priorities, Financing dialogue", 31 October 2016. (https://www.who.int/about/finances-accountability/funding/financing-dialogue/whe-update.pdf), 2020 年 5 月 6 日確認。

World Bank "PEF Allocates US$195 Million to More than 60 Low-Income Countries to Fight COVID-19" 2020/04/27. (https://www.worldbank.org/en/news/press-release/2020/04/27/pef-allocates-us195-million-to-more-than-60-low-income-countries-to-fight-covid-19), 2020 年 5 月 6 日確認。

第6章

UHC 主流化に向けた国際動向と日本の取組み
—— 国連総会 UHC ハイレベル会合を中心として

江副　聡

はじめに

　本章では、日本政府として近年推進している国際的アジェンダであり、本書の主題である健康危機の備えとしても重要視されるユニバーサル・ヘルス・カバレッジ (universal health coverage: UHC) について、特に著者が関わってきた日本政府や国連での展開を中心に検討する。まず、第1節において、グローバル保健における UHC の変遷について、プライマリ・ヘルス・ケアや保健システム強化と UHC の関係にも焦点を当てながら、UHC が持続可能な開発目標 (SDGs) に位置付けられるまでの経緯を概観する。次に、第2節において、日本の国際保健戦略の成り立ちや UHC の位置付けを紹介し、UHC の主流化に向けた取組みを解説する。その上で、第3節において、2019年9月に国連総会で初めて UHC について開催された首脳級会合である「国連総会 UHC ハイレベル会合」について、その国連における位置付けや会合の構成、日本の取組みを含め成果文書である UHC 政治宣言合意に至る交渉経緯、日本を含む57カ国の首脳級を含む165カ国と10の機関が登録した UHC ハイレベル会合そのものの概要、UHC 政治宣言の要点を解説する。最後に、第4節において、UHC ハイレベル会合の意義や評価、また、今後に向けた課題について論じる。

1. UHC の基礎と経緯

(1) グローバル保健における UHC の変遷

　ユニバーサル・ヘルス・カバレッジ (universal health coverage: 以下、「UHC」) とは、世界保健機関 (以下「WHO」) によると、「すべての人が、効果的で良質な健康増進、予防、治療、機能回復、緩和ケアを含む必要な保健医療サービスを、負担可能な費用で受けられること」と定義される (WHO 2019)。

　UHC の概念の源流は「到達しうる最高水準の健康を享受することは、人種、宗教、政治的信念又は経済的若しくは社会的条件の区別なく万人が有する基本的権利の一つである」という理念を含め 1946 年にニューヨークで署名された WHO 憲章に求めることができる。また、1978 年に WHO と国連児童基金 (以下「UNICEF」) が共催した「プライマリ・ヘルスケアに関する国際会議」でのアルマ・アタ宣言 (WHO 1978) が目指した「2000 年までにすべての人に健康を」という目標や、その実現のために提唱された、「プライマリ・ヘルス・ケア (以下、「PHC」)」[1] にも通底する。

　1990 年代に入ると、1993 年に世界銀行の世界開発報告書「人々の健康に対する投資」 (World Bank 1993) で初めて健康への投資効果が論じられるなど、開発分野における保健医療の重要性や医療制度改革の必要性の理解には一定の進展をみたが、グローバル保健全体としては、特にサブサハラ・アフリカの多くで国家の存亡の危機と言われたエイズをはじめとする喫緊の感染症への対応に追われたこともあり、PHC で謳われた「すべての人に健康を」提供するための対応が十分行われたとは言い難かった。

　実際、2000 年に国連で定められた 2015 年に向けた世界の開発目標である「ミレニアム開発目標 (MDGs)」には、保健分野として母子保健やエイズ、結核等の感染症対策は含まれたが、PHC のような包括的なアプローチは含まれなかった。それでも、2000 年には WHO の世界保健報告書「保健システム：パフォーマンスを改善する」 (WHO 2000) において、保健システムを「健康を増進、回復、維持することを一義的な目的とする全ての活動」と定義し、各国のパフォーマンスを評価しランキングとして発表した。保健システムを

実際に分析し改善する「保健システム強化（Health Systems Strengthening）」のための
フレームワークとしては、2007 年の世界保健報告書「健康アウトカム改
善のための保健システム強化」では保健システムを 6 つの構成要素（6 building
blocks）、①保健医療サービス、②保健医療人材、③保健医療情報、④医薬品、
医療器材・ワクチン・医療技術、⑤保健医療財政、⑥リーダーシップ・ガバ
ナンスに整理し、全体目標としての健康改善、即応性、社会経済的リスク保
護、効率改善に導くとした。また、2004 年には、世界銀行がハーバード大
学に委託し、各国の政府担当幹部向けに医療改革や保健システム強化のため
に開発したトレーニング・モジュールが「医療改革をどう実現すべきか（原題：
Getting Health Reform Right）」として整理、発表された（Roberts et al. 2008）。いずれ
のフレームワークも、保健システムとその目標である健康改善や経済的リス
ク保護等とを区別、整理しており、UHC 達成に向けた具体的アプローチを
示したものとして理解される（**図 6-1**）。

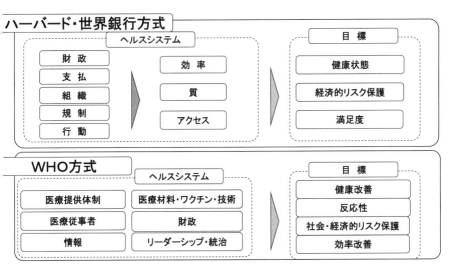

図 6-1　UHC に向けた保健システム強化の二大アプローチ

出典：Roberts et al.: Getting Health Reform Rights. Oxford University Press, New York, 2004（p. 27），WHO's
Framework for Action. World Health Organization, 2007（p. 3）より著者作成

　WHO 総会においては、2005 年には、初めて UHC の基本概念を確認し、財政面を含めその実現に向け努力するよう各国や WHO 事務局長に求める決議「持続可能な保険財政、ユニバーサル・カバレッジ、社会健康保険」(WHA 58.33) が採択された。また、2009 年には、保健システム強化及び PHC の重要性や疾患対策との統合を促す趣旨で日本政府が提起し、とりまとめた決議案「保健システム強化を含む PHC」(WHA 62.12) が採択された。

　2010 年代に入るまでには、エイズ等の感染症や母子保健に関する MDGs 達成のためにも、保健システム強化や UHC が重要であるとの認識が広がってきた。2010 年には世界保健報告書「保健システム財政 :UHC への道」(WHO 2010) において、発展段階に関わらず全ての国がUHCに向けて具体的なステップをただちに開始できるとして、具体的なエビデンスや手法を提示した。中でも、「人口」、「医療サービス」、「費用負担補助」の三つの観点でカバレッジを上げることを通して UHC を追求するモデルは、UHC への共通理解を得る助けとなった (**図 6-2**)。

UHCに向けた３つの側面（①人口、②サービス、③費用負担）

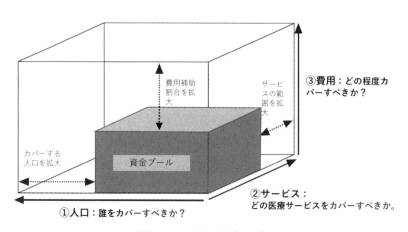

図 6-2　UHC の概念モデル

出典：World Health Organization.（2010）. Health systems financing: the path to universal coverage, World Health Report を著者改変

（2）国連での展開

　ニューヨークの国連における展開としては、2012 年に国連総会において初めて UHC が取り上げられた。同総会では、2010 年の世界保健報告書を確認しつつ、UHC を外交政策や開発政策と関連付け、加盟国に対し、保健システムの構築によって UHC を目指し、MDGs に続く開発目標に UHC を盛り込み、将来的に UHC に関する国連総会ハイレベル会合の開催を検討することなどを求める「国際保健と外交政策」決議（A/RES/67/81）が採択された。

　2015 年にはミレニアム開発目標の後継に当たる開発アジェンダである「持続可能な開発のための 2030 アジェンダ」が国連総会で採択され、UHC はその中に位置付けられた。具体的には、2030 年までに達成すべき 17 の持続可能な開発目標（SDGs）のうち、保健医療に関する目標 3「あらゆる年齢のすべての人々の健康的な生活を確保し、福祉を促進する」の中で、「3.8 すべての人々に対し、経済的リスクからの保護、質の高い基礎的な保健医療サービスへのアクセス及び安全で効果的かつ質が高く負担可能な必須医薬品とワクチンへのアクセスを含む UHC を達成する。」とされている。これには、保健医療の「カバレッジ」の要素と「負担可能性」の要素があるため、2017 年の国連総会における具体的指標の設定においては、UHC のそれぞれの側面の指標として、「3.8.1 必須保健医療サービスのカバレッジ（母子保健、感染症、非感染症、サービスの提供能力とアクセス、一般層と保健医療を受けにくい層への平均のカバレッジ）」と「3.8.2　家計収支に占める健康関連支出が大きい人口の割合」が定められた。

2.　日本としての UHC への関与

（1）日本の国際保健戦略と UHC

　日本と UHC の関係については、日本自身が 1961 年に日本版の UHC と言える国民皆保険制度を達成したこと、そして、全ての国民が大きな経済的負担なく良質な医療を受けられる体制を整備したことが更なる経済成長を後押しし、平均寿命や乳幼児死亡率などの健康指標で世界最高レベルの長寿社会

を築く主要因となったことをまず指摘することができる。前述の 2000 年世界保健報告書での保健システムの評価においても、日本は総合的目標達成度において世界第 1 位とされた。また、2011 年の英国医学誌「ランセット」の国民皆保険達成 50 周年の日本特集においても、日本の長寿の主因としてUHC が指摘され、世界への教訓とされている (Ikeda et al. 2011)。

外交や国際協力の文脈では、日本は保健医療を重視し世界に貢献してきた。具体的には、長年の二国間援助、WHO 等の国際機関への資金・人的・運営面での貢献、G7/8 を通じた貢献がある。特に G7/8 においては、2001 年のG8 沖縄サミットで初めての保健医療議題として三大感染症対策を取り上げ、世界エイズ・結核・マラリア対策基金 (グローバルファンド)[2] の設立につなげ、2008 年の G8 洞爺湖サミットでは保健システム強化を取り上げるなどの貢献を行ってきた。

保健医療の中で特に UHC を外交上の戦略として明確に位置付けたのは、2013 年に発表した「国際保健外交戦略」(外務省 2013) であった。同戦略では、国際保健を日本外交の重要課題と位置付け、人間の安全保障[3] の理念を具現化する上で不可欠な分野とした上で、ポスト MDGs を含め、UHC を主流化するとした。また、同年 9 月の国連総会では MDGs 特別イベントや日本主催のサイドイベント「ポスト 2015 年：保健と開発」において、安倍総理大臣よりポスト 2015 年開発目標で UHC を重視する旨のステートメントを行った。更に、国連総会に併せ本戦略を紹介する趣旨で安倍晋三総理大臣の寄稿「我が国の国際保健外交戦略―なぜ今重要か―」がランセット誌に掲載された (Abe 2013)。

また、2014 年に閣議決定された「健康・医療戦略」においても、保健医療を日本外交の重要課題と位置付け、日本の知見等を総動員し、世界で UHCができるよう努める、とされた。更に、2015 年に改訂、閣議決定された開発協力大綱においても、保健医療は引き続き重点課題とされ、「地球規模課題への取組を通じた持続可能で強靱な国際社会の構築」の観点から感染症対策と並び UHC の推進が位置付けられた。

2015 年には、日本からのこうしたハイレベルでの後押しや働きかけもあり、

前述のように SDGs に UHC が盛り込まれることとなった。更に、こうした動向を踏まえ 2015 年 9 月に改訂された国際保健戦略「平和と健康のための基本方針」では、政策目標としては、①公衆衛生危機・災害などにも強い社会の実現、②生涯を通じた基本的保健サービスの切れ目のない利用の確立（UHC の達成）、③日本の知見・技術・医療機器・サービスの活用、が掲げられた。そして、基本方針としては、人間の安全保障の考えに基づいた保健協力の推進として、「強靱な保健システムの構築と健康安全保障の確立」、「「誰一人取り残さない」UHC の実現」等が示された。同年 12 月にはこうした戦略を基礎に安倍総理大臣の寄稿「世界が平和でより健康であるために」がランセット誌に掲載された（Abe 2015）。この中で、保健医療を人間の安全保障の中心的な要素であるとし、2016 年の G7 議長国として、「公衆衛生危機に対応する国際保健体制の再構築」、「強靱で持続可能な保健システムの強化による生涯を通じた保健システムの強化」を取り上げ、日本の知見を踏まえ、世界において官民一体となって UHC を推進していく決意が表明された。

　こうした一連の方針や概念整理の中で、感染症などの健康危機に対応するためには国際保健体制の再構築や平時からの保健システムの構築が不可欠であり、これらを包含する概念として UHC を日本の知見を踏まえ国際的に推進するとの基本方針が確認され、UHC を更に国際的に推進していくこととなった。

(2) 国際的な UHC の主流化に向けた取組み

1. 2015 年における取組み

　2015 年に国連総会で採択された SDGs に UHC が導入されて以降も、日本政府として UHC を主流化すべく様々な機会を通じた活動を行ってきた（**表 6-1**）。2015 年の SDGs 採択直後にも国連総会においてサイドイベント「UHC への道筋〜ポスト 2015 期の開発における公平な国際保健と人間の安全保障の推進〜」を主催し、安倍総理大臣は、公衆衛生危機に対応するためのグローバル・ヘルス・ガバナンスの強化、UHC の達成のため、国際的な議論を主導する考えを示した。

表 6-1　近年の主な UHC 関連動向

		国連		日本関係
2013 年	9 月	国連総会 MDGs 特別イベント 国連総会日本政府主催「ポスト 2015 年：保健と開発」 サイドイベント	5 月 9 月	「国際保健外交戦略」策定 安倍総理ランセット誌寄稿
2014 年	4 月 9 月	国連総会日本政府主催 UHC サイドイベント「UHC の実施と評価に関するイベント」 国連事務総長主催国連エボラ出血熱流行対応ハイレベル会合	7 月	「健康・医療戦略」閣議決定
2015 年	9 月	持続可能な開発のための 2030 アジェンダ採択 国連総会日本政府主催 UHC サイドイベント「UHC への道筋」	9 月 12 月	国際保健外交戦略「平和と健康のための基本方針」策定 安倍総理ランセット誌寄稿 東京 UHC 国際会議
2016 年	9 月	国連総会 AMR ハイレベル会合 国連総会日本政府主催健康危機・UHC サイドイベント	5 月 8 月 9 月	G7 伊勢志摩サミット 第 6 回アフリカ開発会議 (TICAD VI)（ナイロビ・ケニア） G7 神戸保健大臣会合
2017 年	9 月 12 月	国連総会日本政府主催 UHC サイドイベント「UHC：万人の健康を通じた SDGs の達成」 国連総会 UHC ハイレベル会合開催決定	12 月	第 1 回 UHC フォーラム 2017（東京） 世界基金増資準備会合（東京）
2018 年	9 月 9 月 12 月	国連総会結核ハイレベル会合（共同ファシリテーター：日本） 国連総会日本政府主催 UHC サイドイベント 国連 UHC フレンズグループ設立（議長：日本）	4 月 10 月	日本政府・世銀・WHO 共催 UHC に関する財務大臣会合（ワシントン DC・米国） プライマリ・ヘルス・ケア国際会議（アスタナ・カザフスタン）
2019 年	9 月	国連総会 UHC ハイレベル会合	6 月 8 月 10 月 12 月	G20 大阪サミット 第 7 回アフリカ開発会議 (TICAD 7)（横浜） GAVI 増資準備会合（横浜） G20 岡山保健大臣会合 安倍総理・WHO 事務局長ワシントンポスト紙寄稿
2020 年以降	2023 年 2030 年	国連総会 UHC ハイレベル会合（レビュー会合） 持続可能な開発のための 2030 アジェンダ目標年	2021 年以降	東京栄養サミット、第 2 回 UHC フォーラム

出典：著者作成。国連及び主特に日本が関与した主な UHC 関連動向を記載したものであり全てを網羅するものではない。

　2015 年 12 月には、グローバルファンドの増資準備会合の東京開催に併せ、国際会議「新たな開発目標における UHC：強靭で持続可能な保健システムの構築を目指して」を開催し、政府関係者、各国政府首脳、WHO、世界銀行等の主要国際機関の長、ビル・ゲイツ等有識者や市民社会が参加した。ここでは、強靭で公平な UHC の実現とその継続について議論され、安倍総理大臣からは G7 伊勢志摩サミット及び TICADVI を通じて、公衆衛生危機への対応及び UHC を推進し、保健システムの強化に積極的に貢献していくことが表明された。

2. 2016 年における取組み

　2016 年の G7 伊勢志摩サミットにおいては、保健医療分野についての前述の考え方の下、官民の意見や提言を踏まえつつ (Japan Global Health Working Group 2016, Shiroyama et al. 2016)、日本は議長国として内閣官房、外務省、厚生労働省、財務省、JICA が連携し、G7 として初めて取り上げる UHC を含む首脳宣言の保健医療部分をとりまとめた[4]。保健医療部分は宣言全体の 8 分の 1 に及ぶ異例に大幅な記載となった (G7 2016a)。首脳宣言においては、①公衆衛生上の緊急事態への対応強化のためのグローバル・ヘルス・アーキテクチャー（国際保健の枠組み）の強化、②強固な保健システム及び危機へのより良い備えを有する UHC の達成、③薬剤耐性 (AMR) 対策の強化、を三本柱として G7 首脳のコミットメントを示した。また、より詳細な行動計画として、これらの三本柱全てに関連する「研究開発とイノベーション」を加えた「国際保健のための G7 伊勢志摩ビジョン」を発表した (G7 2016b) (**図 6-3**)。このうち、②の UHC に関しては、「UHC 達成に向けた保健システム強化の調整と支援」において、UHC 達成に向けた取組みを調整する国際的枠組みの強化のための新たなプラットフォームとして「UHC2030」の設立の支持、WHO、世界銀行、グローバルファンド等の低中所得国での保健システム強化の取組み支援、「全ての人々に対する生涯を通じた保健サービスの確保」として、母子保健、予防接種、栄養不良対策、健康的かつ活動的な高齢化の推進などを盛り込んだ。更に、日本からは WHO、世界銀行、グローバルファンド、GAVI[5] などの関

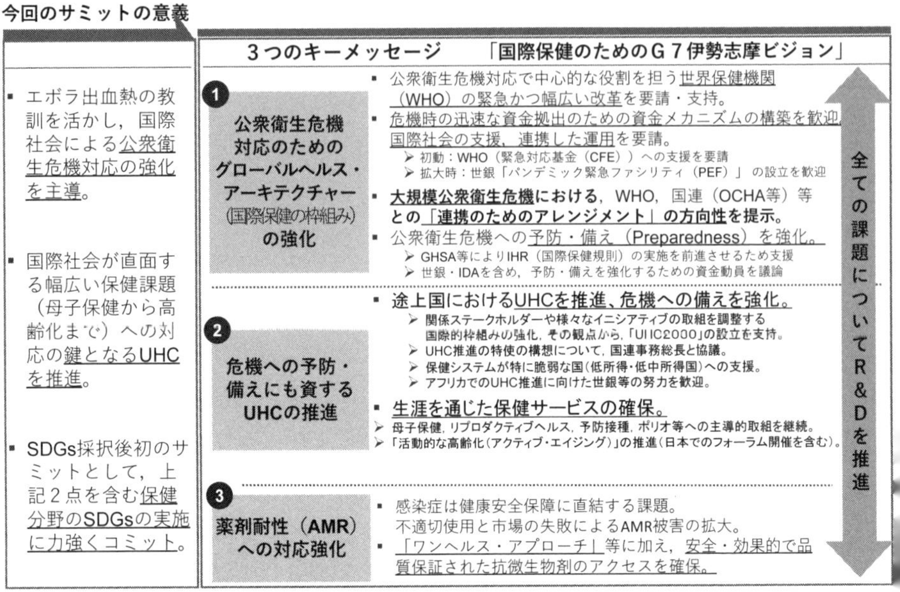

今回のサミットの意義

	３つのキーメッセージ	「国際保健のためのG７伊勢志摩ビジョン」

- エボラ出血熱の教訓を活かし，国際社会による<u>公衆衛生危機対応の強化</u>を主導。

- 国際社会が直面する幅広い保健課題（母子保健から高齢化まで）への対応の鍵となる<u>UHCを推進</u>。

- SDGs採択後初のサミットとして，上記２点を含む<u>保健分野のSDGsの実施</u>に力強くコミット。

❶ 公衆衛生危機対応のためのグローバルヘルス・アーキテクチャー（国際保健の枠組み）の強化

- 公衆衛生危機対応で中心的な役割を担う<u>世界保健機関（WHO）の緊急かつ幅広い改革</u>を要請・支持。
- <u>危機時の迅速な資金拠出のための資金メカニズムの構築</u>を歓迎。国際社会の支援、連携した運用を要請。
  - ➤ 初動時：WHO（緊急対応基金（CFE））への支援を要請
  - ➤ 拡大時：世銀「パンデミック緊急ファシリティ（PEF）」の設立を歓迎
- <u>大規模公衆衛生危機</u>における、WHO、国連（OCHA等）等との「<u>連携のためのアレンジメント</u>」の方向性を提示。
- 公衆衛生危機への<u>予防・備え（Preparedness）を強化</u>。
  - ➤ GHSA等によりIHR（国際保健規則）の実施を前進させるため支援
  - ➤ 世銀・IDAを含め、予防・備えを強化するための資金動員を議論

❷ 危機への予防・備えにも資するUHCの推進

- <u>途上国におけるUHCを推進、危機への備えを強化</u>。
  - ➤ 関係ステークホルダーや様々なイニシアティブの取組を調整する国際的枠組みの強化。その観点から、「UHC2030」の設立を支持。
  - ➤ UHC推進の特徴の構想について、国連事務総長と協議。
  - ➤ 保健システムが特に脆弱な国（低所得・低中所得国）への支援。
  - ➤ アフリカのUHCに向けた世銀等の努力を歓迎。
- <u>生涯を通じた保健サービスの確保</u>。
  - ➤ 母子保健、リプロダクティブヘルス、予防接種、ポリオ等への主導的取組を継続。
  - ➤ 「活動的な高齢化（アクティブ・エイジング）」の推進（日本でのフォーラム開催を含む）。

❸ 薬剤耐性（AMR）への対応強化

- 感染症は健康安全保障に直結する課題。
- 不適切使用と市場の失敗によるAMR被害の拡大。
- 「<u>ワンヘルス・アプローチ</u>」等に加え、安全・効果的で品質保証された抗微生物剤のアクセスを確保。

（右側：全ての課題についてR＆Dを推進）

図 6-3　G７伊勢志摩サミット：保健アジェンダ

「SDGs達成に向けた、全ての人の健康安全保障の実現〜エボラ危機の教訓を活かし、健康危機に備える」

出典：厚生労働省「第 6 回国際保健に関する懇談会」資料 1-1 (P6). 2016

係国際機関に対し、合計 11 億ドルの支援を安倍総理大臣より表明した。また、同年 9 月の G7 神戸保健大臣会合においては、首脳宣言の内容について、G7 や東南アジア諸国より招待した保健大臣により、塩崎厚生労働大臣（当時）を議長としてより専門的な議論が行われ、特に UHC の文脈で高齢化の問題にも焦点を当てた「神戸コミュニケ」(G7 2016c) がとりまとめられ、ランセット誌に掲載された (G7 2016d)。

　2016 年の 8 月には第 6 回アフリカ開発会議 (TICAD VI) が初めてのアフリカ開催としてケニア・ナイロビで行われ、アフリカ 53 カ国、国際機関などから計約 11000 人以上が参加した。三つのテーマの一つには保健医療が取り上げられ、公衆衛生危機への対応強化及び UHC をテーマとし、アフリカ各国における重要性や更なる推進の方策を議論し、UHC の実現等に向け、アフリカ諸国が具体的な国家戦略を策定する際に参考となるフレームワーク

「UHC in Africa」(World Bank, WHO, JICA, The Global Fund, African Development Bank 2016)、をアフリカ開発銀行、WHO、世界銀行、グローバルファンドと日本が共同でとりまとめ、その内容を含む成果文書「ナイロビ宣言」(TICAD 2016) が採択された。

3. 2017 年の取組み

2017 年 9 月には日本は国連総会でサイドイベント「UHC：万人の健康を通じた SDGs の達成」を主催し、安倍総理大臣の参加の下、主要国、就任間もない WHO、UNDP の長を含む国際機関や市民社会より多くの参加を得て開催した。安倍総理大臣からは、「誰一人取り残さない」社会の実現という SDGs の理念を実現する上で UHC の推進は必要不可欠な取組みであることなどを指摘し、12 月に東京で開催される「UHC フォーラム 2017」に向け、UHC の重要性に対する国際的な関心を喚起した。

また、同年 12 月には 2019 年に国連総会において UHC をテーマとしたハイレベル会合を行うことを決定する国連総会決議が採択された。国連総会 UHC ハイレベル会合を開催する構想は、日本政府として UHC を推進し主流化する一環として、日本政府内で検討され、国連日本政府代表部において国連事務総長室や WHO とも相談する中で、構想が具体化されていった。また、国連総会におけるハイレベル会合の開催のためには国連総会決議で決定する必要があるため、国連総会で毎年審議される「国際保健と外交政策」決議で開催を提起すべく、同年の同決議の議長で UHC の推進国でもあるタイと相談し、同決議案に盛り込むべく調整を進めた。その結果、同年 12 月 12 日に日本も共同提案国として採択された同決議では、2019 年中に UHC ハイレベル会合が開催されることが盛り込まれ、会議の詳細は追って決めることとされた (A/RES/72/139)。なお、同日には、2012 年の UHC 関連総会決議の採択日である 12 月 12 日を正式な国連の記念日として国際 UHC デーと定める国連総会決議も採択された。

その翌日である 2017 年 12 月 13 日及び 14 日には、東京において日本政府主導で、世界銀行、WHO、UNICEF、UHC2030、JICA との共催で「UHC

フォーラム 2017」が開催された。同フォーラムでは、安倍総理大臣の他、各国首脳、就任後初の来日となったグテーレス国連事務総長をはじめ国際機関代表、専門家、市民社会が一堂に会し、UHC の更なる推進について議論を行った。同フォーラムに向けて日本政府が後押しし、WHO と世界銀行が共同で作成した UHC モニタリング報告書では、世界の人口の少なくとも半数が、健康を守り増進するための良質な基礎的サービスにアクセスがなく、年間 1 億人程度が医療費によって極度の貧困に陥っている現状が明らかとなった。これを受け、同フォーラムでは「UHC 東京宣言」(UHC フォーラム (2017)) を採択し、具体的な目標値として、2030 年までの中間点である 2023 年までに、良質な基礎的保健医療サービスをさらに 10 億人に提供し、医療費のために極度の貧困に陥る人を 5 千万人まで半減させることや、国連総会 UHC ハイレベル会合開催を支持することで合意した。また、安倍総理大臣からは、グローバルレベルでの UHC 推進のモメンタム強化等の重要性を強調し、国連総会 UHC ハイレベル会合を歓迎し、2020 年には東京で栄養サミットを開催する旨述べられるとともに、各国・機関の UHC の取組みを後押しするため、日本は今後 29 億ドル規模の支援を行うことなどを表明した。

4. 2018 年における取組み

2018 年 9 月には国連総会で初めての結核ハイレベル会合が開催されたが、我が国は戦後、UHC により結核死亡率を劇的に減少させた実績を踏まえ、別所浩郎国連日本政府代表部大使 (当時、以下同じ) が共同ファシリテーターを務めた。同年 1 月より同会合のアレンジ、成果文書の起草、合意に至るまでの交渉を日本としてとりまとめた[6]。結核政治宣言 (A/RES/73/3) では UHC を基調とした統合された結核対策をはじめ、2019 年の UHC ハイレベル会合を視野に入れた成果をうみだした。

5. 2019 年における取組み

2019 年 6 月には日本の議長の下、G20 大阪サミットが開催され首脳宣言が採択された (G20 2019a)。この中で、国際保健については 4 パラグラフにわ

たり言及された。まず、UHC の推進が確認され、持続可能な保健財政の重要性を認識し、サミットに併せて G20 で初めて開催された財務大臣・保健大臣合同会合において確認された「途上国における UHC ファイナンスの重要性に関する G20 共通理解」(G20 2019b) に従い、保健・財務当局間の更なる協力が要請された。その他、健康で活力ある高齢化、健康危機及び感染症対策、薬剤耐性 (AMR) 対策についても盛り込まれた。こうした G20 大阪サミットの成果は、後述する国連総会 UHC ハイレベル会合の成果文書にも導入されることとなった。また、11 月の G20 岡山保健大臣会合では、更に専門的に議論を深め、G20 岡山保健大臣宣言がまとめられた (G20 2019c)。

　同年 8 月には第 7 回アフリカ開発会議 (TICAD7) が横浜で開催され、横浜宣言 2019 (TICAD 2019) においては、TICAD VI での「UHC in Africa」を再認識し、UHC へのコミットメントを改めて表明した。また、これに対応し、横浜行動計画 2019 (TICAD 2019) においては、UHC に 300 万人が裨益し、26,000 人の保健人材が育成される、などの具体的目標が合意された。

　また、ジュネーブの WHO においては、日本とタイが共同ファシリテーターとなり、草案作成から加盟国間の交渉をとりまとめ、2019 年 2 月に WHO 執行理事会決議「国連総会 UHC ハイレベル会合に向けた準備」が採択され、同年 5 月に WHO 総会決議として採択された (A.72.4)。本決議は、①国連総会UHC ハイレベル会合への各国首脳レベルの出席の推奨、②UHC 達成に向けた各国の進捗把握の仕組みの強化、③民間も含めた分野横断的な連携強化、を含むものであり、UHC ハイレベル会合成果文書の基礎となった。

3. 国連総会 UHC ハイレベル会合

(1) 国連総会 UHC ハイレベル会合の位置付けと構成

　一連の UHC 主流化への日本の取組みの一つの集大成として、前述の日本の働きかけもあり、2019 年に国連総会 UHC ハイレベル会合が開催されることとなった。これには、これまで UHC に関して、G7、G20、TICAD、UHCフォーラム、WHO 総会、国連総会の非公式なイベントなどでモメンタムを

写真 6-1　UHC ハイレベル会合閉会式の模様

左からメリンダ・ゲイツ氏、安倍総理、ムハンマド＝バンデ国連総会議長、テドロス WHO 事務局長
（Melinda Gates, @melindagates. Sep 23, 2019）

高め、着実に積み上げてきた成果を、国連総会における公式なハイレベル会合において全加盟国の首脳レベルのコミットメントに昇華させ、また、これまで国連総会では個別かつ散発的に扱われていた保健医療課題を包括的に整理する狙いがあった。

　そもそもグローバルな保健医療の課題はジュネーブの WHO やその意思決定機関である WHO 総会において加盟国の保健大臣の下で技術的かつ詳細に審議されるのが通常であるが、重要な保健医療課題については、安全保障、人権や開発問題を主な審議の対象とするニューヨークの国連総会の首脳級会合で議論する傾向が近年強まっている。国連総会で保健医療の問題が初めて首脳レベルで単独で取り上げられたのは 2001 年の国連総会エイズ特別総会であった。この背景としては、エイズが単に保健医療の問題を超え安全保障や経済の問題としてセクターを超えた協力が求められるようになったこと、そのため保健大臣レベルから首脳レベルの政治課題として対応が必要となったことが挙げられる。その後、2011 年には非感染症、2016 年には薬剤耐性、

2018 年には結核をテーマとして国連総会で首脳級のハイレベル会合が行われ、それぞれ政治宣言が採択された。今回は、それに引き続いての保健医療関連のハイレベル会合となった[7]。

　2017 年 12 月に 2019 年に UHC ハイレベル会合を開催することが決定されたことを踏まえ、2018 年 6 月より、まずは日程やテーマなどの構成を決めるための国連総会決議（一般に「モダリティ決議」と言う）交渉が開始された。交渉は国連総会議長より共同ファシリテーターとして任命されたタイ及びハンガリーの国連大使のとりまとめの下で行われ、同年 12 月 13 日に UHC ハイレベル会合モダリティ決議として国連総会で採択された（A/RES/73/131）。本決議では、全体テーマを「UHC：より健康な世界への協働（Universal health coverage: moving together to build a healthier world）」とし、2019 年の国連総会一般討論開始前日の 9 月 23 日に国連総会議長、国連事務総長や WHO 事務局長等の参加の下で行われること、国家元首や首脳の参加を促し、議員、地方自治体、国連機関、NGO などの市民社会など幅広い参画を促すこと、など会議の構成が合意された。

（2）UHC フレンズ・グループの設置と交渉の経緯

　日本は、これまで UHC を重要課題として推進してきた立場から、本 UHC ハイレベル会合にも建設的な役割を果たすために、2018 年末に UHC に関心のある有志国連合である UHC・国際保健フレンズ・グループ（以後、「UHC フレンズ」:Group of Friends of Universal Health Coverage and Global Health）を立ち上げ、議長に就任した（UHC2030, 2019a）。国連においては、加盟国の任意の活動として、有志国が集まって特定の分野のアジェンダを推進することがあるが（気候変動、防災、水、子ども等）、保健医療分野においては、英国が主導する薬剤耐性などの個別分野以外には主なフレンズ・グループが存在しなかった。しかし、結核ハイレベル会合成果文書をとりまとめた経験から、建設的な交渉とするためには事前に交渉官の理解を深めておく必要を感じたことなどから、UHC ハイレベル会合に向けて国連の加盟国代表部における UHC への機運を高め、日本の意図や UHC に関する経緯を含め理解を深めるためのプ

ラットフォームとして日本が主導し、UHCフレンズを設置した。設立当初は、タイ、ハンガリー、ブラジル、ガーナ、南ア、フランスなど少数の関心国で発足したが、9月の国連ハイレベル会合開催時までには50カ国以上が加盟するに至った。なお、将来的にはUHCのみならず、保健医療全般のとりまとめを行う意図も込めて、名称にはUHCのみならず国際保健も加えた。

　UHCフレンズでは、国連総会議長やWHO幹部を招いたブリーフィング、関係国際機関や市民社会、企業を含む関係団体の要望事項を紹介し議論するなどの機会を設け、成果文書に関する交渉が開始された2019年5月下旬までに4回の会合を開催した。フレンズ会合の過程では、UHCに関する官民連携パートナーシップである「UHC2030」が関係者の声をとりまとめた要望書である「Key Asks（主要要望事項）」（主要7項目：①政治的リーダーシップ、②誰も取り残さない、③法規制、④医療の質、⑤資金・投資、⑥マルチ・ステークホルダー、⑦ジェンダー平等）が初めて紹介され、成果文書策定に向けた議論の基礎として重要な役割を果たした（UHC2030, 2019b）。なお、「UHC2030」は2016年のG7伊勢志摩サミットを契機に生まれた官民連携パートナーシップであり、日本は設立以来理事国を務めており、今回の主要要望事項のとりまとめそのものにも理事国として関与した。また、日本政府代表部としても、UHCフレンズの活動と関連し、国連の関係委員会である社会開発委員会、開発資金フォーラムなどでのサイドイベントの共催や関連成果文書でのUHC文言の盛り込み、国連財団との共同ブリーフィング、WHO等とのレセプションの共催など、UHCハイレベル会合に向けてUHCの主流化を精力的に進めた。

　成果文書については、日本が主導した関連WHO総会決議、UHCフレンズや関連会合での議論、UHC2030の主要要望事項等を基礎とし、総会議長に共同ファシリテーターとして改めて任命されたタイとジョージアの国連大使の進行の下で、WHOの技術的な協力を得つつ、草案の作成、加盟国による交渉が行われた。交渉自体は、事前に日本を含む主要国との調整の上、5月下旬に草案が全加盟国に配布された上で、6月から8月上旬まで集中的に行われ、困難な交渉を経て9月23日のUHCハイレベル会合の約10日前に全加盟国の合意に至った。

(3) UHC ハイレベル会合の概要

　UHC ハイレベル会合には、事前に 57 カ国の首脳級を含む 165 カ国及び 10 の関係機関等が参加登録を行った。開会式においては、成果文書として直前までの交渉の結果合意された「UHC ハイレベル会合政治宣言（以後「UHC 政治宣言」）」(A/RES/74/2) が冒頭承認され、ムハンマド＝バンデ総会議長、グテーレス事務総長、テドロス WHO 事務局長、マルパス世銀総裁、ブルントラント元ノルウェー首相がステートメントを表明した。日本の代表団としては、加藤厚生労働大臣が出席した。なお、グテーレス事務総長は、UHC 政治宣言を「2030 年までに UHC を達成するビジョンとして、これまでで最も包括的な国際保健に関する合意文書」と歓迎し、全世界のリーダーのコミットメントを求めた。

　続いてのプレナリーにおいては、首脳から順次、UHC 政治宣言を歓迎し各国の取り組みを強化するコミットメントを含む各国のステートメントが表明された。

　プレナリーと並行して、以下のテーマの下、国際機関、市民社会、専門家などから成るマルチ・ステークホルダーパネルが開催された。

　①全ての人に公平で包摂的な開発と繁栄のための UHC

　②UHC 達成のための多セクター・ステークホルダーの行動と投資

　パネリストとしては、WHO 事務局長より UHC 親善大使に任命された武見敬三参議院議員、ミシェル・バチェレ人権高等弁務官やヘレン・クラーク元 UNDP 総裁、ジェフリー・サックスコロンビア大学教授などが登壇し、議論を深めた。

　閉会式では、ムハンマド＝バンデ総会議長、メリンダ・ゲイツ ゲイツ財団共同議長、テドロス WHO 事務局長に続き、日本政府より安倍晋三総理大臣が会合を締めくくる閉会挨拶を行った。安倍総理大臣は、日本が自身の国民皆保険に関する経験を踏まえ世界で UHC を推進していること、2019 年の G20 大阪サミットや TICAD7 での議論を踏まえ、我が国の感染症等の対策での貢献（グローバルファンド、GAVI）を UHC につなげること、保健医療に加え、栄養、水・衛生等分野横断的な取組みの促進、保健財政の強化の重要性等に

ついて述べ、世界のリーダーがUHC政治宣言の約束を果たすよう呼びかけた。

（4）UHC政治宣言の概要

　UHC政治宣言は全国連加盟国の首脳及び代表者を主語として、序文、前文（関連文書の再確認や現状認識）（パラ1〜23）、本文（UHC達成のための首脳コミットメント）（パラ24〜83）から構成されている。以下、UHC2030による主要要望事項及びその観点からUHC政治宣言を整理・要約した文書も参照（UHC2030, 2019c）しつつ、政治宣言の概要を整理する[8]。

1. 序文・前文

　宣言全体の序文では、保健医療は、社会、経済、環境面での持続的な開発や持続可能な開発のための2030アジェンダの実施の前提条件であると共にその成果や指標であることを再確認し、2030年までにUHCを実現することに改めてコミットすることを宣言している。

　前文では、誰も取り残さない包括的で人間中心のアプローチとしてのSDGsの全ての目標にわたって保健医療が重要であること（パラ2）、WHO憲章にある全ての人の健康の権利（パラ1）、開発資金に関するアディス・アベバ行動目標（パラ3）、国連総会でのこれまでの保健医療関連の政治宣言（パラ4）、WHO総会での関連決議（パラ7）、PHCに関するアルマ・アタ宣言やアスタナ宣言（WHO 2018）など、UHCに関連する合意文書を再確認している。また、UHCが保健医療関係のSDG3のみならず貧困、教育、ジェンダー、雇用や経済成長、平和と公正、パートナーシップなど全てのSDGsの達成に不可欠であり、またSDGsの達成がUHCにも決定的に重要であると改めて位置付けている（パラ5）。

　現状認識としては、過去数十年で寿命や死亡率の改善等大きな進展はあったものの、未だ世界の約半分の人が基礎的保健医療サービスを受けられず、また、毎年約1億人が貧困に陥っているため、このままのペースでは2030年時点で世界人口の約三分の一が保健医療サービスを受けられず、SDGsの達成が難しいため、対策を加速する必要があるとしている（パラ12）。

また、以下のようなUHCの達成に向けた重要事項を基本認識として指摘している。

- 保健医療が、（筆者注：人間の安全保障の要素である）人間の潜在能力の実現や人間の尊厳や全ての人々の能力強化に貢献すること（パラ8）
- UHCに向けた政府の責任や、政府・社会全体で、公平でライフコース全体を視野に入れた、全ての政策に保健医療の観点を含めるアプローチに向けた政治的リーダーシップの重要性（パラ6）
- 保健システムが、強靭でガバナンスが機能し、ニーズに対応し、地域包括的で、人々を中心に据え、良質なサービスを提供し、保健人材、保健インフラ、法規制、持続可能な資金に支えられていること（パラ10）
- 不平等と不公平の是正のため、健康の社会・経済・環境的決定要因に対応すること（パラ11）
- PHCがUHCに向けた持続可能な保健システムの基礎であること（パラ13）
- 健康確保のための気候変動や自然災害の影響、大気、水衛生、食料、栄養の重要性（パラ15,16）
- 人道支援原則に基づいた複合緊急事態（complex emergency）への対応が必要不可欠であること（パラ17）
- 女性、家族、地域を含め全てのステークホルダーを巻き込み、能力強化を行い、特に弱い立場に置かれた人々の医療提供に当たって差別や偏見をなくすこと（パラ20）

2. 本　文

本文はUHC達成のための具体的コミットメントから構成される。以下、数値目標を含むものとその他の主なコミットメントに分け整理する。

主な数値目標

①アクセスと経済的リスク保護（パラ24）：

- 2023 年までに基礎的な保健医療の対象として追加的に 1 億人にカバー
  し、2030 年には全ての人をカバーする
- 2030 年までに重大な医療費の自己負担を余儀なくされる人を減少さ
  せ、医療費負担による貧困を根絶する

②資金動員 (パラ 42)：途上国において 2030 年までに合計 3.9 兆ドルの追加
資金により 9,700 万人の死亡を予防し、平均余命を 3.1 から 8.4 年延伸
させることを踏まえ、保健システム 強化のために資金動員を行う

③公的医療支出 (パラ 43)：PHC を中心に医療への公的支出を国の状況に
応じ GDP の 1% 以上増やす

④保健人材 (パラ 60)：世界で 1,800 万人の医療人材不足に即座に対応し、
2030 年までに必要な 4000 万人の医療人材の雇用需要に対応する。

その他の主なコミットメント （主要要望事項に沿って整理）

①保健医療を超えた政治的リーダーシップ

- UHC に関し首脳レベルで戦略的リーダーシップを発揮 (パラ 59)
- 中央政府及び地方自治体の戦略的リーダーシップ・調整力強化 (パラ
  55)
- 国連事務総長に対し UHC へのモメンタムを維持・増強するため加盟
  国への関与を要請 (パラ 81)
- 政府全体で全ての政策に保健医療の観点を導入し、健康の社会・経済・
  環境的決定要因に対応 (パラ 26)
- 教育、健康コミュニケーションで健康リテラシーを高め健康増進と疾
  病予防 (パラ 27)

②誰も取り残さない

- 子ども、若者、障害者、HIV 感染者、高齢者、先住民、難民、国内避
  難民、移民を含む、弱い立場に置かれた人々が取り残されないよう健
  康ニーズを支援 (パラ 70)
- 良質、安全、効果的で負担可能な医療への公平かつ適時のアクセスの

推進 (パラ 49)

- 異なる文化や女性、子ども、障害者などの保健医療ニーズにも対応できる保健人材の育成 (パラ 61)
- 弱い立場に置かれた人々を含め、感染症アウトブレイクへの予防対応など国際保健規則 (2005) の実施も可能な強靭な保健システムを推進 (パラ 72)
- 危機において UHC を守る一貫した全ての人を含む政策の推進 (パラ 73)
- 健康で活動的な高齢化を推進し、高齢者の生活の質を維持・改善し、急速に高齢化が進む高齢者のニーズに対応し、持続可能な介護を提供 (パラ 30)
- 誰も取り残さないよう、エイズ、結核、マラリア、肝炎を含む感染症対策を UHC の一環として包括的かつ統合されたサービス提供として維持・拡大 (パラ 32)
- UHC の一環として、循環器疾患、がん、慢性呼吸器疾患、糖尿病を含む非感染症、眼・口腔保健、難病、顧みられない熱帯病の対策を強化 (パラ 33、34)

③法規制の整備

- 基礎的な医療へのアクセスを拡大しつつ偽薬を排除し医療の質と安全や経済的リスク保護を確保し、UHC を達成するために法規制の枠組みを強化 (パラ 57)
- イノベーションを支え技術革新に対応できるように、医療提供者を含め全てのステークホルダーへの規制能力を改善し責任ある倫理的な法規制の枠組みを強化 (パラ 58)
- 全てのレベルで効果的で説明責任を確保し透明性が高く全ての人を含む制度を構築し、社会正義、法の支配、ガバナンスを確保し、全ての人に健康を確保 (パラ 56)

④医療の質の確保

- 全ての人の保健医療ニーズに沿った有効で質が担保された、人々中心でジェンダーや障害にも対応した根拠に基づく医療を実施 (パラ 25)
- 公衆衛生サーベイランスとデータシステムやワクチン忌避対策のための根拠に基づく情報提供やポリオ根絶の努力を含む予防接種の強化 (パラ 31)
- UHC の基礎として PHC の提供を拡大し優先 (パラ 46)
- 患者安全を含む良質で人々中心の保健システムのパフォーマンスを向上 (パラ 48)
- 良質で士気の高い保健人材を採用・維持し、地域偏在や診療科の偏在を是正するインセンティブを奨励 (パラ 62)
- 医療技術評価やそのデータ収集・分析を強化し、デジタルヘルスや、全てにわたって根拠に基づく意思決定を推進 (パラ 65)
- デジタル技術を含む根拠に基づく技術やイノベーションを活用し、質の高い医療や情報へのアクセスを拡大し、保健システムの費用対効果を改善 (パラ 66)

⑤より多く、より良い投資

- 財務当局と保健当局を含む関係当局の密な連携により効率的な保険財政政策を追及 (パラ 39)
- 国としての良質な公的医療サービスのための医療費目標を設定し、国内資金動員を通じて持続可能な財政に移行 (パラ 40)
- 非感染症のリスクファクターの消費削減や関連医療費削減となり得る価格と税を含む財政政策などの政策、法規制を国の政策や状況に応じ推進 (パラ 44)
- UHC への持続可能な資金動員を行い、グローバルファンド、GAVI、GFF[9]、人間の安全保障基金などの資金メカニズムの活用や民間などとの協働を行う (パラ 45)
- 一部の高額医薬品等への対応策として、産業界などの関与や規制の改

善を通じて医薬品等の価格の透明性を向上させることにより、アクセスを向上 (パラ 50)

⑥マルチ・ステークホルダーとの協働

- UHC2030 のようなネットワークを活用しつつ、技術支援、能力強化、アドボカシー強化を通じて加盟国を支援すべく全てのステークホルダーとのパートナーシップを推進 (パラ 77)
- 各国で UHC 推進の進捗の確認や政策への助言のため市民社会、民間、専門家を含む全てのステークホルダーから成る参加型で透明性の高いマルチ・ステークホルダーのプラットフォームやパートナーシップを設置 (パラ 54)
- 革新的医薬品の研究開発における民間セクターの重要性を認識 (パラ 53)
- UHC の脅威である AMR のため新旧の抗生剤へのアクセスと管理を含め国連総会での議論を含め対策を推進 (パラ 76)

⑦ジェンダー平等

- 保健セクターの労働者の 7 割を占める女性に対し幹部ポストや公平な賃金を含めより良い機会や雇用環境を整備 (パラ 63)
- 家族計画、情報や教育、生殖の健康を国の戦略に含めるなど性と生殖の健康を確保し、性と生殖の健康と生殖の権利を確保する (パラ 68)
- 女性と女児のニーズを踏まえつつ、医療政策や保健システム提供においてジェンダー平等や女性の能力強化を達成するために、医療政策においてジェンダーの視点を主流化する (パラ 69)

　今後のフォローアップとしては、2023 年には UHC 政治宣言の進捗を包括的にレビューし 2030 年までの UHC の達成に繋げるため国連総会 UHC ハイレベル会合を開催することとなり、詳細は第 75 回国連総会 (2020-2021 年) までに決定するとされた (パラ 83)。また、事務総長に対し、UHC 政治宣言の

進捗報告書を第75回国連総会(2020-2021年)及び第77回国連総会(2022-2023年)中、計二回にわたって提出するよう要請した(パラ82)。

4. UHC ハイレベル会合の評価と今後に向けて

　日本は、安倍総理大臣以下、本章で確認したとおり、一貫して UHC の主流化においてリーダーシップを発揮してきた。今般、国連総会で初めて UHC に特化したハイレベル会合が開催され、57カ国の首脳級を含む165カ国の参加登録の下、全加盟国の全会一致で UHC 政治宣言が合意された。日本は閉会式で唯一登壇した加盟国代表として安倍総理大臣より UHC 政治宣言の実現への決意を表明し、各国の首脳にコミットメントを促す形で盛会に閉会した。日本が、これまでの経緯を踏まえ、構想段階から UHC 政治宣言の起草、合意、当日のアレンジメントにわたって主導し、密接に関与する形で、全加盟国の首脳レベルで UHC 達成に向けたコミットメントに合意できたことは大きな成果であった。

　UHC 政治宣言の主な意義や日本が特に尽力した点としては以下が挙げられる。

　　一　UHC について全加盟国の最も高い首脳レベルでコミットメントを宣言できたこと

　　二　UHC を、SDG3 をはじめ全ての SDGs を促進する上で不可欠なものとして位置付けたこと

　　三　国連においては近年政治的対立が多く投票も珍しくないところ一部不満の表明はありつつも全加盟国の全会一致で UHC 政治宣言がとりまとめられたこと

　　四　国連でエイズ、NCD、AMR など別個に扱ってきた保健医療案件を UHC の傘の下で束ねる形で整理したこと

　　五　日本が特に主張した結果、2017年の「UHC 東京宣言」における2023年までの目標値を踏まえ、更に2030年までにすべての人をカバーし、医療費負担による貧困を根絶するとする踏み込んだ目標をはじめ、具

　体的目標値を盛り込めたこと

六　G20 大阪サミットでも確認した財務当局と保健当局の連携、健康で
　活動的な高齢化等の項目が盛り込まれたこと

七　日本が重視する、人間の安全保障の考え方や人間の安全保障信託基
　金、感染症対策 (グローバルファンド等への資金貢献)、予防接種 (GAVI や
　ポリオ対策への資金貢献)、栄養 (2020 年には東京栄養サミットを開催)、水
　と衛生 (トップドナー) などを盛り込んだこと

　交渉において最後まで大きな争点となったのは、国連における近年の他分
野の交渉とも共通する、①知的財産権関係、②性と生殖の健康と権利関係、
③移民関係であったが、我が国はこれらの合意に当たって、UHC フレンズ
の議長として以下のように最終的なとりまとめに貢献した。①については、
2018 年の国連総会結核ハイレベル会合を別所国連大使がファシリテーター
としてとりまとめた際に困難な交渉の末にまとめた合意文言や WHO 総会決
議での合意文言を活用することで合意し、②、③についても、過去の合意文
言を活用することで最終的には合意し、UHC ハイレベル会合の約 10 日前に
UHC 政治宣言が合意に至った。

　本会合に至るまでに、日本は UHC を国際保健戦略に正式に位置付け、
SDGs への UHC の導入を国連総会でのハイレベルのイベントや交渉を通じ
て実現し、SDGs 導入後も、政府全体の戦略として UHC の位置付けを強化し、
関係省庁の共通理解の下で、健康危機への対応、保健システム強化、UHC
を柱として、UHC に関する国際会議の主催、G7 や G20 の議長、TICAD な
どのフォーラムや、WHO や世界銀行などの関連機関の協働を通じて概念
の深化、浸透に努め、国連の場においてもサイドイベントの主催等により
UHC の主流化に努めてきた。また、要所で首脳レベルのステートメントや
寄稿により広く日本の考えや貢献を示してきた。

　国連においては、別所浩郎国連大使 (当時) が 2018 年に国連総会結核ハイ
レベル会合のファシリテーターとして、成果文書のとりまとめに尽力したこ
とで、保健医療分野における日本の貢献を国連において広く示したことが、

2019年の国連UHCハイレベル会合に向けた発言力の確保にも貢献した。その流れの中で、2018年12月12日の国際UHCデーにおいてUHCフレンズの立ち上げを発表し、その議長として、国際機関、市民社会や民間団体の要望事項を汲み取りながら事前の加盟国ブリーフィングを開催し、ドラフティングへの助言等により、日本や世界にとって重要な目標やコミットメントを含むUHC政治宣言の策定に中心的役割を果たした。

　以上を踏まえ、国連総会UHCハイレベル会合の成功の要因としては以下を挙げることができる。

一　アジェンダ自体に日本自身の実践や成果に裏打ちされた説得力があること

二　政府全体の方針を戦略として共有し適時更新すること

三　要所で首脳レベルのコミットメントを示すこと

四　様々な国際的フォーラムを戦略的に組み立て、各政府機関が統一した方針の下で有機的に連携しながら対応すること

五　適宜更新しつつも統一的なメッセージを一貫して発信すること

六　国際機関、市民社会や民間を含むマルチ・ステークホルダーの意見を汲み上げ協働すること

七　交渉が行われるフォーラム（UHCの場合はニューヨークの国連）で事前に発言力を高め交渉官の理解促進を含め協力的な環境を作ること

　今後の課題としては、今般のモメンタムを維持・発展させると共に、2030年までのUHCの達成のためUHC政治宣言の国レベルでの確実な実行に結びつけることである。そのためには、国、地域、グローバルレベルでモニタリングを行い、進捗を評価し軌道修正していくことが重要である。そのためにも、2023年にレビューのための国連総会UHCハイレベル会合やそこに至る事務総長の進捗報告を視野に、UHCフォーラムや東京栄養サミットのような国際的なフォーラムや国際機関などでのグローバルレベルでの政治的リーダーシップやアドボカシーを継続しつつ、二国間援助や地域フォーラムを通じて国や地域レベルでの支援や働きかけも強化していくことが必要であ

る。また、UHC 政治宣言で感染症、非感染症、薬剤耐性、高齢化や健康危機管理を含め、個別の保健医療関連課題について UHC の傘の下で概念上は整理されたものの、現実にはそれぞれの領域で対策を継続・強化していくことも必要であるため、UHC の旗印の下、より整合性を持って各保健医療課題を推進していく視点も必要となる。更に、日本自身が未曽有の高齢化を乗り越え、持続可能な UHC モデルを確立することも、日本自身にとってはもとより、未来へのビジョンを世界に提示するために、重要である。

　2020 年初頭に世界中に拡大した新型コロナウイルス感染症による世界の健康危機に対し、国連事務総長は「今回の危機の重要な教訓は、UHC の達成が喫緊の課題であると改めて思い知らされたことである」、WHO 事務局長は「新型コロナウイルス感染症対策でも全ての人に健康をという最終目標は変わらない。全ての国がコロナウイルスに関する医療をすべての必要な人に確保することを望む」として、この危機に際して UHC の重要性を改めて強調している。この新たな危機を克服し、今度こそ世界の全ての人に危機にも強力に対応できる保健システムを確立し、基礎的な医療をあまねく提供することが強く望まれる。

　2019 年 12 月 12 日の国際 UHC デーに当たって安倍総理大臣とテドロス WHO 事務局長がワシントン・ポスト紙に寄稿した論説「誰もが保健医療を受けられる世界に」(安倍・テドロス 2019) にあるように、「国・地域・地球、それぞれのレベルにおいて、貧困、感染症の大流行、病気の治療、気候変動の健康への影響に対する共同戦線を、UHC は構築」し、「強靱な UHC は、個人、家族、地域社会、そして国家を健康にする」。UHC 政治宣言で全ての国のリーダーが約束したように、2030 年までに地球上すべての人が基礎的医療を享受し、そのために貧困に陥ることがなくなるよう、日本は引き続き世界との共同戦線を主導すべきである。

付　記

　　本稿は著者の個人的な見解を述べたものであり、いかなる組織の意見や立場をも表明するものではない。

注

1 プライマリ・ヘルス・ケア（PHC）とは、アルマ・アタ宣言第6条によると、科学的に有効でかつ社会的に受容できるやり方や技術に基づく必要不可欠なヘルスケアであり、自立と自決の精神に則り、コミュニティや国がその発展度合いに応じ負担できる費用の範囲で、コミュニティの中の個人や家族があまねく享受できるよう、十分な住民参加のもとで実施されるものである。なお、本アルマ・アタ宣言は、2018年10月にカザフスタン共和国政府、WHO、UNICEF共催にてカザフスタン共和国の首都アスタナで開催された「PHC国際会議」で採択された「アスタナ宣言」において基本理念が再確認され、PHCをUHC達成に不可欠な基盤として位置付けた。

2 グローバルファンドとは、低・中所得国のエイズ・結核・マラリア対策のために資金を提供する機関として、2002年1月にスイスに設立された。G7を初めとする各国の政府や民間財団、企業などから大規模な資金を調達し、低・中所得国が自ら行うこれら三疾病の予防、治療、感染者支援、保健システム強化に資金を提供している。日本は2000年のG8九州・沖縄サミットを契機として設置されたことから「生みの親」の一人とされ、理事会の理事国として、また主要資金拠出国として貢献している。

3 人間の安全保障とは、2003年の「人間の安全保障委員会」報告書によると、「人間の生にとってかけがえのない中枢部分を守り、すべての人の自由と可能性を実現すること」と定義され、人々の生存・生活・尊厳を確保するため、人々の「保護（プロテクション）」と「能力強化（エンパワーメント）」のための戦略の必要性を強調している。

4 G7伊勢志摩サミットの保健医療分野の経緯や内容について、国際保健と外交の関係を含む総括的分析としてはHara & Ezoe et al.（2019）、健康危機へのガバナンスについてはSakamoto, Ezoe, Hara, Sekitani et al.（2018）、UHCについてはSakamoto, Ezoe, Hara, Hinoshita et al.（2018）を）参照。

5 GAVI（Gaviワクチンアライアンス）は、低所得国の予防接種率を向上させることにより，子供たちの命と人々の健康を守ることを目的として2000年に設立された官民パートナーシップ。世界の低所得国を対象に、ワクチン導入・普及、保健システム強化、ワクチンの市場形成等を実施している。

6 国連総会結核ハイレベル会合の経緯や成果の詳細は、別所・江副（2019）参照。

7 2014年9月に行われた「国連エボラ出血熱流行対応ハイレベル会合」は重要な保健関連会合であるが、国連事務総長主催のアドホックな会合であり全加盟国が

　　参加する国連総会の会合ではない。

8　詳細は UHC 政治宣言原文資料（https://undocs.org/en/A/RES/74/2）を参照された
　　い。

9　グローバル・ファイナンシグ・ファシリティ（GFF）とは、女性、子供及び青少
　　年の健康のための各国主導型の取組みを支援するマルチ・ステークホルダーに
　　よる資金調達プラットフォーム。GFF の支援の下、各国の投資は、女性、子供
　　及び青少年の健康、栄養、福祉を一層改善できるよう、より効果的で優先される、
　　かつ成果重視型となっている。日本政府は UHC フォーラム 2017 の際に 5 千万
　　ドルの拠出を発表した。

参考文献

Shinzo Abe, "Japan's Strategy for Global Health Diplomacy: why it matters", *The Lancet*, Vol. 382-9896, 2013.

Shinzo Abe, "Japan's Vision for a Peaceful and Healthier World", *The Lancet*, Vol. 386-10011, 2015.

Kotono Hara and Satoshi Ezoe, "Why Does Global Health Matter to Diplomacy? Global Health as a Security and Economic Challenge and as an Opportunity for World Leaders, with a Special Focus on the G7 Ise-Shima Summit", 2019. http://blogs.shu.edu/ghg/files/2019/11/Spring-Fall-2019-Issue.pdf#page=23

Nayu Ikeda, Eiko Saito, Naoki Kondo, Manami Inoue, Shunya Ikeda, Toshihiko Satoh et al, "What has made the population of Japan healthy?", *The Lancet*, Vol. 387-9796, 2011.

Japan Global Health Working Group, "Protecting Human Security: proposals for the G7 Ise-Shima Summit in Japan", *The Lancet*. Vol. 387-10033, 2016.

Marc Roberts, William Hsiao, Peter Berman, and Michael Reich, *Getting Health Reform Right: A Guide to Improving Performance and Equity*, Oxford: Oxford University Press, 2008.

Haruka Sakamoto, Satoshi Ezoe, Kotono Hara, Eiji Hinoshita, et al., "The G7 Presidency and Universal Health Coverage, Japan's Contribution", *Bulletin of the World Health Organization*, Vol. 96, 2018.

Haruka Sakamoto, Satoshi Ezoe, Kotono Hara, Yui Sekitani et al., "Japan's Contribution to Making Global Health Architecture a Top Political Agenda by Leveraging the G7 Presidency", *Journal of Global Health*, Vol. 8-2, 2018.

Hideaki Shiroyama, Yasushi Katsuma and Matsuo Makiko（2016）, "Rebuilding Global Health Governance - Recommendation for the G 7", PARI Policy Brief. https://pari.ifi.u-tokyo.

ac.jp/policy/policy_brief_160513_globalhealthgovernance.pdf

UHC2030, "Group of Friends of UHC", 2019a. https://www.uhc2030.org/un-hlm-2019/group-of-friends-of-uhc/

UHC2030, "Moving Together to Build a Healthier World Key Asks from the UHC Movement UN High-Level Meeting on Universal Health Coverage", 2019b. https://www.uhc2030.org/fileadmin/uploads/uhc2030/Documents/UN_HLM/UHC_Key_Asks_final.pdf

UHC2030, "United Nations High-Level Meeting on Universal Health Coverage in 2019 Key Targets, Commitments & Actions", 2019c. https://www.uhc2030.org/fileadmin/uploads/uhc2030/Documents/UN_HLM/UHC_key_targets_actions_commitments_15_Nov_2019__1_.pdf

WHO, "Declaration of Alma-Ata", 1978. https://www.who.int/publications/almaata_declaration_en.pdf

WHO, *World Health Report 2000 Health Systems: Improving Performance*, 2000. https://www.who.int/whr/2000/en/whr00_en.pdf?ua=1

WHO, *Health Systems Financing: The path to universal coverage*, 2010. https://apps.who.int/iris/bitstream/handle/10665/44371/9789241564021_eng.pdf;jsessionid=82B32018D1C3BE0F8D85884A87AB0900?sequence=1

WHO, "Declaration of Astana", 2018. https://www.who.int/docs/default-source/primary-health/declaration/gcphc-declaration.pdf

WHO, "Primary Health Care on the Road to Universal Health Coverage 2019 Global Monitoring Report", 2019. https://www.who.int/healthinfo/universal_health_coverage/report/uhc_report_2019.pdf?ua=1

World Bank, *World Development Report 1993: Investing in Health*, 1993. https://openknowledge.worldbank.org/handle/10986/5976

World Bank, WHO, JICA, The Global Fund, African Development Bank（2016）, *UHC in Africa: A Framework for Action*, 2016. http://documents.worldbank.org/curated/en/735071472096342073/pdf/108008-v1-REVISED-PUBLIC-Main-report-TICAD-UHC-Framework-FINAL.pdf

安倍晋三、テドロス・アダノム・ゲブレイェスス「誰もが保健医療を受けられる世界に」ワシントン・ポスト紙共同寄稿、2019 年 12 月 12 日。https://www.mhlw.go.jp/content/10501000/000576528.pdf

外務省「国際保健外交戦略」2013 年、https://www.mofa.go.jp/mofaj/files/000005947.pdf

G7「G7 伊勢志摩首脳宣言」2016 年 a、https://www.mofa.go.jp/mofaj/files/000160267.

pdf

G7「国際保健のための G7 伊勢志摩ビジョン」2016 年 b、https://www.mofa.go.jp/
mofaj/files/000160313.pdf

G7「神戸コミュニケ」2016 年 c、https://www.mhlw.go.jp/seisakunitsuite/bunya/hokabunya/
kokusai/g7kobe/KobeCommunique_ja.pdf

G20「大阪首脳宣言」2019 年 a、https://www.mofa.go.jp/mofaj/gaiko/g20/osaka19/jp/
documents/final_g20_osaka_leaders_declaration.html

G20「途上国における UHC ファイナンスの重要性に関する G20 共通理解」2019 年 b、
https://www.mofa.go.jp/mofaj/gaiko/g20/osaka19/pdf/documents/jp/annex_05.pdf

G20「G20 保健大臣宣言」2019 年 c、https://www.mofa.go.jp/mofaj/gaiko/g20/osaka19/
pdf/documents/jp/okayama_hm_jp.pdf

TICAD「ナイロビ宣言」2016 年、https://www.mofa.go.jp/mofaj/af/af1/page3_001784.
html

TICAD「横浜宣言 2019」2019 年 a、https://www.mofa.go.jp/mofaj/area/ticad/ticad7/pdf/
yokohama_declaration_ja.pdf

TICAD「横浜行動計画 2019」2019 年 b、https://www.mofa.go.jp/mofaj/area/ticad/ticad7/
pdf/yokohama_action_plan_ja.pdf

別所浩郎、江副聡「国連総会結核ハイレベル会合「結核終焉に向けた連帯：世界的
流行への緊急対策」について」『複十字』384 号、2019 年。

UHC フォーラム「ユニバーサル・ヘルス・カバレッジ（UHC）東京宣言」2017 年
https://www.mofa.go.jp/mofaj/files/000317579.pdf

第 3 部　国レベルにおける保健外交と
　　　　ガバナンスの課題

第7章

先進国の保健外交
――フランスと WHO の連携を中心として

詫摩佳代

はじめに

　2020 年世界で大流行している新型コロナウイルスを巡っては、各国の保健外交が注目を浴びている。中国は一帯一路構想の参加国に対して、マスクや防護服などを支援、いわゆる「マスク外交」を展開している。新型コロナウイルスの治療薬として期待される抗マラリア薬の製造元であるインドも、各国に抗マラリア薬を輸出、活発に外交を展開している。台湾もアメリカや日本にマスクを提供している。

　自国の政治的な影響力拡大を狙い、あるいは何らかの政治的意図の達成を目指して、各国が保健協力に資材や資金を拠出する動きは今に始まったものではない。そもそも発展途上国の保健ガバナンスとは、主権国家による協力や支援によって成り立っているものであるし、1990 年代以降は主に先進国による積極的な関与が活性化してきた。このような動きは緊急時には不可欠な支援として機能し、長期的に見れば、保健ガバナンスへの関心とリソースを動員する上で好ましいものである。その一方で、ガバナンスを複雑化させるという問題点もはらんでいる。本章では発展途上国の保健ガバナンスにおいて存在感を増している先進国に焦点を当て、その保健外交の動向と問題点を見ていく。そもそもなぜ先進国は保健ガバナンスに積極的に関与するようになったのか、アメリカや日本、中国など主要国はどのような保健外交を展開してきたのか、その問題点とは何かを見ていく。その上で WHO を中心と

する既存の枠組みを重視しつつ、自国の優位性・独自性と WHO の弱点を有機的に結びつける取り組みを行っているフランスの保健外交に注目し、その概要と背景、他国の保健外交への含意を検討していきたい。

1. 保健外交の活性化

(1) 活性化の背景

　国際保健協力の枠組みは 19 世紀以降、主に国境を越える感染症に関して、しかるべき情報を得たいという目的のもと発展してきた。もともと国家を主要なアクターとしていたが、近年では国家以外の企業や財団、非政府組織などの台頭の目覚しく、そのような状況を反映して特に冷戦後の国際保健協力の枠組みは「グローバル保健」と呼ばれている。国家は保健協力における伝統的なアクターであるが、グローバル保健への変容の中でその役割を変化させてきた。古くは各国の保健省を通じた関与がスタンダードであったが、近年では外務省や国際協力・開発庁を通じて、特定の国のあるいは世界全体の保健システムの向上を目指した関与が増えている。またその際、自国の政治的影響力の拡大や何らかの政治的目的が付随している場合が多い。本章ではこれを「保健外交」と呼ぶ。日本でも戦後、主に厚生省・厚生労働省を通じた保健協力への関与が続けられてきたが、近年では外務省や国際協力機構 (JICA) を通じた二国間・多国間支援が増えている。

　変化の背景としては、第一に保健問題が公衆衛生上の課題から安全保障上の課題として位置づけ直されたことによる。1970 年代から今日に至るまで 30 以上の新興ウイルス感染症が新たに発見されており、世界中どこでも常にパンデミックの危険性に晒されている。一日に大量の航空機が大陸間を飛び回る現在では、一旦どこかで感染症の大流行が始まればその影響は世界大であり、たとえ感染を免れたとしても安全保障、経済、産業など多局面でその影響を免れ得ない。なかでも近年、人類社会に特に大きなインパクトを与えてきたのがエイズである。1981 年に初めての症例が報告されて以来、すでに 7700 万人以上が HIV に感染してきた。毎年新たにウイルスに感染する

人の数は 1996 年にピークを迎えた後、減少傾向にあるが、UNAIDS（The Joint United Nations Programme on HIV/AIDS; 国連エイズ合同計画）の統計によると、2017 年時点で 3600 万人以上が HIV に感染している。2016 年の国連総会では、毎年の新たな感染者数を 2020 年までに 50 万人以下にしようという目標が定められたが、世界全体でみると現状のままでは達成は難しいとされている。

エイズの流行は感染症を公衆衛生上の課題から安全保障の課題に位置づけ直す契機となった。各国で若者を中心に感染が拡大することは、その国の軍隊や国連平和維持活動（PKO）ひいては国家／国際安全保障にダメージを与えうるとの認識が高まったためである。2000 年に設定されたミレニアム開発目標（MDGs）には、そのターゲットの一つに「HIV/AIDS、マラリア、その他の疾病のまん延防止」が含められた。2000 年 1 月の国連安保理では、議長を務めたアメリカのアル・ゴア副大統領がエイズを「国際平和と安全にとって脅威」であると述べ、同年 7 月の安保理決議では国連のすべての PKO 活動において HIV 予防プログラムを実施することが承認された（ピオット 2015:322）。2014 年に西アフリカで流行したエボラ出血熱に関しても、国連安保理は「国際平和と安全にとっての脅威」と認め、緊急対応ミッションの設立へと至った。

先進国首脳会議（サミット）でも保健協力が議題となる機会が増えた。2000 年の沖縄サミットには初めて WHO が招かれ、首脳らと共にエイズ、マラリア、結核に関する特別基金の設立が合意された。2006 年のサンクトペテルブルクサミットでは初めて G8 保健相会合が開催され、その後 2015、2016、2017、2019 年にも保健相会合が開催された（McBride, Hawkes & Buse 2019）。新型コロナウイルスを巡っても、米中対立の影響を受けて具体的な成果は乏しいものの、G7 外相会合や G7 首脳会合、日中韓外相会合等が開催されている。

保健外交が活性化してきた第二の背景は、国際的影響力を高めたり、自らの構想を実現するうえで重要な手段と位置付けられてきたためである。たとえば中国も影響力確保の観点から保健外交に力を入れている。2017 年 1 月には習近平国家主席が WHO を訪問し、当時のチャン事務局長と会談、一帯一路構想のもと公衆衛生上の緊急事態への対応や中国製の薬やワクチンの活

用に関する協定を締結した (Röhren 2017)。2017 年 8 月には一帯一路構想の関係国保健大臣、WHO 事務局長らを招き、一帯一路ハイレベル保健会合を開催 (Tang, Li, Li, and Chen 2017)、感染症の予防や公衆衛生上の緊急事態への対処、保健政策やワクチンの研究開発に関して連携していくことが確認された。このほか、2014 年西アフリカでのエボラ出血熱の流行に際しては、中国は約 1200 人の専門家を派遣、現地での治療センターの開設や現地の治療スタッフの育成に尽力した。アフリカに対する人道的な配慮もさることながら、中国はアフリカと深い経済交流を続けており、エボラ出血熱の流行は 100 万人以上いるとされる現地の中国人への影響も懸念されたためであった (Xinhua 2017)。新型コロナウイルスを巡っても中国は「ヘルス・シルクロード」の設立を目指し、イタリアやイラク、イランなど一帯一路に参画する国々を中心に医療支援を強化している。

　このように、先進国や経済大国が国際的影響力確保のために保健外交を展開するケースが増えているが、中国に関しては保健外交がそのまま政治的な影響力に結びつくか否は予断を許さない。被支援国を中心にその政治的意図を警戒する動きや、中国から届いた防護服や検査キットの品質に問題が指摘されるケースも目立つからだ。

(2) 資金調達メカニズムの登場

　以上の通り、安全保障上の関心並びに影響力確保を目指して、主に先進国の関心を集めてきた保健協力はその資金の受け皿も拡充してきた。2000 年の G8 沖縄サミットの成果として設立されたグローバルファンド (The Global Fund for Fight AIDS, Tuberculosis and Malaria) はその代表格であろう。当ファンドは先進国政府や民間財団、企業などから大規模な資金を調達し、中・低所得国におけるエイズ、結核、マラリア対策のために資金を提供するもので、国家と NGO、民間セクターなど多様なアクターが連携を築くパートナーシップ (public-private partnership; PPPs) としても注目を集めている。

　このほか、航空券連帯税を利用してエイズ、マラリア、結核の治療へのアクセス拡大を目指す画期的なパートナーシップも登場した。2006 年にフラ

ンスらが主導して設立されたユニットエイド（UNITAID）は、その資金の7割を航空券への課税から調達している。参加国を出発する全てのフライトに適用され、たとえばフランスでは当国を出国する全てのフライトに対し、エコノミークラスの航空券に1ユーロ、ビジネスクラスの航空券に40ユーロを課税、この方法で2006年以来20億ドルを超える資金調達に成功し、途上国におけるエイズ、マラリア、結核対策に充てられてきた。このような取り組みの甲斐あってか、エイズ対策のための資金は2000年代に入ってから着実に増加してきた。

2. 各国の保健外交

　それでは具体的にどのような保健外交が展開されてきたのか。具体例として、アメリカと日本の様子をみておきたい。

(1) アメリカの保健外交

　アメリカは戦後において、保健ガバナンスの牽引役として大きな役割を果たしてきた。アメリカの保健外交のチャンネルは二国間支援と多国間支援、独自のイニシアティブの3つからなる。二国間支援は政府開発援助（ODA）の中の保健向け拠出（Official Development Assistance for Health: DAH）を通じて拠出されている。2014年度、アメリカのDAHは120億ドルであり、これは第2位のイギリスの3倍の額である（Clinton & Sridhar 2017: 26-8）。

　多国間支援においてもアメリカの存在感は際立っている。WHOの予算は194の加盟国からの分担金と自発的拠出金の二種類の財源から構成される。加盟国の分担金は国連の分担金と同様、主に当該国の経済規模によって決まり、アメリカは戦後一貫して最大の分担金を負担してきた。以下の**表7-1**が示す通り、分担金に加え、自発的な拠出金も多い。WHOが1950-70年代にかけて展開した大規模なマラリア撲滅事業、天然痘撲滅事業もアメリカの資金とワクチン等の物資に大きく依拠してきた。

　他方、その豊富な資金力がWHOへの政治的圧力として機能してきたこと

表 7-1　**2019 年度 WHO の歳入（分担金＋自発的拠出金）**

アメリカ	15%
ビル＆メリンダゲイツ財団	10%
GAVI アライアンス	8%
イギリス	8%
ドイツ	6%
国連人道問題調整事務所	5%
世界銀行	3%
国際ロータリー	3%
欧州委員会	3%
日本	3%
その他（国、組織など）	35.78%
中国	0.21%

（WHO 2019c より作成）

も事実である。たとえば WHO が発表した安全性が高く、有効だとされる医薬品リストにアメリカの製薬会社が強く反発した際には、アメリカは分担金の支払いを拒んだ (Clinton & Sridhar 2017: 90-1)。また 2003 年 4 月に WHO が 1 日の総摂取カロリーの 10% 以下に糖分の摂取量を抑えることを勧告した際には、アメリカの砂糖協会 (The Sugar Association) から連邦政府への働きかけもあり、アメリカは WHO に対して分担金の支払い停止をちらつかせた (Stuckler, Reeves, Loopstra & McKee 2016)。2020 年新型コロナウイルスを巡っても、トランプ大統領は WHO が「あまりにも政治的で、中国寄りである」として、当機関への分担金を含む拠出金の停止を発表、7 月初旬には WHO からの脱退を正式に国連に通告した。新型コロナウイルスを巡っては、政治的に対立する中国への批判の意図と世論による政権批判をかわす二つの狙いが WHO 批判と結びついている模様だ。

　アメリカによる多国間支援のもう一つのチャンネルがグローバルファンドである。グローバルファンドは上述の通り、保健協力におけるハイブリッド枠組みとして注目されてきたが、このような性格の反面、アメリカの強い影響に晒されてきたこともまた事実である。財政面でも、設立後 13 年の間にグローバルファンドが受けた資金総額の約 3 割がアメリカから拠出されたも

ので、その額は国別では一位である。毎年のグローバルファンドの会合に際しては、その議題に関してアメリカが独自の見解をまとめて公表しており、その内容と会議での決定内容はほとんど相違がみられず、意思決定にも大きな影響を与えているとされる（Clinton & Sridhar 2017: 112-3,159）。

　アメリカ独自のチャンネルも存在する。2003 年始め、アメリカのジョージ・W・ブッシュ大統領は来る 5 年間の国際的なエイズ対策の資金として 150 億ドルを支出すると発表し、米国内で超党派の支持を集めて PEPFAR（The U.S. President's Emergency Plan for AIDS Relief）が成立した。その後の 5 年間で当初の 150 億ドルを優に上回る額が国際的なエイズ対策に投入され、計画が終了する 2007 年 5 月には活動をその後も継続することを決定、また来る 5 年用の活動資金として、2003 年に用意された資金の 2 倍に当たる 300 億ドルが計上された（Dietrich 2007）。

　総じてアメリカは複数のチャンネルを通じて、保健外交を展開してきた。それは超大国として、保健という国際公共財の維持に寄与せねばならないという責務に支えられたものある一方、そこに自国の安全保障や経済権益の確保というインセンティブが働いていたことも否めない。とりわけエイズの治療にあたってはアメリカの製薬会社の医薬品が用いられるため、経済的なインセンティブも大きい。ブリストル・マイヤーズスクイブ、アボット、ファイザーらアメリカの主要製薬会社をメンバーとするロビーグループが、PEPFAR への支出について議会に圧力をかけた経緯があることなど、PEPFAR 自体、アメリカの製薬業界と深い関わりにある。さらに PEPFAR の事実上の事務局長ポストには製薬会社イーライ・リリーの前ディレクターが就任した経緯もある。このように PEPFAR は一端では、アメリカの製薬会社の特許と経済権益を守る役割を果たしてきたという評価もある（Dietrich 2007）。

　以上の通り、戦後の保健協力で大きな役割を果たしてきたアメリカであるが、2017 年 1 月、第 45 代大統領にドナルド・トランプが就任すると、それまでの様相は変化を余儀なくされた。2018 年 2 月にトランプ政権は 2019 度予算を発表しそのなかで、国連とその関連の予算項目である国際関係予

算の約 1/3 を削減すると発表した (*New American* 2018)。また、2020 年の新型コ
ロナウイルスを巡っては、6 年前のエボラ出血熱流行の際、他国に率先して
支援を展開したバラク・オバマ大統領とは対照的に、国際協力に背を向け、
WHO への批判を強めている。3 月末にアメリカは世界第一位の感染者数を
抱える国となると、トランプ政権が高性能マスクなどの買い占めに走って
いるとか、ワクチンを開発しているドイツの新興企業キュアバック (CureVac)
に接近し、研究者の引き抜きなどを画策したという噂も流れ、その身勝手な
行動が国際的な非難の対象となってきた。2020 年秋に予定されている大統
領選挙の行方にもよるだろうが、この傾向が長く続けば、アメリカの保健外
交の様相ならびに保健ガバナンスにおけるアメリカの位置付けは、何らかの
形で変化を余儀なくされるだろう。

(2) 日本の保健外交

　二国間支援において日本は、技術協力による人材育成、日本製の医療機材
の供与、官民連携による支援等を通じて、途上国の医療・保健分野での開発
に貢献してきた。たとえばタイでは 2013 年、日本式透析医療拠点形成を支
援し、研修員受入れ及び対象病院での技術指導を実施した。ガーナでは関係
各省のほか味の素社、カゴメ社など民間の協力を得て栄養研修を実施した。
ウガンダでは 2012 年サラヤ社の提案に基づき、アルコール消毒剤を現地生
産・販売し、インストラクターによる啓蒙・人材育成により院内感染予防、
手指衛生の改善を図る協力準備調査を実施した。このように日本が関係強化
に取り組んでいるアジアやアフリカとの外交において、官民連携のもと、保
健システム強化、母子保健推進、感染症対策等に集中的に取り組んできた。
　このほか世界の全ての人が基礎的保健医療サービスを受けられる（ユニ
バーサル・ヘルス・カバレッジ）ことを目指して取り組みを進めている。国連
交渉の場でもユニバーサル・ヘルス・カバレッジ推進を主導し、持続可能な
開発目標 (SDGs) の保健ターゲットにユニバーサル・ヘルス・カバレッジが
明記された。2014 年にはインドネシアとミャンマーにおいて医療保障を中
心とする社会保障制度の強化、包括的な保健システムの強化を支援する技術

協力を開始した (首相官邸 2015)。

　多国間支援でも日本は存在感を発揮している。エボラ危機の後、WHO の緊急対応能力を高めるために設置された緊急対応基金 (Contingency Fund for Emergencies; CFE) に対して 2019 年、日本政府は設立以来最大額となる 2200 万ドルを寄付した (WHO b 2019)。専門基金への出資も精力的に行なっている。2016 年 5 月、G7 伊勢志摩サミットの開催直前に、安倍首相はグローバルファンドの 2017-19 年分の資金調達に対し日本政府として総額 8 億ドルの拠出を誓約した。2014-2016 年度と比較すると日本門にしておよそ 46% の増額にあたり、公的機関による拠出表明の中では最大の増加率であった。日本は現在グローバルファンドの第 5 位のドナー国で、累計約 34 億 5900 万ドル (約 3616 億円) を拠出している (グローバルファンド日本委員会 2019)。2020 年新型コロナウイルスの流行に際しても、日本政府は保健システムが脆弱な国々への支援として、WHO の新型コロナ戦略計画 (SPRP) に 50.6 億円 (約 4,600 万ドル) を拠出、富士フィルムの抗インフルエンザウイルス剤「アビガン」について、希望する国と協力しつつ臨床試験を進める考えである旨、WHO に申し入れた (外務省 2020)。

　総じて日本の保健外交の特徴は、長寿健康社会であることや高い技術力などその優位性・独自性を発信することで日本のプレゼンス、信頼の向上を目指すものである。また関係の深い国 (アジア、アフリカ) の人々の健康が改善されれば、日本の経済、社会にも好影響をもたらすという経済的・政治的インセンティブ大きい。

(3) 保健外交活性化の問題点

　先進国の注目を集め、保健問題にお金が集まるのは良いことだが、問題点もある。第一に数ある保健課題の中で格差が生じていることだ。例えば G7 諸国が取り上げる保健課題は、エイズなどの感染症対策やユニバーサル・ヘルス・カバレッジ等特定の課題であり、タバコやアルコールの規制、顧みられない熱帯病など、その他の保健課題にはほとんど言及していない (McBride, Hawkes & Buse 2019)。アメリカの 2019 年度保健関連投資の内訳を見てもエイ

ズに 50% が投じられているのに対して、顧みられない熱帯病には 1% しか投じられていない (Kaiser Family Foundation 2020)。世界全体で見ても、G7 諸国による 3 大疾患 (エイズ、マラリア、結核) への寄付額は数十億ドルにのぼるが、顧みられない熱帯病対策に充てられる額は数千万ドルにとどまっている。数多く存在する保健課題の中で注目を集め、資金を動員できる課題と、そうでないものの格差が拡大している。

　さらに、関与する国の間にも関心度や資金額に関して格差が存在し、特定の国の影響力が強くなるという問題点もある。2017 年以降、トランプ政権は WHO への大幅な分担金の削減を表明し (WHO 2017a)、代わりに PEPFAR や世界健康安全保障アジェンダ (Global Health Security Agenda) など独自のイニシアティブを通じた関与に重点を移している。このような動きは WHO を中心とする既存の保健ガバナンスを弱体化しうるし、アメリカ特有の宗教観・モラル観がグローバルな保健政策に影響を与えてしまうという問題点も懸念されている。例えばエイズのコントロールには予防と治療の大きく分けて 2 つの方法があるが、アメリカは宗教上の理由から予防にあまり積極的でなく、治療に重点を置く傾向にある。このようなアメリカ独自の方針がグローバルなレベルでの対策に影響を与える懸念もある (Dietrich 2007)。

　このほか、多くのアクターの関与はガバナンスを分散化させるという問題点もはらんでいる (Kickbusch 2015)。WHO を中心として既存の保健協力の枠組みが存在するにも関わらず、多様なアクターが多様なイニシアティブを確立すれば、既存の枠組みとの協調関係の樹立や役割分担が必要となる。しかし、そのような調整が適切になされているとは言い難いのが現状である。実際、先進国の保健外交はその独自性を重視するあまり、既存の保健協力の枠組みと距離を置く、あるいはその関係性が曖昧なものも少なくない。こうした中で、WHO を中心とする既存の枠組みを重視しつつ、自国の優位性・独自性と WHO の弱点を有機的に結びつける取り組みを行っているのがフランスである。

3. フランスの保健外交

(1) フランス保健外交の歴史的な特徴

フランスの保健外交の第一の特徴は、歴史的に国際保健協力をリードしてきたという自負とそれに基づく継続的な関与である。保健協力のための国際枠組みの先駆けとして、1851年から定期的に国際衛生会議が開催されてきたが、フランスはそれを主導してきた。当時、ヨーロッパではコレラやペストが定期的に流行していたが、共通の検疫や報告義務などについて話し合うための国際衛生会議の開催をフランスは関係国に呼びかけた。1907年には史上初の国際保健機関である公衆衛生国際事務局 (OIHP) が設立されるが、フランスはその後ろ盾として感染症対策をリードしてきた (安田 2014)。第二次世界大戦中に新しい国際保健機関 (WHO) の設立計画がアメリカとイギリスを中心にもちあがると、フランスは新しい組織ではなく、当時活動を停止していた OIHP を復活させ、フランスを中心とする保健協力枠組みの確立を目指した (Takuma 2017)。結局、その試みは成功することはなかったが、戦後は一貫して国際保健協力への関心は高く、時には主導的な役割を果たしてきた。例えば1960年代には、フランスはアメリカ国際開発庁 (United States Agency for International Development, USAID) と WHO と連携しつつ、アフリカでの糸状虫症撲滅キャンペーンを主導した。

第二の特徴はパスツール研究所が世界中に有するネットワークを活用し、官民連携のもと保健外交を展開していることである。フランスがアフリカやアジアに有していた植民地での感染症対策のイニシアティブをとってきたという伝統と経験を生かし、パスツール研究所は現在でも、アジアをアフリカを中心とする 25 カ国・32 の研究所によって構成されるパスツール研究所国際ネットワーク (the Institut Pasteur International Network) を維持している。このネットワークは主に新興ウイルス感染症の対応能力の構築に力点を置きつつ、国際保健協力における重要な役割を担っている[1]。例えば 2009 年新型インフルエンザ (H1N1) の流行を契機として、フランスはリアクティング・イニシアティブ (REsearch and ACTion targeting emerging infectious diseases; REACTing initiative) を

打ち出した。リアクティング・イニシアティブはパスツール研究所や Inserm（French National Institute of Health and Medical Research）ら、フランスの主要な研究機関によって構成され、新興ウイルス感染症への対策と対応に関する研究ネットワークである。2014 年西アフリカでのエボラ出血熱の流行に際してリアクティング・イニシアティブは、専門家チームを動員し、優先すべき研究課題の設定と研究に従事、研究成果はエボラ出血熱の診断と治療において重要な役割を果たした。

（2）2014 年エボラ出血熱流行時の対応

　感染症対策に熱心で、旧植民地の保健問題に関心が高く、自国の研究所と官民連携で対応に当たるという特徴は、フランス保健外交の端々から垣間見ることができる。例えば 2014 年西アフリカでエボラ出血熱が流行した際には、流行地がフランスの旧植民地であったこともあり、フランスは WHO と連携しつつ積極的に対応にあたった。ギニアには約 3000 人、リベリアとシエラレオネには約 100 人のフランス人コミュニティが存在していたため、現地の邦人保護のためにも積極的に対応が必要であった。WHO による緊急事態宣言が出される前の 2014 年 3 月に、フランス政府はパスツール研究所と Inserm の専門家を現地に派遣、ウイルスの特定に貢献したほか、WHO の支援依頼に応じる形で 100 万ユーロの支援拠出を行った（Consulate General of France in Macau & Hong Kong 2016）。フランス開発庁（Agence Française de Développement - AFD）はギニアにおける長期的な保健インフラの向上を目指して、400 万ユーロを拠出してコナクリにパスツール研究所の分局設置に乗り出し、2018 年 10 月にオープンした。

　旧植民地とフランスの関係の強さは民間の対応にも現れた。流行が始まってから多くの航空会社が西アフリカ行きの便をキャンセルした。当時のチャン WHO 事務局長は、エボラ出血熱は空気感染するものではないので、飛行機を見合わせる必要はないと強調し、国際航空運送協会（International Air Transport Association; IATA）も各航空会社に対して、西アフリカへの飛行機を飛ばし続けるように呼びかけた（The Local 2014a）。国連も民間機の乗り入れがな

くなれば物資の輸送等にも不備が出るとして、運行を見合わせないように勧告した (*Mashable Asia* 2014)。2003 年 SARS が流行した際、WHO は感染が広がっているカナダと中国の一部の都市を対象に、感染拡大防止を目的として渡航自粛勧告 (渡航延期勧告) を出したが、結局感染拡大阻止にはあまり効果的ではなく、それでいてカナダや中国の経済に多大な損害をもたらした。2005 年に改定された国際保健規則 (IHR) にはこの反省から、感染拡大防止のための対策は社会・経済に与える影響を最小限に止めるよう配慮すべきことも加えられた。以降、WHO はエボラや新型コロナウイルスも含め、大規模な感染症流行の際、渡航禁止勧告を出していない。

　しかしアフリカのローカル航空会社のアリクエアとアスカイ航空は 7 月末にリベリア、シエラレオネへのフライトを見合わせ、エミレーツ航空も 7 月末ギニアへの便を見合わせた。ブリティッシュエアウェイズは 7 月末、シエラレオネとリベリア行きの便を 8 月末まで見合わせると発表、結局その期限はどんどん先延ばしになり、2015 年になるまで再開されなかった (The Local 2014b)。

　エールフランスはこれに倣わず、西アフリカ行きの便を飛ばし続けていた。ギニアとナイジェリアに毎日 1 便、シエラレオネには週 3 便の飛行機がパリから出ていた。エールフランスの労組は企業幹部に対して、エボラ危機が落ち着くまでギニアとシエラレオネ行きの便をキャンセルするように請願したが、便は継続された (The Local 2014a)。

　2014 年 8 月末、フランス政府はエールフランスに対して、感染者が増えているシエラレオネのフリータウン行きの便を一時的に見合わせること (The Local 2014b)、他方ギニアとナイジェリアへの便に関しては、維持するよう勧告した (French Embassy in London 2014)。エールフランスの労働組合はナイジェリアとギニア行きの便も取りやめるように企業幹部に要請したが、エールフランスの決定は政府の勧告に基づくものとなった (*Mashable Asia* 2014)。

　感染が深刻なシエラレオネ行きの便を見合わせ、ギニアとナイジェリア行きの便は維持するというフランス政府の勧告は、飛行機をとめる必要はないという WHO の勧告と、現地のフランス人への配慮と、飛行機を飛ばし続け

ることのリスク、そして飛行機を取りやめることによる経済的損失、この 4 点全てを考慮した上での妥協策であった。とりわけ 4 点目は大きかった。エールフランスはこのとき、西アフリカへの便を見合わせることによる経済的損失に耐え難い状況であり (France 24 2014)、エールフランス KLM の筆頭株主であるフランス政府の判断には、そのような現実的な考慮があったとされる。

（3）フランス保健外交の 3 つのチャンネル

　フランスの ODA のチャンネルは二国間支援、EU を通じた支援、多国間支援の 3 つに分類できる。ちなみにフランスの省庁で保健に関係するのは外務・国際開発省 (Ministère des Affaires étrangères et du Développement international) と連帯・保健省 (Ministère ministère des Solidarités et de la Santé) の二つであり、このうち ODA 等は外務・国際開発省が担当している。2014 年以降、フランスの ODA は増加の一途を辿ってきた。2016 → 2017 年の ODA の増加は前年比 +16% であり、ODA の開発援助委員会 (DAC) ドナー国の中で最大の伸び率であった。2017 年フランスの ODA は GNI の 0.43% を占め、DAC 諸国の平均 (0.31%) を大きく上回っている (France Diplomatie 2019d)。

　フランスの ODA のチャンネルは二国間支援、EU を通じた支援、多国間支援の 3 つに分類できる。二国間支援はフランスの開発政策の主要な部分を占め、2017 年の統計ではフランス ODA の約 6 割を占めている。アフリカの旧フランス領を中心に 19 の優先国を設け、平和の構築、教育、保健、ジェンダーの平等、地球環境の保護等の達成に重点的に取り組んでいる。優先国の多くはアフリカの国で、フランスの二国間支援の 36% (€2.1 billion) がアフリカに当てられており、その 2/3 はサブサハラアフリカに当てられている (€1.4 billion)。(France Diplomatie 2019b)。このうち保健関連の開発支援 (DAH) は 2002-2013 年の間に 3 倍に増えた (USC 2018:102-3)。

　2017 年の統計で、多国間支援はフランス ODA の全体の 41% (€4.2 billion) を占める。多国間支援ではフランスは保健分野に最も注力しており、このほか教育、環境にも力を入れている。保健分野ではグローバル・ファンド、GAVI アライアンス、ユニットエイドへの投資が多い。ユニットエイドに

関してはフランス自身が設立を主導し、半分以上の資金を出資した (France
Diplomatie 2019a)。グローバルファンドに対しても多くの貢献をしてきた。
1997 年シラク大統領はエイズ治療へのアクセス拡大を目指し、国際連帯治
療基金 (International Solidarity Therapeutic Fund) なるものの設立を提唱し、これが
グローバルファンドの設立構想となった。設立に際してはアメリカと並んで
最初の二大ドナー国となり、2002 年以来 42 億ユーロ以上の資金を投じてお
り、アメリカに次ぐ第二のドナーである。

　このほか多国間支援のチャンネルとしてはヨーロッパ開発基金 (European
Development Fund; EDF) などヨーロッパの開発機関を通じた支援、世界銀行、
アフリカ開発銀行など多国間開発銀行を通じた支援、そして WHO など国連
関連の機関、基金を通じた支援を行っている (France Diplomatie 2019c)。

4. フランスと WHO の連携

(1) WHO との連携関係

　フランスは WHO を「グローバル・ヘルスの主要組織」と位置付け、緊密
な連携関係を保ってきた。フランスは旧フランス領の多いアフリカの保健問
題に関しても WHO と連携、WHO ヨーロッパ地域局のメンバーであること
に加え、アフリカ地域局、西太平洋地域局、アメリカ地域局の委員会にも出
席している。フランスはまた西アフリカ・中央アフリカに位置する 10 のフ
ランス語国 (旧フランス植民地) における母子死亡率の削減を保健システムの
強化を目指してフランス・ムスコカ基金 (French Muskoka Fund) を設置、当基金
の下でも WHO やユニセフ、国連人口基金 (UNFPA) らと連携している (WHO
2019d)。

　ちなみにフランス政府と WHO との連携は、主にフランスの連帯・保健省
(Ministere des Solidarites et de la Sante) が担っている。WHO とフランス政府が共催
で国際会議を開催する際、パンデミックの際の情報交換窓口を担っているの
も連帯・保健省であるし、毎年の世界保健総会に出席するのは連帯・保健大
臣である。

　他方、WHO との連携に関しても外務・国際開発省が関与するケースも増えている。例えば 2014-9 年の WHO －フランスの関係強化に関する協定では、連帯・保健省と外務・国際開発省の両省が関与した。WHO との関係も単純に保健協力というより、フランス外交の一部としての位置付けを高めつつある。

(2) リヨンオフィス設立の経緯

　このほかフランスは WHO の二つの補助組織を提供している。一つは国際がん研究センター（International Agency for Research on Cancer: IARC）である。1960 年代初頭、ド・ゴール大統領の下でがんの負担を軽減するためのプロジェクトが始動、活動は国内外で支持を取り付け、1965 年 5 月 WHO の専門がん機関として IARC が設立された。本部はリヨンに置かれ、設立以来 IARC はフェローシップやコースや協力プロジェクトを通じて、がん研究の重要な一端を担ってきた。

　フランスが主導した WHO の補助組織のもう一つが WHO リヨンオフィスである。リヨンオフィスは WHO の地理的に分散している専門オフィス（Geographically dispersed specialized offices managed by WHO headquarters and other WHO regions）の一つであり、IHR に定められた各国のコアキャパシティの強化を目指して必要な国に支援を行っている。

　2000 年、当時のブルントラント事務局長とレイモン・バール（Raymond Barre）仏首相が WHO の一部としてオフィスの設立に合意したことが始まりであった。当時はまだ IHR 改訂作業の途中であったが、主に途上国の感染症流行時の調査・監視と早期発見能力の強化を目指して、そのような支援ができるオフィスの設立を、ということで設置が決まった（Guerra, Cognat and Fuchs 2018）。ブルントラントの設立への強い意向が設立を促したとの指摘もある[2]。リヨンオフィスは 2001 年 2 月の設立当初から資金と局長ポストに関して、フランスと強い繋がりを保ってきた。ただし現在の局長によると、フランスとの強い繋がりがオフィスの運営に対するフランスの政治的影響を意味するわけではなく、あくまで WHO の一部として粛々と活動しているとい

表7-2　WHOの専門オフィス

WHOの地理的に分散している専門オフィス一覧	ホスト国	開催年	スタッフの数	推定予算額(2年分、単位は100万USドル)	事業の種類	主な機能
WHO神戸センター（WHO Center for Health Development）	日本	1996	15	6	専門的	社会的・経済的、環境上の変化と健康政策に関する研究
WHOグローバル・トレーニング・センター（WHO Global Training Center）	チュニジア	1997	12	1	運営上の補佐	運営上必要な様々なサービスの提供（会議、訓練、イベントの開催など）
WHOリヨンオフィス（WHO Lyon Office for National Epidemic Preparedness and Response）	フランス	2000	--	13	専門的	感染症流行への準備と対応
グローバル・サービス・センター（Global Service Centre）	マレーシア	2008	203	23	運営上の補佐	運営上必要な様々なサービスの提供（人材、調達の支援など）
WHOブダペストセンター（WHO Budapest Center）	ハンガリー	2016	30	11	運営上の補佐	運営上必要な様々なサービスの提供（人材の提供と、上訴委員会としての役割）

（WHO Western Pacific Regional Office 2017: 37 より作成）

う[3]。

　リヨンに設置された背景としては、リヨンにもWHOにも双方に利益があったためだという。そもそも候補地となったのは当時のリヨン市長とフランス政府の間の強い繋がりが存在したためであった[4]。またリヨンにはクロード・ベルナール・リヨン第一大学(The Université Claude Bernard Lyon 1)、ジャン・メリュー・インセルム P4 研究所(Laboratoire P4 Jean Mérieux-Inserm)、インセルム (INSERM)、ヨーロッパ人道保健センター（European Centre of Humanitarian Health）など多くの研究機関が存在し、WHOはそれらの知的リソースを多いに活用できる利点がある。またオフィスが存在することで、インターンやト

表 7-3　2016-17 年度リヨンオフィスへの自発的拠出金のドナー

フランス	38%
欧州委員会	27%
アメリカ疾病予防管理センター	13%
アメリカ合衆国国際開発庁	10%
アメリカ国務省	4%
カナダ外務貿易開発省	3%
その他 / プール金	5%

（WHO c2017: 37）

レーニングコースに参加する人がリヨンを訪問し、リヨンの観光業にも好影響をもたらしているという[5]。

　2016 年に WHO 健康危機プログラム（WHO Health Emergencies Programme: WHE）が設立されると、リヨンオフィスはその一部となった。2016 年オランド大統領はグローバル・ヘルス・セキュリティを強化する一環として IHR の実効性を高めるべきだと指摘、リヨンオフィスを中心として WHO の取り組みを支援する旨表明した（Hollande 2016）。そして 2016 年 3 月、リヨンでオランド大統領と南アフリカのズマ大統領共催のヘルス・セキュリティに関する国際会議が開催された際、リヨンオフィスを WHE の一部とすることが発表された（Lyon Capitale 2016）。リヨンオフィスが WHE という WHO の重要な組織の一部に組み込まれたことは、部分的にはオランド大統領の熱意とイニシアティブに導かれたものであった。

(3) リヨンオフィスの位置付け

　リヨンオフィスの任務は上述の通り、IHR に定められたコアキャパシティの強化を目指して、必要な国に支援を提供することだ。IHR は各国内に WHO との連絡窓口を設けることや、領域内で公衆衛生上の緊急事態が発生した際に 24 時間以内に WHO に報告すること、国内で適切な調査・監視体制を築くことなど各国の義務を記した国際条約であり、最近では 2005 年に改定された。IHR は加盟国が最低限のコアキャパシティ（予期せぬ公衆衛生上

の出来事を国のあらゆるレベルで探知すること、WHO とのコミュニケーション能力の強化など) を育み、維持することを求めている。しかし各国の義務を規定することと、その義務を適切に履行することは別である。実際、多くの発展途上国では IHR に規定された義務を適切に果たせずにいる。2014 年西アフリカでのエボラ出血熱の大流行は、この一つの帰結でもあった。エボラ危機の後、独立評価委員会による改革案が提示され、そのなかで WHO の対応能力の強化が喫緊の課題とされ、提案に則って 2016 年 5 月 WHO のもとに健康危機プログラム (WHE) が設立された。従来、感染症流行時の WHO の役割は状況の評価や勧告など規範的なものが中心であったが、組織の統一性を高めつつ現場での対応能力の強化が目指されることとなったのだ。WHE には複数の部局が設けられたが、そのなかには危機の際の緊急オペレーション部 (Emergency Operations: EMO) や、IHR で定められた各国の義務や対応能力の強化を支援するための部局 CPI (Country Health Emergency Preparedness and IHR) も設

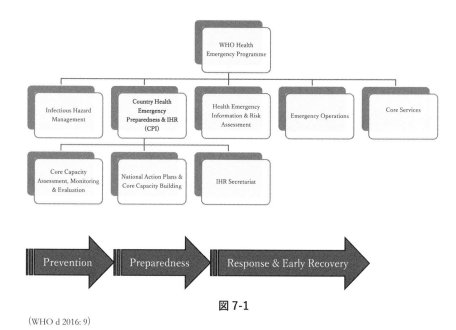

図 7-1

(WHO d 2016: 9)

けられた。

　リヨンオフィスは CPI の一部をなす。CPI は評価・モニタリングを担当する部門と対応能力の強化を担当する部門、事務局の三部構成であり、対応能力強化を担当するユニットがリヨンオフィスに置かれ、残り 2 つの部局がジュネーブに置かれている。ジュネーブとリヨンは約 150km で車で 2 時間ほどであるが、距離は問題ではなくジュネーブと緊密に連携しているという[6]。

（4）リヨンオフィスの活動内容

　設立以来リヨンオフィスは各国の対応能力強化のための指針やトレーニング教材を開発し、主に途上国に対して経済的・技術的支援を提供してきた。オフィスはアフリカとアジア、中東の 77 の優先国の中で特に優先度の高い 44 か国を中心に支援を展開している（WHO 2017b: 15）。研究能力の向上を目指した活動として、研究所でのパンデミックを想定してのシュミレーションエクササイズを展開、2016 年にガーナとコートジボアールで成功裏に終わった訓練を他国でも実施している（WHO 2017b:13）。また、緊急事態の早期発見能力を向上させるためのツールキット（既存の対応能力を査定できる評価ツールと、強化のためのガイダンス）を開発し、インド、ガンビア、レバノン、トーゴで 2016-7 年に試験運用、順次他国にも拡大されてきた（WHO 2017b: 15）。このほか SMS（ショートメッセージサービス）を利用した感染症情報の収集と分配に関するアプリを開発、トーゴで試験運用されてきた（WHO 2017b: 17）。

　港、空港、鉄道の主要駅など水際での検疫を強化することに加え、観光業との連携もはかりつつ、水際での感染予防に努めている。2017 年 5 月にはガーナの空港で、WHO アフリカ地域局との連携のもと緊急時を想定したパイロットの訓練を実施、アフリカの他国でも展開されてきた。2016 年には同じくガーナのアッカで船の立入検査のトレーニングも実施された（WHO 2017b: 23）。

　リヨンオフィスの活動はアフリカ地域局、東地中海地域局、西太平洋地域局ら関係の地域局との連携のもと展開されている。オフィスの主導する事業を地域局と連携のもと展開することもあるし、各地域局主催の会議にオフィ

スが参加することもある (WHO 2017b: 23)。

　このように活動を広げてきたリヨンオフィスであるが、課題もある。フランスの主要な研究所と連携しているとはいえ小規模な所帯であり、現在はアフリカ、中東、アジアにその活動が限定されている。その活動をいかにして他の地域に拡大していくのか、そうであるなら資金はどのように確保するのかという課題である[7]。また、オフィスの活動がどれほど IHR の実効性を高めることに貢献してきたのか、第三者による評価も待たれるところである。

5. フランス保健外交の示唆

(1) フランス政府のサポート

　2001 年に設立されて以来、約 20 年の歴史の中でリヨンオフィスは確かな実績を積み、WHO の不可欠な一部としてその存在感を高めてきた。その存在感の背景には、フランス政府からの政治的なサポートである。リヨンオフィスはシラク大統領のもとで設立に至り、その後サルコジ、オランド、マクロンという 3 人の大統領のもとで一貫して、フランス =WHO 連携のハブとして重視されてきた。2019 年 1 月、WHO のテドロス事務局長とマクロン大統領は、リヨンを世界保健の拠点 (un pôle de santé mondiale) にすることで合意し、リヨンオフィスの活動を IHR 対応能力の支援に向けて、さらに強化するとのコミュニケをフランス大統領府は発表した (Grand Lyon la Metropolé 2019)。同年 6 月にはテドロス事務局長とマクロン大統領は、リヨンに健康に関する生涯学習施設 (The WHO Academy Lyon hub) を設置することに合意した。この学習施設は AI やバーチャルリアリティなどの最新の学習テクノロジーを駆使し、緊急時のシミュレーションや研究・開発のためのスペースと、広く健康について学ぶスペースを提供するものである (WHO 2019a)。研究都市リヨンを拠点として WHO を支援していくことで、自国並びに自国と関係の深い国の健康・安全保障を確保していきたい、またそれをフランスのソフトパワーにつなげていきたいという政治的意図が、リヨンオフィスを支えてきたと言える。

(2) 先進国保健外交と WHO の有機的結合

　リヨンオフィスの強みは、オフィスがフランスの保健医療分野における優
位性・独自性と、WHO の弱点を有機的に結合させている点にある。すでに
みた通り、先進国はいずれも自国の優位性をその保健外交においてアピール
する傾向にあるが、必ずしもそのアピールが既存のガバナンスと有機的につ
ながっているわけではなかった。そのような中でひときわ際立っているのが
フランスの保健外交である。旧植民地への影響力を確保したいという国益本
位な意向が見え隠れしつつも、WHO を中心とする既存のガバナンスの弱点
を、自国の資金力や研究ネットワークといった優位性と有機的に結合させ、
結果として WHO を中心とするガバナンスの補強に貢献してきたのである。
約 20 年にわたり活動を続けてきた実績があり、フランス首脳の発言にも度々
登場するなど、ハイレベルでも知名度を上げてきている。現在の活動対象は
アフリカ、中東、アジアの一部の国に限られ、同様のオフィスを設置しよう
という提案も出ており[8]、WHO と加盟国の連携に関してある種のモデルを
提示している。

　他方、フランスの保健外交は当国の特異な事情―歴史的に感染症対策を
リードしてきたという自負や WHO 本部と地理的に近いということ、ジュ
ネーブと同じくフランス語圏であるということや世界にまたがるパスツール
研究所のネットワーク―に支えられたものであり、他国が簡単に真似できる
ものではない。また、その活動は独立した主体によって評価されるべきであ
るし、機能を高めていくための努力も必要であろう。ただし細部は異なった
としても、その国の優位性・独自性と、WHO の弱点を有機的に結合すると
いう支援スタイル自体は他国の模範となろう。リヨンオフィスに似た組織と
して WHO 神戸センター（The WHO Kobe Centre）を擁する日本は、フランス
から学べる点が少なくない。神戸センターは日本人初の WHO 事務局長に就任
した中嶋宏のイニシアティブで 1995 年に設立され、WHO 本部の保健システ
ム・イノベーション部門（Health Systems and Innovation Cluster）の一部をなし、社
会的・経済的・人口的、疫学的、環境的、技術的変化が健康にもたらす影響
を研究している（Takuma 2019）。先進国のイニシアティブで、WHO の補助組

織が設立されたという経緯、また神戸大学など学術都市神戸の知的リソース
と動員している点もリヨンオフィスとよく似ている。2016-26 年の研究戦略
においては、近年日本が力を入れているユニバーサル・ヘルス・カバレッジ
の達成に向けて、尽力することが示された。世界でも稀に見る健康長寿社会
を達成したという日本の優位性と技術力・資金力を、ユニバーサル・ヘルス・
カバレッジの達成に向けた WHO の取り組みといかに有機的に結合させるこ
とができるか、具体的な戦略が求められるといえる。

(3) アフターコロナへの示唆

　新型コロナウイルスへの対応を巡って WHO は世界から批判を浴び、設立
以来最大ともいえる危機に直面している。中国の初動の遅れが世界的な感染
拡大を招いたことは誰の目にも明らかであるが、このような中国に対して
WHO は協力の姿勢を貫いた。感染症の抑制には発生国との緊密な連携が必
要である。2003 年 SARS の際、対応の遅れと情報隠蔽という問題を露呈した
中国に対して、WHO は二の舞とならないよう友好的な姿勢でもってコミュ
ニケーションを図ろうとした。そのような WHO の姿勢は、高まる中国批判
や米中対立と絡まり合い、熾烈な批判を浴びることとなった。

　批判の先鋒は中国と政治的に対立しているアメリカである。上述の通りト
ランプ大統領は WHO からの脱退を通告、政治的に対立する中国への批判の
意図と、世論による政権批判をかわす二つの狙いが WHO 批判と結びついて
いる模様だ。戦後の歴史を振り返ってみると、天然痘の撲滅にしろ、エイズ
への対処にしろ、大国アメリカのリーダシップに大きく支えられてきた。そ
のアメリカが今、国際協調に背をむけている。WHO と加盟国の関係は言っ
てみれば、車とガソリンの関係に似ている。WHO という車が存在しても加
盟国の協力というガソリンが注入されなければ走ることはできない。

　このような危機において、優位性・独自性と WHO の弱点を有機的に結合
させようとするフランスの姿勢は希望の光でもある。トランプ大統領が分担
金の支払い停止や、WHO との関係停止を示唆する中でも、フランスのエマ
ニュエル・マクロン大統領は国際機関やパートナーシップ、財団の関係者ら

を招いてビデオ会議を開催、新型コロナウイルスの治療法やワクチンの開発、その公正な分配について官民の連携を確認した（20 minutes avec AFP 2020）。4 月 16 日に開催された G7 外相会合でも、ドイツのメルケル首相は新型コロナウイルスへの対応には国際連携が欠かせず、WHO を全面的に支持する立場を示し、フランスのマクロン大統領も同様の立場を強調した。

　結局、歴史が証明するように、国境を越える感染症の流行を収束させ世界経済を回復するには、互いに情報や経験を共有しあい、ワクチン等の開発に力を合わせ、自国のみならず世界の感染を収束させるよう連携するより他に道はない。アメリカが国際協調から遠ざかろうとする中でも、フランスやドイツ、日本らが WHO を中心とする枠組みを維持し、強化することに尽力するなら、大国のリーダーシップに勝るとも劣らない力になりうる。そのような支援は WHO の長期的な改革においても不可欠である。いかに WHO を中心とする協力枠組と自国の強みを有機的に結合させられるか。先進国それぞれの手腕が今、問われている。

注

1　Interview with Dr Nadia Khelef（Department of Cell Biology & Infection, WHOCC, Institut Pasteur; Diplomatic Advisor to the French Minister of Higher Education and Research, 2013-）, 1 December 2016, in Paris

2　Interview with Dr Guénaël R. Rodier（then Director, Country Health Emergency Preparedness & IHR, WHO）, 29 November 2016, in Geneva

3　Interview with Dr. Florence Fuchs, Director, WHO Lyon Office, 20 April 2018 on skype

4　Interview with Dr Guénaël R. Rodier（then Director, Country Health Emergency Preparedness & IHR, WHO）, 29 November 2016, in Geneva

5　Interview with Dr Guénaël R. Rodier（then Director, Country Health Emergency Preparedness & IHR, WHO）, 29 November 2016, in Geneva

6　Interview with Dr Guénaël R. Rodier（then Director, Country Health Emergency Preparedness & IHR, WHO）, 29 November 2016, in Geneva

7　Interview with Dr Guénaël R. Rodier（then Director, Country Health Emergency Preparedness & IHR, WHO）, 29 November 2016, in Geneva

8　Interview with Dr Guénaël R. Rodier（then Director, Country Health Emergency

Preparedness & IHR, WHO）, 29 November 2016, in Geneva

参考文献

邦文文献

外務省「安倍総理大臣とテドロス世界保健機関事務局長との電話会談」、2020 年 3 月
　30 日。

グローバルファンド日本委員会「日本政府　グローバルファンドに 3 億 3930 万ドル
　拠出」、2019 年 03 月 22 日。

首相官邸「健康・医療戦略に係る外務省の主な取組みについて」、2015 年 6 月。

ピーター・ピオット著『No Time to Lose エイズとエボラと国際政治』（宮田一雄ほか
　訳）慶應義塾大学出版会、2015 年。

安田佳代『国際政治のなかの国際保健事業─国際連盟保健機関から世界保健機関、
　ユニセフへ』ミネルヴァ書房、2014 年。

英文文献

Clinton, Chelsea & Sridhar, Devi, *Governing Global Health: Who Runs the World and Why?*, New
　York, NY; Oxford University Press, 2017

Consulate General of France in Macau & Hong Kong, 'Ebola: the response of France', 20
　December 2016

Dietrich, John W., 'The Politics of PEPFAR: The President's Emergency Plan for AIDS Relief',
　Ethics & International Affairs, 21-3, 2007

France 24, 'Fear of Ebola sky-high among Air France workers', 22 August 2014

France Diplomatie, 'France, a key player in global health', （France Diplomatie, a）, 12
　December 2019

France Diplomatie, 'French bilateral assistance', （France Diplomatie, b）, April 2019

France Diplomatie, 'French multilateral assistance ', （France Diplomatie, c）, April 2019

France Diplomatie, 'French official development assistance, key figures', （France Diplomatie,
　d）, 2019

French Embassy in London, 'France playing direct role in fighting Ebola virus', 27 August
　2014

Grand Lyon la Metropolé, COMMUNIQUE DE PRESSE, 'Le bureau lyonnais de
　l'Organisation Mondiale de la Santé （OMS） va devenir un « pôle de santé mondiale »', 14
　janvier 2019

Guerra, J., Cognat, S., and Fuchs, F., 'Who Lyon Office: Supporting countries in achieving the international health regulations (2005) core capacities for public health surveillance', *Revue d'Épidémiologie et de Santé Publique*, vol. 66, Supplement 5, July 2018

Hollande, Francois, 'Towards a global agenda on health security ', Lancet, vol.387, 2016

Kaiser Family Foundation, 'Breaking Down the U.S. Global Health Budget by Program Area', 12 march 2020

Kickbusch, Ilona, Lister, Graham, Told, Michaela, and Drager, Nick (eds.), *Global Health Diplomacy: Concepts, Issues, Actors, Instruments, Fora and Cases*, New York; Springer, 2015

Kun Tang, Zhihui Li, Wenkai Li, and Lincoln Chen, 'China's Silk Road and global health', *Lancet*, 390-10112, 2017

Lyon Capitale, 'Le bureau OMS de Lyon désigné centre de sécurité sanitaire mondial', 23 MARS 2016

Mashable Asia, 'Air France Temporarily Halts Flights to Sierra Leone in Ebola Response', 28 August 2014

McBride, Bronwyn, Hawkes, Sarah, & Buse, Kent, 'Soft power and global health: the sustainable development goals (SDGs) era health agendas of the G7, G20 and BRICS', *BMC Public Health*, vol. 19, 2019

New American, 'Trump's UN Budget Cuts Funding; Some Agencies Would Get Zero', 14 February 2018

Reuters, 'Britain tells Canada and France to pull their weight on Ebola', 16 July 2019

Röhren, Charlotte, 'Why China Could be a Game Changer for Global Health: With its growing international integration, China is becoming a major actor in global health issues', *The Diplomat*, April 22, 2017

Stuckler, David, Reeves, Aaron, Loopstra, Rachel & McKee, Martin, 'Textual analysis of sugar industry influence on the World Health Organization's 2015 sugars intake guideline', *Bulletin of the World Health Organization*, 94, 2016

Takuma, Kayo, 'The Diplomatic Origin of the World Health Organization: Mixing Hope for a Better World with the Reality of Power Politics', *Tokyo Metropolitan University Journal of Law and Politics*, 57-2, 2017

Takuma, Kayo, 'Nakajima, Hiroshi' in IO BIO, Biographical Dictionary of Secretaries-General of International Organizations, Edited by Bob Reinalda, Kent J. Kille and Jaci Eisenberg, February 2019

The Local, 'Air France staff object to flying to Ebola countries', 19 August 2014 (*The Local*

2014a）

The Local, 'Ebola: Air France stops flights to Sierra Leone ', 27 August 2014 (*The Local* 2014b)

USC Center on Public Health, The Soft Power 30: A Global Ranking of Soft Power 2018, 2018

WHO, 'WHO Health Emergencies Programme (WEP): Global Health Cluster Partner Meeting 23-24 June 2016, Geneva', 2016 (WHO 2016)

WHO, WHO-RUSH_WHA70, 'New Director-General, Tedros', 24 May 2017 (WHO 2017a)

WHO, *WHO HEALTH EMERGENCIES PROGRAMME*, Activity Report, Oct.2016-Oct.2017, 2017 (WHO 2017b)

WHO, Collaboration between France and WHO to realize the vision of the WHO Academy, 11 June 2019 (WHO 2019a)

WHO, 'Japan strengthens global health security', 27 February 2019 (WHO 2019b)

WHO, 'Contributors', 2019 (WHO 2019c), http://open.who.int/2018-19/contributors/contributor

WHO, 'France: partner in global health', 2019 (WHO 2019d), https://www.who.int/about/planning-finance-and-accountability/financing-campaign/france-impact

WHO Western Pacific Regional Office, 'COORDINATION OF THE WORK OF THE WORLD HEALTH ASSEMBLY, THE EXECUTIVE BOARD AND THE REGIONAL COMMITTEE', WPR/RC68/12, 21 September 2017

Xinhua, 'China plays bigger role in global health landscape', 26 January, 2017

20 minutes avec AFP, 'Coronavirus: Le patron de l'OMS remercie Macron pour son « leadership » dans la réponse internationale à la pandémie', 17 April 2020

第8章

中国における保健ガバナンス改革と国際的展開

土居健市

はじめに

　2000年代前半のSARSの流行後に、中国の公衆衛生の能力は大きく強化された。中国共産党・政府は、公衆衛生危機への対応を重要な公共政策の分野として重視し、保健行政の強化への人的・財政的リソースの投入を進めた。併せて、「一案三制[1]」の整備のスローガンのもと、公衆衛生危機を含むあらゆる緊急事態の対応能力を強化した。SARSは保健セクターのみならず、全ての突発事件対応行政の改革の契機となった。

　また、近年、拡大する対外援助や国連等、多国間の枠組みでの国際開発のアクターとしての中国の存在感の高まりは著しく、保健セクターもその例外ではない。特に、西アフリカで深刻化し、世界的にも猛威を振るった2014年のエボラ出血熱の流行時及びその後の中国の保健セクターでの対外援助（以下、「保健援助」という）は、規模の面でも質の面でも大きな発展を見た。

　本章では、中国国内の保健ガバナンス及び保健援助の発展の過程と展望、そして、そのグローバル保健ガバナンスへの意義を考察する。

1. 中国における保健ガバナンスの展開

(1) 中国の保健関連の公的機関

　感染症対策を中心にみると、中国の保健対策は数十年に及んで発展を遂げ

てきているといえる。長期的に見て、感染症インシデントを減少させること
に成功し、主要な感染症を封じ込めてきた。その基礎には、政府機関の組織
や大衆動員といった中国の特徴もあると推察できる。

　中国の保健ガバナンスは、後に詳述する国家衛生健康委員会を中心とし
つつ、多岐にわたる官庁（中国語では「部門」と呼ぶ）が関わりながら展開され
ている。**図8-1**は、中国の保健ガバナンスに関わる公的機関を示した図で、
各担当官庁と中央・地方の各レベルの関係を示している。図の頂点には、中
央で三権を司る機関とし、左から全国人民代表大会、国務院、人民最高法院
がある。中国の行政機関は、この中心にある国務院を頂点とし、設置されて
いる。地方は、省、市、県、郷鎮の四層で構成されており、郷鎮レベル内で
の村・コミュニティ（中国語では「社区」）で末端の保健医療サービスが提供さ
れている。

　中国食品医薬品局（CFDA）は、医薬品の研究開発、製造、流通および利用
を管理し、技術的に監督している。また、食品、サプリメント、化粧品の
安全保証システムを監督、検査、監査している。国家衛生健康委員会との
協力の下、主要な薬物および医療機器のための有害反応事象報告システムお
よび取り扱いプロトコルを設定している。

　教育部門は、学校保健や児童・生徒への健康教育、医学教育を担当してい
る。財政部門は、公立病院への財政投入を含めた保健医療にかかる公共財政
を担当している。構造的な調整及び経済体制改革の指導を担うマクロコント
ロール部門である国家発展改革委員会（及びその下部にある地方の発展改革委員
会）は、保健医療分野での主要なインフラ開発計画と民間の医療機関の開発
を含む全体的な計画を担当している（Meng Q 2015, 29-31）。

　労働や社会保障行政を担う人力資源・社会保障部門は、中国の公的医療保
険制度の1つである都市職工基本医療保険制度の政策決定や基準策定の権
限を担っている。中国の公的医療保険は、職域や地域によって異なる担当官
庁が所轄し、制度の断片化を招いていたことが長らく問題として指摘されて
いた。医療保険制度の断片化への対応とし、都市と農村で別れている従来の
公的医療保険の統一等、医療保障制度の改善のため、2018年に行われた行

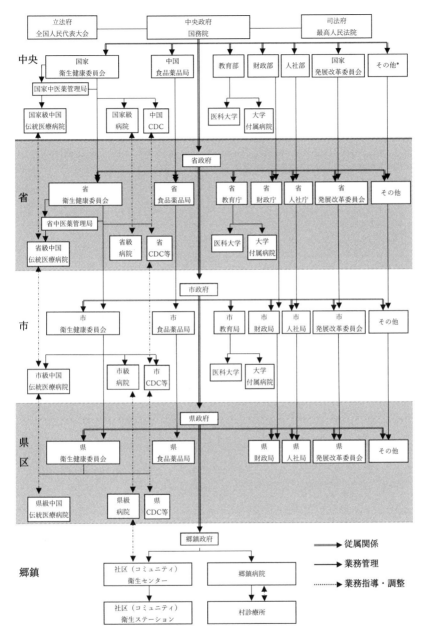

図 8-1　中国の保健ガバナンスに関わる公的機関

* その他：民政部、中国銀行保険監督管理委員会等。

人社部（庁、局）：人力資源・社会保障部（庁、局）

Meng Q, Yang H, Chen W, Sun Q, Liu X,（2015）. People's Republic of China Health System Review. Health Systems in Transition, Vol. 5 No. 7 2015. WHO, p21 の "Figure 5.1 Framework diagram of health service provision in China" を、2019 年 11 月時点の更新情報に基づき筆者が編集。

政機構改革では、新たに医療保障局が設置された。

　この他、近年の鳥インフルエンザ等、家畜を媒介した感染症の流行の増加により、感染症対策における農業部門との調整が重要になってきており、その課題が指摘されている（海外部会 2014, 43）。

(2) 中国の衛生部門の体制と部門間の調整

1. 国家衛生健康委員会

　多くの国の Ministry of Health に相当する保健医療行政を担う官庁が、国家衛生健康委員会（National Health Commission）である。その前身は、2013 年の行政機構改革で、旧衛生部（Ministry of Health）と旧国家人口計画生育委員会との合併の結果設立された、国家衛生計画生育委員会（NHFPC）である。改革の主眼は、従来の衛生系統と計画生育系統のリソースを一元的に活用することにあった。その職能は、保健医療、計画生育および伝統医薬に関する法律、規制および方針の策定、必須医薬品政策を含む医薬品政策の策定、保健医療と計画生育の人材育成計画の策定、公衆衛生および臨床サービスの管理および監督、農村住民向けの公的医療保険の管理だった（Meng Q 2015, 29）。従来からの出産制限政策の緩和を受け、2018 年の行政機構改革で、組織名から「計画生育」が消され、現在の「衛生健康委員会」に改称された。

　図 8-2 は、衛生健康システムの職責を示している。中国の保健医療システムは、公衆衛生系統と臨床系統が、図のように明確に分離されている。臨床系統とは、病院や規模の小さいコミュニティの医務室等、臨床医療サービスの提供主体を指す。中央から順に、省、市、県、郷鎮と、5 級に分かれている。突発的な公衆衛生危機に対応する主要な機関は、図 8-2 の左部に位置する疾病予防コントロール系統、衛生監督系統、衛生応急対応の 3 つである。応急衛生対応系統は、突発公衆衛生危機の対応能力強化のため、2003 年 10 月に級衛生部に衛生応急弁公室が設置されて以来、地方レベルでの衛生応急機関が設置され、強化が図られてきた。

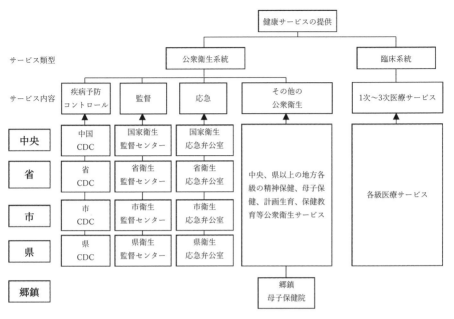

図 8-2　衛生健康サービス提供体制

Meng Q, Yang H, Chen W, Sun Q, Liu X, (2015). People's Republic of China Health System Review. Health Systems in Transition, Vol. 5 No. 7 2015. WHO, p133 の "Figure 5.1 Framework diagram of health service provision in China" を、2019 年 11 月時点の更新情報に基づき筆者が編集。

2. 疾病予防コントロールセンター（CDC）

　疾病予防コントロール系統は、感染症対策を含めたあらゆる公衆衛生業務で重要な役割を担っている。疾病予防コントロール系統は主に、行政側と技術側で別れている。行政業務を司るのが、国家級及び地方各級の衛生健康委員会の疾病予防コントロール局である。疾病予防コントロールの技術系の業務は、衛生健康委員会から独立した組織である各級の疾病予防コントロールセンター（CDC）が担っている。

　従来は、中国予防医学学院という機関があったが、旧衛生部は 2002 年 1 月にそれを、米国疾病対策予防センター（米国 CDC）をモデルとして、中国 CDC として再編させた。これに伴い、従来の省級・市級・県級にあった衛

生防疫ステーションや婦女児童保健所も CDC に改編された（唐亮 2003, 57-58）。これらの地方 CDC のオフィスは各級の衛生行政機関に監督され、予算もコントロールされている（CDC 2002, 4）。

　図 8-2 にある通り、衛生健康系統の主要な機関は、県レベルまでの設置となっており、郷鎮レベルにはない。現場レベルでのサービス提供は、さらにその下部であるコミュニティレベルが主体となることも多く、感染症対策も含め、末端レベルでの保健医療サービスの提供が課題となっている。県までは CDC により監督指導・トレーニングが実施されており、末端レベルでの取りこぼしや対応の不備・遅れがないようにするという体制をとっているが、この体制が実際にうまくいくかは、県 CDC の監督・指導や末端の保健医療機関の能力や意思に左右される。

　また、上述のように保健医療行政には、多岐にわたる省庁が参画する。中国においても縦割り行政によるセクショナリズムが顕著なため、それを克服するためのメカニズムが必要になっている。

3. 時限付の突発事項対応組織の立ち上げ

　また、中国政府は、通常、災害や公衆衛生の緊急事態などの緊急の問題に対処するために、時限的な審議機関や調整機関を立ち上げることもある。2003 年に設立された SARS 対策室はこの類の組織といえる（Meng Q 2015, 44-45）。重要な政策事項については、時限を設けない多部門協力の機構が設置されることもある。保健医療セクターでは、2008 年に、医療および保健システム改革深化のための国務院指導グループが設立された。このグループは、医療改革の実施の調整を目的として設立され、基本的な医療保障のカバレッジを確保し、プライマリ・ヘルス・ケアを強化するという基本原則に従い、政府の意見を取り入れながら、政策が実施され、医療システムの改善へとつながった（Meng Q 2015, 188）。同様の医療改革深化のためのグループは、地方各級でも立ち上げられている。

2. SARS 禍後の中国の保健ガバナンスの改革

(1) SARS 時の中国

　2000 年代に入るまで、中国の保健医療は、人的・財政両面でリソース不足にあった。こうした投入不足により、特に末端の保健医療機関は深刻な課題を抱えていた。施設のソフト・ハード両面の更新もなされず、機材・施設は古いまま放置されている場合も多かった。労働環境や給与待遇が悪く、専門人材や優秀な人材も集まりにくく、人材流失も深刻だった。また、保健医療の活動も、計画経済時代の観念が色濃く、政府以外のアクターの参加が限られており、機構間の相互協力や調整も困難なものとなっていた。

　2003 年の SARS 問題において、初期における中国の対応は遅れ、疫病の流行を招いた。前述の通り、中国は制度から名称まで米国 CDC を模倣して、2002 年に中央と地方の CDC を設置した。しかし、SARS 発生当時は、CDC は設置されたばかりで、特に地方の CDC は、情報の収集・処理能力、研究の実力および組織運営の各面において、公衆衛生危機に対応するだけの条件が整っていなかった（唐亮 2003, 58）。

　SARS 感染者は、2002 年 11 月中旬に広東省佛山市で確認され、その後に他地域でも発生した。しかし、現地の保健医療官庁である広東省衛生庁が連絡を受けたのは 2003 年 1 月 2 日であり、中央の中国 CDC への報告は 1 月下旬となった。報告後においても、SARS への対応は遅れた。また、経済優先の考え方が情報公開を妨げた重要要素の 1 つであると唐は指摘し、以下のように続ける。「広東省当局は 2 月 10 日に SARS の発生を認めたが、「対策は有効である」と主張し、安全を「演出」した。地元の経済環境が引き続き良好とアピールするためであろう（唐亮 2003, 63）」。

　しかし、4 月に中国は国をあげて、SARS 対策に乗り出すことになる。当時の胡錦濤中国共産党総書記、温家宝国務院総理、呉儀副総理らは、4 月 13 日に SARS 対策の全国会議を招集し、SARS 制圧に向けて徐々に動き出した。4 月 17 日の政治局会議で、SARS 防止を大局の安定、国民の健康と安全にかかわる重要課題と位置づけ、これが SARS 対策の決定的な転換点となっ

た。中央は、それまで脆弱だった SARS 中央対策本部を改組し、呉儀副総理が本部長に任命された。4月下旬には、SARS の対応に際し、衛生部長の張文康、北京市市長の孟学農が更迭された。

胡錦濤総書記は、SARS との「人民戦争」を宣言した。従来から中国共産党は厳格な命令系統によって強力に動員する資源動員力を持っている。中央指導部が SARS 拡大を「危機」と認識し、人民戦争を決定すると、対策、動きは早くなる。党のプロパガンダ機関は精力的に活動し、まもなく全国民に SARS が知られることとなった（World Health Organization 2006, 82）。北京市当局は感染源を断ち切るために、医療機関、大学宿舎などの感染者が確認された施設を閉鎖し、3万人以上に対して14日間の強制隔離を実施した。また、経済発展が遅れ、保健医療体制も貧弱な内陸地域への SARS 拡大を恐れていた当局は、中央政府、地方政府共に農村への SARS 対策予算の漸次投入を決定し、内陸地の施設建設への支援、農民感染者の医療費免除、医療関係者への手当てを中心に一連の財政支援策を打ち出した。沿海地域の医療関係者は支援のために、内陸の感染地域に派遣された。こうした対策が功を奏し、新しい SARS 患者は5月下旬から急速に減少し、6月下旬には WHO は中国への渡航延期勧告と感染地域指定を解除し、市民の生活は落ち着きを取り戻した。

こうした動員の背景として公衆衛生上の懸念、SARS が与える経済へのインパクト、民心の動揺の懸念など様々な要因が挙げられるが、国際社会からの中国への働きかけも大きな要因といえよう。WHO は中国に対して、電話や文書、面談、会議を通し、SARS への積極的な取り組みを働きかけてきた。4月初頭に、医療関係者の告発から感染者の過少申告と隠蔽工作を知り、国外のメディアや WHO は中国への批判を一気に強めた。「責任ある大国」を目指している中国当局は、国際社会の批判を無視できず、4月20日から情報公開に踏み切る。井上一郎の SARS への中国当局の対応を事例研究として危機における中国の政策決定を研究した論文では、以下のように指摘し、当時の WHO の中国政府への働きかけを評価し、国際機関の中国への政策決定への影響について述べ、論文を締めくくっている。

「……中国は往々にして、外圧、諸外国からの批判に対しては反発を

示し、エスカレーションで応えることもあるが、WHO による硬軟両様の働きかけが効果を上げたことは否定できない。WHO が、日々の交渉を通じ、中国の面子を重んじつつ時間をかけて一定程度の信頼関係を構築する中で粘り強く働きかけたこと、一方で、4 月 3 日には、WHO としても現状にしびれを切らし強硬措置としての渡航延期勧告を発出したことが、首都での急速な感染拡大が迫る中で、中国当局の政策転換に一定程度の影響を与えたということができる。対外危機管理の過程においても、米国や日本というともすれば中国国内でのナショナリズムを惹起しやすい国家からの圧力ではなく、相手が中立の国際機関であったことも、政策転換を容易にしたということができよう（井上 2010, 124）。」

　結果として、SARS を封じ込めることが出来たものの、多くの人命を失い、国民の経済・社会生活に甚大な影響を及ぼした SARS 禍は中国の保健医療行政に苦い教訓を与えることとなった。公衆衛生危機対応時の法的・組織的な対応メカニズムを欠いたことにより、国内での疾病発生の初動対応が遅れた。感染症サーベイランスシステムを含め、人的・物的・財政的リソースの不足も被害の拡大の要因であった。リスクコミュニケーションについても、前述の情報隠蔽といった不正の他、情報提供手段の面での課題や SARS 感染者に対する医療保障においても問題が指摘された。SARS 禍によって浮き彫りになった問題への対応が、今世紀初頭の保健医療行政の重い課題としてのしかかった。

（2）SARS 後の中国の保健改革

　SARS 以後、中国政府は保健医療へのさらなる取組を行ってきた。2003 年の中国共産党第 16 期 3 中全会総会で、中央政府は新たな発展観を発表し、開発には「あくまで人を本として（中国語で「以人為本」）、全面的、協調的、持続可能な発展観を樹立し、経済・社会と人の全面的な発展」が必要があると述べた（北京週報（日本語版）2013）。これは従来の経済発展一辺倒から、格差是正や社会発展、環境保護等も含めた総合的な発展へと国家開発方針の転換を図るものとされた。この転換は、保健医療システムの改革のモメンタムと

もなり、保健ガバナンスの強化を後押しした（Meng Q 2015, 167）。2004 年の政府活動報告では、2003 年の SARS の予防コントロールの過程を振り返り、疾病の予防と管理と農村対策を重点とした全国公衆衛生システムの構築の強化の具体策が打ち出された（王 . 赵同香 2017, 134）。

　国家レベルでは、この 10 年間に、基本的な突発公衆衛生事件のための制度が構築された。1 つは、リスクの分類。公衆衛生対応の病院の指定や、中毒事件・食品安全等のリスク対応体制も整備された。また、突発公衆衛生事件の被害への保障の制度も整備されてきた。この間、2003 年の SARS 後の 2008 年 5 月の四川大地震も大きな契機になり、災害後の非常時での感染症対策も立てられる等、広範な公衆衛生対策がとられるようになった。

　SARS の影響により、中央政府は公的医療機関の建設と政府投資の増加を進めてきた。また、県以上の CDC のインフラ建設、スタッフの労働条件等、様々な面で大きな変化がみられた（Meng Q 2015, 169）。**表 8-1** で、SARS 禍以降の中国の保健医療システムの強化にむけた取り組みや主要な感染症の流行等の出来事を時系列でまとめた。

　SARS 以降、保健政策の中でも突発公衆衛生の緊急対応のためのキャパシティの強化は重点的に進められた。応急計画策定、応急チームの設置と訓練、応急物資の確保、情報レポーティング要件、現場処理の責任分担、緊急評価業務やガバナンス手法等の体制は徐々に改善され、標準化が進んだ（王 . 赵同香 2017, 133-135）。

1. 突発公衆衛生事件応急対応制度

「突発公衆衛生事案応急対処条例（以下、「突発公衆衛生条例」）」は、SARS 対策の非常時の最中の 2003 年 5 月に国務院で決定、実施に移された。SARS 流行当時には、中国には突発事件への応急のための事前対策計画がなかった。この反省を受け、突発公衆衛生条例は、衛生行政主管官庁に全国レベルでの突発事件への応急のための事前対策計画を策定し、国務院の批准を求めなければならない旨を定めた。また、各省級の地方政府に対しても、現地の実情に合わせ、各行政区域の突発事件緊急対応策を制定するよう定めた[2]。同条例は、

表 8-1　SARS 後の中国の保健医療システムにかかる主要なイベント

2002-2003 年	●SARS の流行
2003 年 5 月	突発公衆衛生事件応急条例を制定
2003 年	中国共産党第 16 期 3 中全会で「人を本とした発展」「和かい社会」の提唱
2003 年	新型農村合作医療（農村地域保険）の試行導入
2003 年	旧衛生部に独立した衛生応急弁公室を設立
2004 年	感染症予防・治療法の改正
2004 年	国務院総理の政府活動報告で、SARS の経験を振り返り、公衆衛生強化策を盛り込む。
2006 年 1 月	衛生部・発展改革委員会「新型農村合作医療の拡大加速」政策文書を発出
2006 年	法定感染症・公衆衛生突発事項への情報公開計画
2007 年	「突発事件対応法」の実施
2007 年	国務院「城鎮基本医療保険の指導意見」（都市部地域保険）の発行
2007 年	「突発公衆衛生事件リスクコミュニケーションガイド」の発行
2008 年	国務院医療改革深化領導小組の設立
2009 年	●H1N1 インフルエンザの流行
2009 年	新医療改革
2012 年	国務院発出「衛生発展第 12 次 5 ヵ年計画にかかる国務院通知」の発行
2012 年	国際保健規則 (IHR) コアキャパシティ達成時期の延期を WHO に要請
2013 年	●2 月 26 日、H7N9 新型インフルエンザのヒト感染を確認
2013 年 3 月	政府機構改革によって、「国家衛生計画生育委員会」が発足（旧衛生部と旧人口計画生育委員会が合併）
2013 年	国務院弁公室「IHR の実施と公衆衛生危機対応能力向上加速のための指導意見」の発布
2013 年	災害時の緊急援助制度にかかる国務院指導の発行
2013 年	災害時の緊急救助及び財政支援制度の設立
2014 年	● 西アフリカからエボラ出血熱の流行
2014 年 6 月	中国政府、2014 年にコアキャパシティ要求達成を WHO に報告
2015 年	●2015 年 5 月、韓国からの MERS 感染者を広東省恵州で確認。
2017 年	政府機構改革によって、「国家衛生健康委員会」が発足（機構名から、「計画生育」が消える）。「国家医療保障局」も発足

各参考文献を基に筆者作成。「●」は、主要な感染症の流行。

突発緊急対応策に盛り込むべき具体的内容も定めている。また、突発公衆衛生事件が発生した場合、政府各部門は直ちに所定の部署につき、事態をコントロールするための措置をとらなければならないと定めている[3]。

　この2003年の突発公衆衛生条例は、突発公衆衛生事件に関する応急施設、設備、救急薬品と医療器械などの物質備蓄を保証するとした。その後の2006年制定の「国家突発公衆衛生事件緊急対応策」は、物資備蓄の各方面の職責を明確にし、衛生行政部門は医療衛生救援救急薬品、医療機器、設備、クイック検査器材と試薬、衛生防護用品などの物資の備蓄計画案を策定すると定めている。緊急物資の生産、備蓄、輸送を組織し、供給を保証し、市場秩序を維持し、物価安定を維持するとの突発公衆衛生事件時の発展改革部門の責任も明記された。また、緊急備蓄物を使用したら適時に補充しなければならないと規定された。突発公衆衛生事件の際の必要な財政措置については、中央政府からの補助を受けつつ、現地地方政府が主要な責任をもつこととなっている（Meng Q 2015, 88）。2010年、旧衛生部が発行した『突発公共事件の衛生応急体制の建設と発展を加速するための指導意見』は対応策をより明確に示している。2007年には、保健医療分野に限らず、あらゆる緊急事態の対応について規定した「突発事件対応法」が制定され、SARS禍以来続く一連の緊急事態対応のための体制・メカニズムの整備の一応の完成を見た。

2. 感染症予防治療法改正

　感染症対策については、2004年に国家が「感染症予防治療法」を公布した。新型感染症と群体性不明の原因疾患についても、関連する指導意見と技術指針を制定した。2004年11月には、病原体の取り扱いに関する制度が制定され、病原体の輸送時の許認可、盗難・紛失・漏洩時の公安部門への届け出、病原体使用状況の報告といった規則が盛り込まれた。また、2004年の感染症予防法の改正を受け、予防接種ワクチンの費用、接種方法、流通、貯蔵、副作用被害等に関する取扱いを明確化した法令が2005年6月から施行され、予防接種制度の整備が進んだ。

　保健医療への財政投入をさらに拡充し、結核、住血吸虫症、そしてHIV/

AIDS の初期介入を含む多くの分野で新たに支援が提供されるようになった。感染予防・治療法の改正に伴い、B 型肝炎を含むすべての主要感染症に対する無料の予防接種体制が整備がされた。

3. 衛生応急弁公室の強化

　SARS 以降は、保健医療管理体制と運営メカニズムの不断の改善が試みられた。2003 年 10 月、旧衛生部に独立した衛生応急弁公室が設立された後、全国各レベルの保健行政部門と医療保健機関では、衛生応急業務を担当する部署の設置が進められてきた。 中央政府は、国家、省、市レベルの突発事件への衛生応急指揮システムの構築を実行するために計 4 億 2,600 万元を投入し、ビデオ会議、指揮調整、情報通信、緊急監視、資源管理およびスケジューリングなどの意思決定のサポートを進めてきた 。中国 CDC によれば、2018 年 6 月の時点で、省レベルでの衛生応急弁公室の設置状況は、行政部門である各省衛生健康委員会では設置率が 100%、各省 CDC 内での設置率はおよそ 8 割となっている。衛生応急弁公室を設置をしていない約 2 割の省 CDC についても、組織の名称が「衛生応急弁公室」となっていないだけであって、機能的には応急対応ができるように体制を整えている。よって、省レベルでの現場での疫学的な疾病コントロールの準備体制 (Field Epidemiology Control Preparedness) は整備されているといえる。

　多部門による協調メカニズムを立ち上げることで、特定の保健イシューに対応することもある。国務院は、衛生健康委員会 (旧衛生部もしくは旧衛生計画生育委員会) によって開始された多部門共同予防コントロールメカニズムを立ち上げ、多部門の協力のもと、H1N1 インフルエンザ、H7N9 鳥インフルエンザ等、一連の流行に対応してきた。

　旧衛生部は農業部 (当時) と共に、「人獣共通感染症の予防コントロールにかかる協力メカニズム (2005)」を改訂し、改善した (B. S. Liu 2005, 38)。衛生・農業両部門は、平時においても省庁間での協力を行い、家畜向けのワクチン接種は、衛生、農業双方の参画のもと行われてきた。このような場合には、農業部門が先頭に立ち、衛生側がサポートするという形がとられてきた。

4. IHR のコアキャパシティ

　中国も IHR 締約国として、IHR で要求されているコアキャパシティ（以下、「IHR コアキャパシティ」）の要求の達成を目指してきた。中国は、国家衛生健康委員会（当時は、旧衛生部）を IHR 連絡窓口として、IHR コアキャパシティの達成のための取り組みとその評価を進めてきた。IHR コアキャパシティの達成期限として定められている 2012 年時点の中国の IHR コアキャパシティの水準は、着実に向上しており、同年に WHO が実施した IHR コアキャパシティ強化の各地域での実施状況の調査（World Health Organization 2014）の結果と中国の IHR コアキャパシティを照らし合わせてみても、世界平均、アジア大洋州地域の平均を大幅に上回っていた（B. S. Liu 2015, 383）。IHR の要求の

コラム　　中国の IHR コアキャパシティ達成への努力

　当初からの努力にも関わらず、中国は当初の達成期限である 2012 年 6 月までに IHR コアキャパシティの要求の達成は出来なかった。中国政府が IHR のモニタリング項目に従って 2012 年に行った自己評価で要求に未達だった項目は、ラボの検査能力、人獣共通感染症の予防管理、食品安全、化学物質、そして入域地点に関するものだった（B. S. Liu 2015, 383）。2012 年に旧衛生部は、関連部門と共に国務院の承認を得て、中国政府として WHO に IHR コアキャパシティの達成期限の 2 年間の延長を申請し、WHO の同意を得た（B. S. Liu 2015, 384）。

　延長期間である 2 年間、中国政府の IHR コアキャパシティ達成への取り組みはさらに強化された。2013 年には、国務院弁公室から、「国務院弁公室転送、衛生計画生育委等の部門の『国際保健規則 (2005)』の着実な履行及び公衆衛生緊急対応にかかるコアキャパシティ早期確立のための指導意見通知」（国弁発〔2013〕84 号）が発出され、関係する各部門、各省政府での取り組みが加速した。中央政府の国務院弁公室は、各官庁のさらに上位に位置するため、そこから発出される政策文書は部門横断的な取り組みを進めるのに大きな推進力となる。当該「指導意見通知」は、IHR の背景やその遵守の必要性を説くとともに、上述の 2012 年 6 月時点で未達だった IHR コアキャパシティ項目に焦点を当て、各部門がなすべき明確な目標、タスク、方法の具体化と実施を求めた。また、国家財政部や地方政府は、入域地点のキャパシティ強化のために 7 億元以上の資金が投入された（B. S. Liu 2015, 384）。そして、アセスメントを経て、2014 年 6 月に中国の IHR コアキャパシティの達成が確認された。上述の通り、以後の IHR コアキャパシティの達成は維持されている。

達成後も、中国は引き続き公衆衛生危機対応能力の維持及び発展を重要視している。IHR コアキャパシティのモニタリング・評価は、毎年実施されており、中国自身によるセルフアセスメントや外部評価によって IHR コアキャパシティの状況が確認されている。2017 年の時点での中国の IHR コアキャパシティの達成率は 100% のまま維持されている[4]。

（3）SARS 後の感染症流行への対応

中国は、その公衆衛生危機対応能力を SARS 後に着実に強化してきたが、その間、H1N1 インフルエンザ、鳥インフルエンザ、エボラ出血熱等の新興・再興感染症のリスクに見舞われた。以下では、このような SARS 後の主要な感染症パンデミックに保健システムの強化の途上の中国がどのように対処してきたのかを見ていく。

1. H1N1 インフルエンザ

2009 年に世界的に流行した H1N1 インフルエンザ（以下、「H1N1」）は、中国でも流行し、12 万人を超える感染例を数え、およそ 800 名の死者を出した。多くの感染症を出しつつも、中国政府の H1N1 対策は、SARS 時よりも全体として効果的な対応だったといえよう。2009 年 4 月 24 日、WHO がメキシコと米国で H1N1 の感染が相次いだことを明らかにして以来、中国政府は迅速な予防・制圧対策を進めた。中国政府は、複数の部門による共同予防・制圧対策機構や専門家委員会を設置し、体制を整え、予防対策費として中央政府が 50 億元を拠出し、地方政府もそれぞれ対策費を投じるなど、組織・財政の面でも素早い動きを見せた。国境衛生検疫機関が新型インフルエンザを発見した場合には、必要な措置を講ずる他、24 時間以内に中央および地元の衛生行政部門への報告義務の制度も整えていた。

リスクコミュニケーションにおいても、SARS 時からの改善がみられた。中国で発生した H１N１症例の前に、いち早く旧衛生部の新聞弁公室は中国初の H１N１リスクコミュニケーションマニュアルを作成し、対応の準備を整えた。衛生部新聞事務室は、メディアの報道、ネット世論の観測と分析を

行い、世論の動向の把握にもつとめた。これらの世論調査やホットライン電話などを用いたインタラクティブなコミュニケーションの導入は、中国政府が公衆の意識とニーズの重要性を認識したことの表れといえよう。

　また、中国初の突発事件の緊急対応おける全面的な評価として、2010年5月よりH1N1対策の対応の評価が実施された。これは旧衛生部と国務院応急弁公室が、清華大学公共管理学院に第三者評価を委託して約1年半をかけて実施したものである。評価報告書は、2014年に中国国内で出版されている[5]。評価結果は、H1N1対策は、その費用対効果も含め、有効だったと結論づけている。他方で、応急対応の規則の実用性や地方間での対応の差異等の課題も指摘され、改善のための提言もなされている（薛瀾 2014）。また、制度の整備が、基層レベルでの任務・プレッシャーの増大につながっているという問題も指摘されている。基層レベルは、医療技術水準や業務レベルは低く、制度や市や県等、上位の政府が作った目標を達成するのが困難な場合もある。H1N1対策の際も、発展が遅れた地域では、上級地方政府の要求への反感も見られたという。

2. H7N9 新型鳥インフルエンザ

　鳥インフルエンザ H7N9（以下、「H7N9」）は、中国でヒトでの症例が報告された新型鳥インフルエンザである。2019年4月9日 WHO 発表によると、2013年3月以降、ヒト感染患者は 1568 名（うち、少なくとも 615 名が死亡）。2018年までに、中国国内で5回の感染流行の波が観測されている。

　H7N9 の流行第1派は、2013年2月19日上海での感染事例から始まった。同年4月半ばには、感染者が多かったいくつかの省の生鳥市場を閉鎖させ、ニワトリなどの焼却処分、市場の清掃・消毒などの措置をとった。この中国政府の迅速な対応が功を奏したのか、4月下旬頃には感染症例の報告頻度は激減し、7月以降、H7N9 ウイルスの感染症例の報告は途絶えていた。しかし、2014年1月から流行第2派が訪れ、より広範囲の地域（特に広東省）で感染者発生が確認されるようになった。流行初期は、感染の多くは都市部で確認されたが、A（H7N9）ウイルスによる人の感染は（省ごとに異なってはいるものの）、

都市部から郊外 (semi-urban) および農村部へと徐々にシフトしていった (Yang 2017)。

　SARS 時と比較すると、H7N9 対策では新技術を用いて測定結果の時間を短縮したため、患者の隔離及び治療、接触者の管理及び発見が迅速になされた。特に情報公開に関する透明性では世論の評価を得た。メディアも健康リスクや予防知識についての情報提供を積極的に行った。中国政府も、国内で広く普及している SNS 媒体を用いた双方向のコミュニケーションを実践し、感染症情報や健康教育の提供を行ってきた。

　このように SARS 後の一連の突発公衆衛生事件への応急対応の体制の整備が活かされ、H7N9 の感染拡大を抑制した取り組みがみられる反面、課題もみられた。そのうちの主要な課題は、部門間での連携と地方での対応の差であろう。李沛は、中国の危機対応能力は向上しているが、各部門、中央と地方、特に政府と民間との間での危機管理に関する協力体制、整合性が取れていない場合もあるとし、以下の事例を挙げながら、各機関の協力関係と指揮関係の問題を指摘している。

　　「……上海では、ハトに鳥インフルエンザウイルスが発見された際、全上海市の鳩の市場が閉鎖された。杭州では家禽の体内から H7N9 ウイルスが検出されなかったものの、生きた家禽の卸売市場での売買を停止した。このように地域ごとに対応に違いが見られたのは、衛生部門が農業部門の管轄下にある生きた家禽の売買用務に介入する直接の職権がなかったためである (海外部会 2014, 43; 49)。」

　Lancet Infectious Diseases 誌の論文で、Yang らは、郊外地域や農村部では、家禽市場の閉鎖が徹底されておらず、家禽との暴露が続いてしまった可能性を、H7N9 の感染流行拡大の要因として示唆している (Yang 2017)。中国の応急衛生ルールも規範化を目指しているものの、まだ具体性に課題がある。中国では、行政条例は存在するが、その内容は大まかで、読み手によって解釈が異なりやすい、条例を読んでも具体的に何を行えばよいかわからない等の問題がある。多くの条例には、細則が付けられるが、細則の内容も具体性が不十分な場合もある。こうしたことが現場での苦労や、各地方での不統一な

対応につながっている。

3. エボラ出血熱

2014年に西アフリカ3か国を中心に猛威を振るったエボラ出血熱 (以下、「エボラ」) の流行の際には、中国も対策を進めていた。結果として、中国国内でのエボラ感染はなく、流行は収束した。

国家衛生計画生育委員会 (当時) は、検査やレポーティング、予防法等のエボラ対策法を記した「エボラ出血熱予防コントロール計画」を発出していた。この「計画」は、付属文書として「エボラ出血熱感染地域国からの訪中者 (帰国者) の健康サーベイランスと管理方法案」も含んでおり、中国への入国21日前までにエボラ出血熱感染国に滞在した者の管理を規定していた。2014年8月から、このエボラ感染地域からの国内人員追跡管理が始まった。これを受け、北京市では、8月16日にエボラ感染地域からの訪中 (帰国) 者の健康モニタリングを開始した。空港検疫部門は、エボラ感染国からの渡航者が北京から入国する時、登録表と健康登録カードを記入し、空港検疫部門がエボラ感染地域からの無病者に対し中国での健康モニタリング措置を通知するとともに、モニタリング対象の情報を「北京市疫病予防コントロール入力システム」に入力することとなった。北京市内の各区 (県レベルに相当) のCDCスタッフはこのシステムに関連情報を登録し、当該管轄区の監視対象に対して電話または面談で告知する方式で、監視期間 (感染地域を離れた日から21日以内) に毎日自己健康モニタリングを行う義務がある (体温を測定することを含み、症状が発生した時は末端のコミュニティ衛生サービスセンターや病院などに報告する) こととなっている。

また、中国CDCの流行病学の首席専門家の曽光は、エボラの感染流行の封じ込め策として、感染者の中国国内後の二次感染の予防の他に、中国国外での対策について以下のように説いた。

　　「……エボラを防ぐには国外対策が上策だ。今回のエボラに対する予防コントロールは我が国の感染症予防コントロールの歴史的な転換である。我が国は初めて、国境外での対策をとった。アフリカの複数の国々

に多額の資金と数多くの救援物資を提供した。複数の疾病予防専門家、医療関係者を西アフリカに派遣した。中国は、アメリカ、ヨーロッパ、キューバ、ロシアなどの医療チームと共に、エボラ対策に積極的に参加している…わが国の私心のない援助は、大きな困難に直面する西アフリカ諸国に対し、「雪中に炭を送る[6]」だけではなく、エボラの疫病の発生を力強く食い止めることで、客観的にも我が国が初の国境外でのエボラ対策という上策を実施し、最も有効な方法で中国人民全員の健康を守り、我が国のソフトパワーを十二分に体現した取り組みとなった。」

　後述する通り、2014年の西アフリカでのエボラ流行は、中国の保健援助の歴史の中でも、人的・物的・財政的投入が際立った取り組みであり、かつその後の保健援助の質的転換点とにつながった取り組みだった。むしろ、曽光が言う通り、保健援助が自国を公衆衛生危機から守るための対策との位置づけとなったのであれば、この時期に、保健援助が強化されたことには違和感はない。

　「一帯一路」構想をはじめとした中国の世界各国への経済進出の拡大に伴い、人々の往来も活発化している。これはその活発化する往来の分だけ、中国の感染症暴露リスクが高まることも意味している。よって、中国の国際進出が、そのグローバル保健の参画の動機につながっていくことも考えられる。

3.　中国の国際保健の取り組み

　本節では、中国の国際保健の取り組みとして、中国の保健援助で長らくとられてきたアプローチを紹介する。「新興ドナー」と言われる中国だが、その対外援助の歴史は長い。中華人民共和国建国以来まもない1950年代から対外援助を開始しており、保健援助も長い歴史を有している。中国の対外援助は、有償資金協力が援助額の大半を占めるが、保健援助はほとんどが贈与として実施されている。

(1) 対外援助医療隊

　中国の保健援助を特徴づける歴史ある取り組みが、対外援助医療隊である。この事業は、1963年に第一陣の医療隊のアルジェリアへの派遣から始まった。1978年の改革開放後、中国の対外交流が拡大するにつれて、医療隊の派遣国数及び派遣人数も次第に増加していった。2018年7月までに、中国はアジア、アフリカ、ラテンアメリカ、ヨーロッパとオセアニア地域71カ国に対外援助医療隊を派遣した（P. G. Liu 2014）。中国政府によれば、派遣人数は、累計で2.6万人、診療・治療した患者数は2.8億人にのぼる。2018年の段階で、中国は56カ国（うち45カ国はアフリカ）に医療隊を派遣し、隊員数は1095名、活動拠点は111にのぼる。

　医療隊の専門構成は内科、外科、産婦人科、小児科などの臨床科が主で、漢方医（中国語では「中医」）等多様で、医師、看護師の他、医療事務職も派遣されることもある。派遣の費用は主に中国側の財政からの負担となる。対外医療援助隊は、途上国で不足している医療サービスを補うもので、医療資源に乏しい地域では貴重な存在である。医療隊が現地で提供するサービスは、感染症治療、出産、産後ケア、鍼灸・マッサージといった漢方医療から、心臓手術、腫瘍摘出、切断、再植等の手術等、多岐にわたる。

　対外医療援助隊にかかる行政管理も中央と地方で役割が分担されている。医療隊の業務は衛生部門が統括として管理する。各省、自治区、直轄市は医療隊の選定を担当する。1978年、派遣先国との交渉や医療隊派遣の合意文書の締結などの渉外業務は対外経済連絡部と対外経済貿易部（1978-1984年）が担当していた。1985年から、衛生部が直接対外的な業務も取り扱うようになった（商務部国際貿易経済合作研究院 2018）。医療隊の派遣制度では、省レベルの地方単位でチームが編成されており、「カウンターパート支援」という形式がとられている。これは、各省（直轄市、自治区）が特定の国を自らのカウンターパート国として担当し、継続的に支援するというものである。例えば、広東省はガーナを、四川省はモザンビークをといった形で省別に担当国が決められており、省内の医療従事者をカウンターパート国の1〜2年のローテーションで派遣する。

（2）医療施設建設

中国は医療インフラ建設も重要な保健援助と位置付けてきた。国家中央レベルの病院や国家実験室から、末端の衛生センターまで、60 年以上にわたって発展途上国で 150 以上の医療インフラプロジェクトが実施されてきた。改革開放後、特に中国アフリカ協力フォーラム（FOCAC）で、対アフリカの病院建設支援が新たな取り組みとして発表されて以来、医療インフラ協力は強化されてきた（商務部国際貿易経済合作研究院 2018, 140）。

医療インフラ建設支援では、他スキームとの組み合わせで有機的な効果を狙う試みもなされている。医療隊の派遣先や、研修支援先へのインフラ支援や薬品・医療機器の贈与と組み合わせ、ハードとソフトの援助の連携を実践している（商務部国際貿易経済合作研究院 2018, 142）。近年では、中国企業のCSR や NGO の取り組みと連携しながらの医療施設建設支援も行われており[7]、中国の保健援助への多様なアクターの参画がみられるようになった。

その他、中国は、医療従事者向けの訪中研修等、人材育成支援等の取り組みも行っているが、従来の中国保健援助の主軸は、医療隊派遣、医療インフラ支援といった医療サービスの提供支援にあったといえるだろう。

（3）国際発展協力署（CIDCA）の設立

中国は 2018 年 3 月の行政機構改革時に、国家国際発展協力署（China International Development Cooperation Agency: CIDCA）を設立させた。中国の対外援助は長らくビジネス・貿易を主管する商務部が主管し、具体的な業務はセクターごとに各部門が参加する形だったため、中国国内外から国際開発を専門に所管する政府機関の設置を求める声があった。そのため、CIDCA の設立は中国の対外援助において大きな意味をもっている。

他方で、保健援助については、保健医療という専門性や業界の特殊性、特に医療隊の動員の関係で、衛生部門の関与が強かった。今回の改革で、対外援助業務が商務部から CIDCA に移行することを受け、保健援助の計画や実施に今後どのような影響が出るかは未知数である。CIDCA は政府官庁の中

でも副閣僚級の部署で、序列意識の強い中国の行政の中で、各官庁との調整がスムーズになされるのかも注目されている。設立後まもないため、CIDCAの職責自体がまだ不明な部分も多い。

4. 中国とグローバル保健の新展開

　中国のグローバル保健の取り組みは、近年、大きく変容してきている。その変化は、二国間の保健援助のモデルの変化や多国間協力の在り方等、多岐にわたる。本節では、近年の中国のグローバル保健の取り組みの新たな展開を、その原因と共に考察したい。

(1) 中国の保健援助

　中国の二国間保健援助のモデルは、近年、とりわけ 2014 年のエボラ出血熱流行対策以来、大きく変化してきた。前節でみたサービス・機材の提供が主体だった方式から、内容・形式、共にさらに豊富なものとなってきている。保健援助の体制をより系統だったものとし、支援内容の専門性も強化されてきている。支援の対象も、以前は医療機関への点の支援が主だったものが、公衆衛生・保健システムの強化といった面的な効果を狙った支援が重視されてきている。

1. エボラ出血熱流行時の保健援助

　2014 年のエボラ出血熱流行時の対アフリカ協力は、人的・物的・財政的投入の規模も質も、長い中国の保健援助の歴史に類を見ないものだった。エボラの流行の初期の 2014 年 4 月には、第 1 ラウンドの財政支援を行い、続く 8 月、9 月、10 月と計 4 ラウンドで約 7.5 億人民元の人道主義援助を提供した。このほか、中国政府は 2014 年 4 月から 9 月にかけて 3 回の支援、13 のアフリカ国家に救援物資、食糧及び資金援助を提供した。

　さらに際立っていたのは、感染地域への人的投入だった。中国は、公衆衛生専門家グループと医療チームを組織し、1200 人以上の医療関係者を派遣

した。短期間の間の大規模な派遣であり、中日友好病院や協和病院といった北京で外国人に馴染みのある病院の人員もエボラ対策としてアフリカへ派遣されていた。また、中国は、リビア、シエラレオネとギニアの 3 か国に公衆衛生専門家技術顧問団を派遣し、現地の疾病予防対策に協力するとともに、公衆衛生人員を増派した。これらエボラ感染国である 3 国に現地の医療従事者を対象に訓練を実施し、SARS 流行時の中国の経験をシェアしながら現地の公衆衛生危機対応能力の強化を図った。また、施設の面では、バイオセーフティーラボや治療センターの建設、物資の面では、病床、救急車、オートバイ、個人防護設備、焼却炉などの緊急物資の供与等、物的支援により、感染検査、患者の移送・治療、症例追跡等、各方面のキャパシティ強化を試みた[8]。このように中国のエボラ対策支援は、従来よりも現地の公衆衛生危機対応のための能力の強化に力点が置かれた支援だった。これ以後の中国の保健援助においても相手国の保健システムのキャパシティ強化を目指した協力がより多く展開されるようになってきた。

2. ヘルスシステム支援への重点シフト

　2015 年に南アフリカで開催された FOCAC ヨハネスブルグサミットで、中国の習近平国家主席は、「中国アフリカ公衆衛生協力計画」の実施を宣言し、公衆衛生協力は中国の保健援助の重点となった。新たな公衆衛生キャパシティ向上の協力モデルは、治療サービス中心だった従来の保健援助モデルよりも協力の内容・方式共に多様になり、より多くの受益者をカバーするものとなった。近年の中国の公衆衛生支援には、マラリア、住血吸虫などの重要な伝染病の予防コントロール、慢性疾患調査モニタリングなどの疾病サーベイランスネットワークの構築や重点実験室の建設などの内容が含まれている（商務部国際貿易経済合作研究院 2018）。

　中国は、日本、アメリカ等の先進国同様、新設中のアフリカ疾病予防コントロールセンター（以下、「アフリカ CDC」）の支援も表明している。アフリカ CDC は、AU の各加盟国が必要な疾病管理能力を整備し、突発的公衆衛生事件の処理等の各種の保健課題に対応し、各加盟国に情報データを共有し、疾

病管理の経験と教訓を共有することを主たる機能とする国際的な組織である。
2015年1月、アフリカ連合（AU）でアフリカCDC設置が正式に決定され、設立に向けた準備が進められている（姜涛 2016）。

　前述の2015年12月の「中国アフリカ公衆衛生協力計画」の中で、アフリカCDCの設置への協力も盛り込まれている。そこでは、中国がアフリカCDCの建設に積極的に参画し、アフリカの国々の実験室の技術能力の向上と保健人材の育成に協力し、アフリカでの感染症対策を支援していくことが謳われている（姜涛 2016）。2018年9月に中国で開催されたFOCAC北京サミットの成果文書である「中国アフリカ協力フォーラム北京行動計画（2019-2021）」でも、アフリカCDCの本部建設支援は旗艦プロジェクトとして位置付られている。さらに、同「計画」は「エチオピア政府はすでにアフリカCDCに優良な土地を提供した。アフリカ側は中国の貢献を賞賛し、中国がアフリカCDCの建設を支持するために必要なあらゆる支援と完成後のこの機構を十分に利用し、アフリカCDCがアフリカの公衆衛生事業における役割を発揮することを認めた。このプロジェクトが早くアディスアベバにて完成することを期待している」ことも記している[9]。

　近年、中国は、重要な疾病予防コントロール支援として疾病サーベイランスラボへの協力を強化してきた。中国は、シエラレオネの固定生物実験室の建設を援助したが、この実験室は中国の対外援助で建設した最初のバイオセーフティーレベル3のラボである。中国はエボラ発生の際に建設を支援した固定生物安全実験室に技術専門家を派遣し、シエラレオネにおけるラボ検査と疾病サーベイランス能力の確立を支援した。この実験室はエボラ流行期間中に1万例以上のウイルスのモニタリングを行い、ポスト・エボラ期のシエラレオネの重要な疾病サーベイランスポイント及び疾病研究の拠点としての役割を担っている。同時に、この実験室は、中国が海外で熱帯共同研究をするための重要なプラットフォームとしても機能している。実験室への援助を通じ、中国の専門家もシエラレオネの保健システムの整備の政策的支援を行った（商务部国际贸易经济合作研究院 2018, 147）。

　母子保健分野での協力も近年進んでいる。2015年9月の国連総会の際、中

国政府と国連は世界女性サミットを開催し、習近平国家主席より、5 年間で、途上国の女性や子供のためのプロジェクトを 200 件実施し、途上国の女性 3 万人を中国での研修に招き、現地で女性技術者 10 万人を育成することを宣言[10]した。国家最高指導者のこのコミットメントにより、女性の保健は中国の保健援助の重点分野として確定した。中国政府系シンクタンクの商務部国際貿易経済合作研究院 (CAITEC) によると、2018 年の段階で、中国は母子保健関連プロジェクトを進めており、児童用の栄養パッケージの供給、避妊薬の普及、女性がん検診訓練、ワクチン計画のトレーニングなど多くの取り組みを実施している (商務部国際貿易経済合作研究院 2018, 148)。

　また、中国は、野生型ポリオウイルスの現存が確認されているパキスタンにおいて、計画ワクチンのためのコールドチェーン支援として、冷蔵庫や冷蔵室等の物資提供を行った。これにより、パキスタンのポリオワクチンの備蓄能力とパキスタン全土への配布のためのキャパシティ強化を支援した。CAITEC は、このパキスタンでのポリオワクチン計画の支援は、中国へのポリオの流入を防ぐことにも貢献した (それまでにパキスタンから中国新疆ウイグル自治区へのポリオ輸入が確認されていた) としている (商務部国際貿易経済合作研究院 2018, 149)。

　これらのような中国の保健援助の近年の転換は、過去のサービス提供型主体の援助からの教訓に比して保健援助の国際的潮流を意識していることの現れとも考えられる。

(2) 中国の多国間保健協力

1.WHO との協力

　中国の多国間協力での保健協力も近年変化を見せている。特に WHO と中国の関係は、近年、新たな段階に入ったといえる (刘久畅 2018, 190-191)。中国は、依然として、WHO の技術的な協力を受けてきているものの、共に他の国を支援するパートナーとしての側面が強まっている。それは、2016 年 3 月に、当時の衛生計画生育委員会と WHO が締結した「中国・WHO 国別協力戦略 (2016-2020 年)」にも反映されている。同戦略では、戦略的優先項目の

1つとして、「中国のグローバル保健への貢献の拡大」が合意されており、具体的な協力策として、以下の6点が明記されている。

①中国の「IHR（2005）」の実施を支持し、グローバル保健の発展を促進することを支援する。
②中国が既存のプラットフォームへ積極的に参画すること及び新たなプラットフォームを創り上げることを通じ、グローバル保健・アジェンダや政策設定へ参加することを促す。
③中国が負担可能な価格の高品質な保健医療製品を生産し、グローバル保健に貢献することを支援する。
④中国が他の発展途上国と公衆衛生の経験と教訓を共有することを支援する。また、南南協力を含め、関連する技術的サポートを提供する。
⑤中国が健康のための保健セクター・非保健セクター双方のリーダーシップやガバナンスの重要性を国際的に訴えていくことを支援する。
⑥中国のグローバル保健人材のチーム構築を支援する（World Health Organization 2016）。

この6つの協力は、WHOとの協力のみならず、2020年までの中国のグローバル保健の展開方針そのものを表しているともいえる。②のグローバル保健・アジェンダ設定のためのプラットフォームとして、中国の主導の下で新たに創られた「健康シルクロード（Health Silk Road）」構想には、WHOも積極的に参画している。

2.「健康シルクロード」
「一帯一路」は域経済圏構想として2013年に始動したが、その後に、対象地域・協力分野が拡大し、保健セクターを含む多分野に渡る協力も提唱されている。初期には、中国政府と「一帯一路」参加国の間での「一帯一路」の協力にかかる合意文書が締結されていた。2015年10月、中国国家衛生計画生育委員会（当時）は「一帯一路」保健協力三年実施案（2015-2017）を発表し、「一

帯一路」保健交流協力を推進する全体的な構想、戦略目標、協力原則、重点協力分野、重点プロジェクトと活動を明確にした。2017 年 1 月 18 日、中国政府と WHO は「一帯一路」の衛生分野協力に関する覚書を締結し、「一帯一路」沿線国の健康水準の向上のために協力することを合意した。この合意の際には、習近平国家主席は WHO の「健康シルクロード」構築への参加を歓迎すると述べ、その後の協力へ期待感を示した（An 2017）。

　2017 年 8 月、「一帯一路」保健協力ハイレベル会合が北京で開催され、「健康シルクロード」建設について討議された。会合の成果文書として、20 を参加国、WHO、UNAIDS、GAVI アライアンス、グローバルファンド等の国際機関は「北京コミュニケ」に合意署名した。「北京コミュニケ」の主な目的は、研究、健康安全保障（health security）、そして健康教育に関する協力を強化することとされている。2017 年 10 月の医学誌 "The Lancet Global Health" は、その論説で、「健康シルクロード」を取り上げ、「北京コミュニケ」が、コミュニティヘルスワーカーの国家保健システムへの統合、伝統医療の保健システムでの役割、リプロダクティブヘルス、母子保健、新興感染症対策といった事項の重要性を謳っていることに注目していた（The Lancet Global Health 2017）。

　他方で、「北京コミュニケ」には、非感染症疾患（Non-Communicable Diseases, NCD）の対策については触れられていない。この点に対し、主要な死因の 9 割近くが、非感染症要因である中国の現状と乖離している（The Lancet Global Health 2017）との指摘がある。また、「一帯一路」構想を「グローバル保健のかく乱者（Global Health Disruptor）」としてその影響を危惧する Nikogosian は、「一帯一路」による巨大インフラプロジェクト、貿易や人の移動の増加により、感染症以外の健康上の懸念が拡大する可能性を指摘している。例として、各国間の法律上の雇用の保護にかかる差異による職業衛生上の懸念やたばこや不健康な食品の供給増大といった「一帯一路」による域内各国のリスクの高まりを危惧している。さらに、Nikogosian は、上述の「北京コミュニケ」における NCD 対策の欠如も、NCD 対策を主要な優先事項としている今日のグローバル保健の潮流と乖離しており、既存のグローバル保健ガバナンスをかく乱し得るものと懸念を示している（Nikogosian 2018）。

（3）保健セクター三角協力

1.「伝統ドナー」と中国の協力

　最後に、先進国と中国のグローバル保健を巡る関係について考察したい。対外援助を巡る議論の中で、中国は、その目覚ましい経済成長と受入国との協力関係の深化により、経済協力開発機構（OECD）の開発援助委員会（DAC）のメンバー国を中心とする「伝統的ドナー」の強い関心と警戒心を呼び起こしていた。この背景には、中国の対外援助の理念や形態・条件が伝統的ドナーのそれと大きく異なったこと、そして、中国が国際協調の枠組みに入らずに単独行動する傾向が強いこと等があげられる（大野泉 2012, 1）。やがて、2009年に OECD・DAC が中国国際貧困削減センター（IPRCC）と合同で 2009 年 1月に立ち上げた「中国・DAC 研究グループ」が伝統ドナーと中国の間で国際開発を巡る交流のチャンネルとなってきた頃から、伝統ドナーの中国への態度は警戒から関与へと次第に変化していった。主要な伝統ドナーは、二国間ベースでも中国に関わり、同国の国際開発への建設的関与を促そうと模索しはじめた。特に国際援助世論を常にリードし、DAC でも大きな影響力をもつ英国は、中国を「グローバルな開発パートナー」と位置づけて、国際社会の共通課題の解決にむけて協働する新たな枠組を作ってきた（大野泉 2012, 6）。このような流れの中で、英国国際開発省（DFID）は 2009 年に、アメリカ国際開発庁（USAID）は 2015 年に、中国商務部とグローバルな開発における協力の覚書を締結した。その他、ドイツ等の先進諸国にも中国との対外援助での交流・協力を進める動きがみられるようになった。

　保健セクターは、先進国と中国の対外援助での協力は比較的進展している分野といえる。特に、2014 年以降のエボラ流行時以降は、アフリカでの先進国との協調・協力がみられるようになった。2015 年 4 月には、中国 CDCとアフリカ連合 8 カ国の代表、及び WHO、アメリカ健康福祉省、アメリカ CDC らはアフリカ CDC 設立支援準備に向けた作業に参画した。また、2014年のエボラ流行時より、シエラレオネでは、中国 CDC は、アメリカ CDCやイングランド公衆衛生庁との協力があり、シエラレオネ国家公衆衛生庁の

設立支援等で連携していた。

　以下では、保健援助の先進国の協力の中でも、中国のグローバル保健の取り組みに対し特に影響力を持った事例として、英国との協力である「中英グローバル保健支援プログラム（China-UK Global Health Support Programme。以下、「GHSP プロジェクト」）」をみてみたい。

2. 中英グローバル保健支援プログラム（GHSP）

　GHSP プロジェクトは、中英協力の過渡期に開始された政府間協力である。2011 年に、英国政府は中国の開発に特化した従来型の二国間の援助を終了することを決定した。同時に、中国との開発協力を国際開発分野での協力に特化し、中英が共に他の発展途上国を支援するという三角協力を進める方向へ転換することを決定した。

　GHSP プロジェクトは、英国側からの 1200 万ポンドの技術協力資金という大規模な予算の下、英国 DFID、中国国家衛生健康委員会と対外援助窓口官庁の中国商務部三者で実施された。プロジェクトは 2012 年 10 月から正式に開始し、2019 年 3 月末をもって終了した[11]。

　GHSP プロジェクトの目的は、中英保健新型パートナーシップを構築し、双方のグローバル保健の分野での協力を強化し、中国のグローバル保健への参加のためのキャパシティを向上させ、共にグローバル保健の改善を促進することだった。

　GHSP プロジェクトは、政府以外では、学術界のキャパシティビルディングを重視しており、多くの大学・研究機関がプロジェクトに参加した。プロジェクトにより、個々の研究者や機関の能力が向上したのみならず、中国国内のグローバル保健の専門家のネットワークを確立させ、強固にした。プロジェクトでは、グローバル保健にかかる研究助成金がつけられ、低中所得国と中国の研究機関が連携することを促していた（P. G. Liu 2014）。

　GHSP プロジェクトはグローバル保健の理念を提唱し、中国の保健外交戦略策定プロセスを推進した。プロジェクトは研究と政策決定の橋渡しとなることを重視し、中国の経験、保健援助とグローバル保健ガバナンスについて

多量の政策研究を実施した。100 を超える論文発表、研究報告、政策ブリーフィング等、プロジェクトの枠組みの中で数多くの研究成果が出されている。また、プロジェクトは、学際性やマルチセクターでの取り組みを重視し、医学や生物学の専門家のみならず、社会科学の専門家等、多分野の専門家が集う「中国グローバル保健・ネットワーク」を構築し、中国国内のグローバル保健人材のチームビルディングに大きく貢献した。加えて、訪英研修の実施により、研修受入れ先のサセックス大学開発学研究所を始めとする英国の専門家と中国の専門家の間にもパートナーシップが構築された。また、プロジェクトでは、ミャンマー、エチオピア、タンザニアで、中国、英国、現地途上国の間での三角協力のパイロットプロジェクトが実施され、中国は現地NGO との連携等、保健援助における多様なアクターとの協力の経験を得た。

　GHSP プロジェクトは、中国のグローバル保健の取り組みに大きな影響を及ぼしたと考えられる。政策研究支援、途上国現地での三角協力のパイロット、そして、グローバル保健人材のネットワーキングを総合的にカバーすることで、中国のグローバル保健専門家コミュニティは、専門家個人としても、コミュニティ全体としても、大幅に強化されたものと考えられる。また、GHSP プロジェクト実施期間中には、「一帯一路」構想、2014 年のエボラ流行、2015 年の国連サミットにおける SDGs の採択と中国の国際開発のコミットメントの宣言等、当初想定していなかった大きな環境の変化があった。中国がこのような環境の変化に合わせ、自らのグローバル保健の取り組みのモデルチェンジを進めてこれたのも、GHSP プロジェクトによるキャパシティ強化の効果の現れといえるかもしれない。

　では、GHSP プロジェクトが英国にもたらしたものは何か。1 つは、中国との国際開発セクターにおけるパートナーシップの構築だろう。GHSP プロジェクト実施の6 年強の共同事業は、英国が、中国との国際開発の場裏で相互理解を深める機会となったといえよう。また、近年の中国の保健援助は、公衆衛生システム強化、政策支援といった国際潮流と整合するアプローチをとるようになった。その背景には、GHSP プロジェクトが、中国のグローバル保健の政策策定者や、国内の専門家に英国流の（ないしは、国際潮流に沿った）

グローバル保健の理念や作法の学びを促進したことがあると考える。GHSP
プロジェクトは中国側自身に考えさせるという点をとっていた点も、ドナー
が中国に技術を伝えるといった手法をとっていた従来の各機関の対中協力と
一線を画していたといえるだろう。中国のような自国のオーナーシップの強
い国へのガバナンス分野のようなソフトな分野の協力の取り組みは、中国側
に受け入れられることが困難なこともあった。しかし、GHSP プロジェクト
では、「伝統ドナーの保健外交戦略」という「研究課題」を助成金付で与える
ことで、国際潮流を押し付けるのではなく、その有用性を中国側自らが学び
とるように仕向けるといった手法がとられた。中国側専門家が研究の結果、
自ら学びとった理念や手法であれば、ドナー側から「押し付けられた」もの
よりも、中国にとって受容が容易だったのではないかと考える。GHSP プロ
ジェクトのフレームワークの下、無数の研究プロジェクトが立ち上がり、研
究論文や政策ブリーフィングという形で、中国のグローバル保健戦略や中国
の保健援助案件の候補についての研究が、GHSP の成果物として DfID に送
られていた。これにより、謎多き新興ドナーであった中国の思考を可視化
し、中国に国際潮流への協調と国際開発への建設的関与を促したという点で、
GHSP プロジェクトは新興ドナー中国へのエンゲージメントとしての効果を
もたらしたともいえよう。

5. 補論——中国の新型コロナウイルス対応

　中国は、2019 年終期に中国湖北省で発見された新型コロナウイルス肺炎
という新たな公衆衛生危機に見舞われた。2020 年に入り、僅かな時間で新
型コロナウイルスは、全中国に広がり、その後全世界に感染流行をもたらし、
保健医療のみならず、広く経済社会に甚大な影響を及ぼす戦後最大といわれ
るグローバルな危機に拡大した。新型コロナウイルス感染流行は、2020 年 4
月初旬現在、全世界を揺るがしている現在進行中の危機で、その対応も流動
的かつ、ウイルスの起源を含めて科学的な議論も錯綜しており、政策の評価
は極めて困難である。しかし、上記で触れた視座を基に、以下で、本稿執筆

時点可能な範囲の暫定的な検討を試みたい。

(1) 国内での新型コロナウイルス対応

　2019 年終期に湖北省で確認された新型コロナウイルスは、中国では建国以来最大と指導部が形容するほどの公衆衛生危機に発展した。年が明け2020 年 1 月後半から 2 月にかけ、ごく短期間の間で感染が拡大したが、前例のなかった都市封鎖、様々なモノや人の移動の制限といった徹底した感染経路の遮断を中心とした対策がとられた結果、2 月中旬頃から感染拡大に歯止めがかかることとなった。2 月 16 日から 2 月 24 日にかけ、WHO と中国政府が新型コロナウイルス肺炎合同調査を実施し、中国国内における新型コロナウイルス対策の実情調査、評価、そして、中国・世界各国等の多様なステークホルダーへの提言を含む調査報告書を発表した。同報告書では、感染初期、1 月 20 日以降の本格対策期、2 月 8 日以降の感染封じ込めの徹底及び経済社会活動の回復期の 3 段階に分けて、中国における新型コロナウイルスの感染状況を説明している (World Health Organization & People's Republic of China 2020)。

1. 第一段階

　新型コロナウイルスの起源や発見については諸説あるが、2019 年 12 月に、湖北省の省都である武漢市の CDC が原因不明の肺炎の症例を確認し、同月実施された疫学調査により、症例のほとんどが同市にある華南海鮮卸売市場の業者や常連客であることが判明している (World Health Organization 2020)。2020 年 1 月 1 日には、感染拡大防止のため同市場がの閉鎖を行われており、同日では、中央の国家衛生健康委員会は、感染症対策対応措置リーダーグループを設置した。1 月 3 日には、WHO や関係各国への本ウイルスの感染情報の情報共有を始めたとされている。1 月 12 日には、国家衛生健康委員会は WHO へ本ウイルスの遺伝子解析の結果としてそのゲノム配列情報を報告した。

　こうした新型コロナウイルスの初期の対応は、症例の発生から政府が新たな流行を認めるまでの時間も SARS の場合は 4 カ月近くかかったのに比べれ

ば相当短いものとして評価できる。他方で、当初、情報の公開が制限され、1月後半まで実質的な対応がとられなかったことが、初動の遅れとして指摘されている（Alexandra L. Phelan 2020）。

2. 第二段階

感染第二段階の起点である1月20日からは、新型コロナウイルス対策が本格化する。この対策第2段階では、流行の抑制、感染件数の増加スピードの鈍化が戦略の中心として位置づけられた。武漢をはじめとする湖北省の重点地域では、患者の積極的な治療、死亡者の減少、輸出の防止に重点が置かれた。その他の省では、輸入防止、感染拡大の抑制、共同予防・対策の実施が注力された。全国的の野生動物の市場は閉鎖され、野生動物の飼育下繁殖施設も封鎖されることとなった。

1月20日、習近平国家主席は、新型コロナウイルスの流行について重要指示を出し、国民の生命と健康を第一に、流行拡大を断固として食い止める必要性を強調した。また、同日、国家衛生健康委員会はハイレベル専門家チームによる記者会見を開き、同チーム長である鐘南山氏より、先だって実施された武漢での調査結果として、新型コロナウイルスのヒトからヒトへの感染を確実視する旨が報告された。そして、同日には、新型コロナウイルス肺炎が乙類感染症の届出報告対象として指定された（SARS、エイズ、結核等もこの乙類感染症に位置付けられている）。国境の検疫強化、体温チェック、健康管理と交通要所での新型コロナウイルスにかかる申告と検疫の実施がはじまった。

そして1月23日から武漢市において厳格な交通規制、いわゆる都市封鎖が実施された。また、新型コロナウイルス肺炎の診断、治療、予防コントロールのためのプロトコルが整備され、隔離と治療の体制が強化された。この頃から、武漢市・湖北省のみならず、中国全土が感染症拡大予防のための厳格な対応へ舵を切っていく。旧正月の初日にあたる1月25日に、中国共産党中央政治局常務委員会が開催され、新型コロナウイルス対策が議題となった。同会議では、新型コロナウイルス対策指導グループの設置が決定され、後に、李克強国務院総理をグループ長として発足した。

ワクチンや治療薬が未開発であり、感染力の強い新興感染症である新型コロナウイルスに対して、感染を封じ込めるための容赦ない厳格な社会的離隔を含む非医薬措置（non-pharmaceutical measures）が実施された。そこでは、早期発見、早期隔離、早期診断、早期治療の「4つの早」という業務原則がとられた。通常の旧正月では、親族・友人との会食が頻繁に行われるが、感染症対策期では会食の禁止が呼びかけられた。それでもコミュニティでの感染、もしくは家族内での集団感染が発覚するケースが全国で見られたが、その場合も速やかに隔離・治療が実施されることとなった。また、各地域の感染の位置情報を人々が携帯電話のアプリで確認することができる等、感染情報の素早い共有がなされた。

中国国内の感染の多くは、封鎖された武漢市、そしてその周辺の地域に集中した。中国における新型コロナウイルスの院内感染・医療従事者間感染の多くは武漢市内で発生しており、現地医療は極めて厳しい状況に置かれていた。しかし、湖北省以外の地域より4万人を超える医療従事者が武漢に派遣され、現地医療を支えた（WHO & People's Republic of China, 2020, ibid）。。

中国全土の新型コロナウイルスの1日の感染確認数は、1月下旬に指数関数的に増加し、感染蔓延が広がる。しかし、2月に入り新規感染確認はピークを迎えはじめ、次第に歯止めがかかるようになった。

3. 第三段階

2月8日には、国務院から「疫病の科学的予防と制御の効果的な強化と秩序ある業務と生産の再開に関する通達」が発表され、新型コロナウイルス感染流行は第三段階に入った。この第三段階では、中国は、ウイルスの完全な封じ込めと正常な社会経済活動への全面的な回復との双方に配慮するようになったとWHOと中国政府は指摘している。武漢および湖北省のその他の対策重点地域では、すべての患者の検査、入院、治療にかかる対策の完全な実施のための具体的な手順が重視され、患者の治療と感染経路の遮断が重点的に実施された。現地の事情に基づいたリスクベースの予防コントロールのアプローチが各地で採用され、リスクの高い公共の場所での疫学調査、症例

管理、感染症予防対策が強化されるようになった。（WHO & People's Republic of China, 2020, ibid, p15）。

4. WHO との協働

　新型コロナウイルスの国内対応において、中国と WHO は基本的に共同歩調を取り続けてきたと言えよう。1 月 30 日に発出された新型コロナウイルス肺炎の「PHEIC（public health emergency of international concern）：国際的に懸念される公衆衛生上の緊急事態」の認定の際の WHO の声明や 2 月の合同調査報告書でも、中国の対応を激賞している（World Health Organization 2020）、（World Health Organizaition & People's Republic of China, 2020, ibid）。こうした新型コロナウイルス時の協働関係は、中国政府と良好な関係を保ちながらも渡航延期勧告を発出する等の牽制を通じて WHO が自らの技術的知見から中国の対策に影響を与えた SARS 時とは異なっている。こうした WHO の中国への対応の SARS 時からの変化は、この新型コロナウイルス対応時には、中国が比較的早期に主体的に強力な措置をとってきたことによるものと考えられる。また、本章前述の通り、「健康シルクロード」等、グローバル保健の取り組みを強化している中国は WHO にとっても SARS 時以上に重要な存在になっていることも影響しているだろう。国内の感染増加を基本的に抑え込むことができた中国は 3 月 7 日に WHO に 2000 万ドルの資金を拠出し、新型コロナウイルス対策を支援することを表明している。

5. 課題としての早期対応

　なお、WHO・中国の合同調査報告書も、中国の対策の課題を挙げており、その中で早期警戒・対応の遅れが指摘されている（WHO & People's Republic of China, 2020, ibid, p28）。早期対応の遅れは多方面で指摘されており、国家衛生健康委員会ハイレベル専門家チームの鐘南山チーム長は、3 月 6 日のインタビューで、CDC の権限不足を遅れの要因として述べている。国家・地方レベル CDC は単なる技術機関で、その業務は情報収集・研究に留まっており、政府での影響は限定されている。公衆衛生危機の早期対応のためには、CDC

により強力な行政権を付与し、危機の兆候を発見した場合、CDC が独自に社会へ早期警戒を発出できるようにする必要が指摘された。鐘氏は同インタビューで、3 月現在でおよそ 8 万人の累積患者数は、武漢の都市封鎖が仮にあと 5 日早ければ 2 万人前後に抑えられ、あと 5 日遅ければ 17 万人前後にまで広がっていたとする推計を紹介し、公衆衛生危機における早期対応の必要性を説いた（钟南山：疾控中心应有一定的行政权, 紧急情况下可发出预警 2020）。

(2) 中国の新型コロナウイルス対応の国際的展開

　中国のグローバル保健の展開にも新型コロナウイルスの影響は素早く表れた。前述の WHO への拠出といったマルチラテラルな協力の他、中国自身によるバイラテラルな保健援助の取り組みも積極的に展開されるようになった。3 月に入り、中国の感染拡大がピークアウトした一方で、欧州、そしてアメリカで新型コロナウイルス感染が瞬く間に拡大し、グローバルな危機が深まった。4 月の段階で、新型コロナウイルスの猛威は、イラン等でも既に感染が深刻化しているが、WHO が PHEIC を発出した当時懸念した通り、保健医療体制がより脆弱な途上国でさらに感染が蔓延すると影響はさらに甚大となることが懸念されている。

　中国はいち早く新型コロナウイルスの危機に見舞われ、他国に先駆けて国内の感染拡大抑制を遂げた経験をもっている。また、先進各国が自国の感染対策に追われる中、中国は、保健援助を展開する力をもった数少ない国でもあった。こうした条件に加え、国内への感染流入防止や在留邦人保護の手段という点が保健援助の強力な要因となったことも考えられる。以下で、保健援助の内容やその背景を検討する。

1. 新型コロナウイルス対策の保健援助

　中国政府は、新型コロナウイルス対策の保健援助についての国内外の情報発信に注力しており、2020 年 3 月 26 日には、上述の 2018 年に新設された国際協力官庁 CIDCA、国家衛生健康委員会、外交部等の関係官庁の副閣僚級の幹部による記者会見を行った。そこでは、新型コロナウイルス対策にかか

る中国の国際的な取り組みの全体的な説明や個別の事例、及びその背景等が紹介された。

　3 月 26 日までに、中国が行った新型コロナウイルス対策のための国際協力の対象は、89 か国と 4 つの国際機関に上った。それらの援助対象は、流行が深刻な国のみならず、公衆衛生体制や防疫のキャパシティが脆弱な国、そして、EU、アフリカ連合、ASEAN などの地域機関や上述の WHO といった国際機関に及んでいる。地理的な分布として、アジア 28 か国、ヨーロッパ 16 か国、アフリカ 26 か国、アメリカ大陸 9 か国、南太平洋 10 か国に緊急支援を実施していた。支援内容は、医療資材供与や医療技術支援が主要なもので、援助物資は、検査試薬、マスク、防護服、ゴーグル、体温計、医療用手袋、人工呼吸器等に及ぶ。医療技術支援は、医療専門家グループを派遣して経験を共有し、診断・治療の提案を行うといった形式をとっていた。

　さらに、多くの中国の地方政府、企業、民間機関、個人も海外援助活動に参加している（国務院新聞办公庁 2020）。中国の E コマース大手のアリババ創業者ジャック・マー（馬雲）が設立した馬雲公益基金は、アリババ公益基金会と共にアフリカ 54 カ国にマスク 10 万個、防護服 1000 枚、防護マスク 1000 個を寄付することを決定した。また、アフリカ各国に 2 万個の検査キットも寄付する。アフリカ各国の医療機関と協力し、新型コロナウイルス肺炎臨床治療についてのオンライントレーニングの資料の提供等、物資・技術両面の協力を試みている（趙継国 2020）。

　北京に本部を持つ国際金融機関であるアジアインフラ投資銀行（AIIB）も、保健セクターへの融資プロジェクトを実施するとしている。AIIB は、2016年に設立された新しい多国間開発銀行（MDBs）だが、中国が主導して設立されたもので、その資金の最大の拠出国も中国であり、中国の発言力は大きいとみられる。AIIB は本来、社会セクターへの協力に積極的に取り組んでいる世界銀行、アジア開発銀行等他 MDBs とは一線を画し、経済社会インフラ分野への協力に集中し、保健医療分野への協力実績はなかった。しかし、新型コロナウイルスの蔓延を受け、2020 年 3 月に、中国への公衆衛生インフラへの融資プロジェクトを採択した。その後は、インド、インドネシアへ

の同分野への協力プロジェクトの立ち上げも予定されている　（CGTN 2020）。AIIB のこうした保健セクター協力参画への方向転換は、WHO 以外の多国間機関を通じた中国の新型コロナウイルス関連の協力として注目に値する。

2. 自国民保護とグローバル保健

　中国は、国内の感染は基本的に封じ込めたとのスタンスで、社会生活を通常の形に次第に戻していく方向にあった。他方、4 月に入って以降も国内の新規感染者数が確認され続け、その多くは海外からの流入のケースもあり、感染拡大の第 2 波への警戒も根強く、海外からの新型コロナウイルス流入の対策に神経をとがらせてきた。そうした懸念は、2 月後半頃から強化がみられた国内の外国人の管理の厳格化や、在外中国国民の帰国の自制を求める等の方策としても表れている。4 月上旬現在、中国では新型コロナウイルス対策として、国籍に関わらず、入国者の一定期間の隔離が義務づけられ、その間厳格な管理に置かれ、国境封鎖措置も厳しくなった。そうした取り組みにも関わらず、感染流入は無くならなかった。

　一方、従来からの華僑の他、留学等で海外に滞在している中国人の新型コロナウイルス感染リスクは、中国政府や社会全体、特に留学生の家族等においても広く懸念された。他方で、前述の 3 月 26 日の記者会見での外交部副閣僚からの説明によれば、その時点での中国における国外からの新型コロナウイルスの流入が確認された件のうち、9 割が中国国民による流入で、その中のさらに 4 割が中国人留学生帰国者であるといわれた（国務院新聞办公厅 2020）。グローバルな感染症クライシスと化した新型コロナウイルス蔓延は、中国の人々にかつてないほど、現代の中国と世界の結びつきを意識させた。そのような中、政府は国内の公衆衛生の安全と国外の中国人の保護の両立に苦慮することとなった。

　新型コロナウイルス対策の中国の保健協力には、国際公共益のみならず、自国民の保護を目的とした取り組みも見られた。中国は、自国の新型コロナウイルス対策の経験の共有し、予防とコントロールと診療の指導とコンサルティングを提供するための防疫専門家グループを派遣した。基本的に、その

グループは省単位で編成され、省衛生健康委員会や CDC、そして省内の公立病院、大学病院等の専門家がメンバーであることが多い。3 月には、イタリア、セルビア、カンボジアなどの国にこのような専門家チームを派遣している。また、56 カ国の途上国で長期駐在中の対外援助医療隊に指示し、広範な発展途上国の新型コロナウイルス対策の協力や、現地の国の人々の他、在留の華人華僑向けにも技術相談と健康教育活動も行われた。また、新型コロナウイルスのグローバルな蔓延が進む中、習近平主席が「電話外交」を展開する時、各国首脳に対し、留学生を含む中国国民の健康・安全と正当な権益の保護のための措置を講じるよう求めており、王毅外相も同様に各国の外交当局との電話会議の際には領事保護に言及し、対応を要請してきた（国務院新聞办公厅 2020）。

　こうした保健協力の展開と領事保護への要求の同時展開は、2014 年からのエボラ流行時にみられた中国を守るための国外での感染症対策をさらに進めたものとしても解釈できる。結果として、中国のグローバル保健の取り組みは世界的な公衆衛生危機の中で急速に積極化した。同時に、進行中の危機なだけに、こうした中国の保健協力には、自国民の保護の部分がより際立っているように見える。

　本来は国際的な協調が必要なグローバルな公衆衛生危機にありながら、各国は自国の対応に追われている。治療薬の開発等、科学分野での国境を越えた協力はみられる一方、大国であるアメリカと中国の間では、協力よりも新型コロナウィルスの原因等に関する非難合戦が行われた。トランプ政権下のアメリカが自国第一主義を掲げている一方、むしろ中国は、WHO 等、既存の多国間協力枠組みを支持している。ただし、中国のグローバル保健の取り組みも自国の利益とは切り離せない。新型コロナウイルスによる公衆衛生危機は、グローバル保健ガバナンスの重要性を際立たせると同時に、地球規模で同時多発的に発生する危機における国際社会の一致した取り組みの難しさも浮き彫りにした。

6. 結論——中国のグローバル保健の取り組みと日本への含意

　本章では、中国の保健システムの発展、とりわけ SARS 流行後の公衆衛生危機対応能力の発展の過程と、中国のグローバル保健への取り組みについて考察してきた。中国は、SARS 対策の苦い教訓をもとに、その保健システムの整備を急速に進めてきた。その成果は、その後の感染症対策にも一定程度活かされたといえよう。新型コロナウイルスの対策においても、SARS に比して素早い対応がとられ、早期の国内の市中感染を基本的に封じ込めることができた。

　しかし、さらなる課題も残る。各関係機関の職責・権限は、感染症対策の初動に影響すると考えられる。とりわけ、CDC は SARS 以来、技術や組織整備の面で大きな強化を見たが、その権限は基本的には研究調査等、技術的なものに留まり、その知見を素早く初動対応に反映させるための改善点が指摘されている。また、複雑化する感染症対策には、従来以上に部門間の連携が必要になるが、縦割り行政による限界も見られる。加えて、地方でのちぐはぐな対応といった問題がある。その原因の1つが、保健システムの制度はできたものの、規定が曖昧で、運用の現場でズレが生じていることが挙げられる。これは広大な中国では、全国で画一的な対応をとることが困難なため、各地方がそれぞれの実情に応じて対応を可能にするための配慮の結果でもあり一概に問題とは言えない。この政策の地方での裁量・柔軟性と地方間の対応格差是正・統一的な対応の間のトレードオフという難題はまだ残っている。

　中国の対外進出は目覚ましく、「一帯一路」構想の進展により、今後国境を越えた人々の往来の増加とともに、国境外での保健対策、すなわち保健援助、またはグローバル保健を自国の保健対策の一部とする見方も出てきた。それにより、従来は、医療隊派遣、医療インフラの整備といったサービス提供型に偏っていた中国の保健援助にも近年、変容がみられる。保健援助もより相手国の公衆衛生キャパシティ強化に主眼がおかれ、政策支援やプロジェクト型の協力を志向するようになっている。また、中国は、WHO 等との協力の下、「健康シルクロード」構想の立ち上げ等により、多国間の枠組みで

のグローバル保健ガバナンスの参画を強めている。このような動きの背景の
1 つには、英国といった伝統ドナーの中国への関与がある。英国の GHSP プ
ロジェクトは、中国に国際潮流への理解やグローバル保健ガバナンスの研究・
実践を促す効果があったと考えられる。

　このような強化を基礎に、中国は新型コロナウイルス危機の下でも、自国
の感染封じ込めの経験も活用し、積極的なグローバル保健の活動を展開して
きた。他方で、世界各国が自国の感染対応に追われる中、WHO 等、既存の
国際保健協力体制の有効性の疑義も呈されている。また、中国自身も国内外
の自国民の健康や安全が依然として脅威にさらされているという認識のもと、
国際保健協力における自国の利益への考慮は平時よりも際立っている。新型
コロナウイルスの危機の下、グローバル保健ガバナンスの重要性はかつてな
い高まりを見せると同時に、大きな試練に直面しているともいえよう。

　中国のこうした動向は、日本のグローバル保健を巡る動きに際してどのよ
うな含意があるだろうか。ここでは、新型コロナウイルス危機終息後の中長
期的な視点で考えてみたい。隣国の中国の保健状況、とりわけ感染症といっ
た国境なき脅威は、日本にも直接その影響が及ぶ。また、グローバル保健の
担い手としてのプレゼンスも高まっている中国との国際場裏での関わり方は、
日本のグローバル保健の戦略にとっても重要な課題となるだろう。

　英国が GHSP プロジェクトで実践した中国へのエンゲージメントは、日本
にとっても示唆がある。GHSP プロジェクトは巨額の資金投入や新方式のプ
ロジェクトゆえの多大な調整コストのうえに成り立っていたことや、日本と
英国では国としての特質が異なることなど、様々な要因で、GHSP のような
取り組みをそのまま模倣したプロジェクトを日本が実施することは現実的で
はない。ただ、途上国での共同のパイロットプロジェクト等を通じた専門家
同士のパートナーシップを深める取り組み等は検討できるだろう。また、保
健援助プロジェクト管理等、実務的な交流の実践も考えられる。前述の通り、
中国の保健援助は、相手国のキャパシティ強化を目指したプロジェクト型の
協力モデルに転換が進んでいるが、プロジェクト管理のモデルは未だに試行
錯誤にあるという。中国の新たな保健システム支援の協力モデルは、日本が

保健援助の中で長年実践してきたもので、日本では専門家派遣の手続きを含め、管理モデルは確立している。他方、中国の対外医療援助隊といった途上国への医師の組織的な派遣等、中国が長年実践してきた医療サービス提供型の支援から日本が学べることも多い。日中が互いの経験を学びあうことで両国のグローバル保健の貢献の質を高めることもできるだろう。

　日本は、中国の改革開放後、40年にわたって対中協力によって中国の発展を支えてきた歴史があり、北京の中日友好病院の支援、ワクチン対策等の感染症対策、保健システム支援等、中国の保健医療の発展のための協力に注力してきた。その過程で、日本側は、中国の保健行政関係者、CDC、医療機関等の専門家と絆を強くしてきた。日中協力で当時若手として深くかかわった行政官や専門家の中には重責を担う地位にある者もいる。対中保健協力で培ってきた関係は、現場レベルでの協力を重視する日本の開発協力の特有のアセットだろう。新型コロナウイルスの中国国内の蔓延が厳しい状況にあった2020年1月後半から2月にかけ、日本政府や民間各界から中国へ多数の医療支援が寄せられた際には、当時苦境にあった中国国内で感謝や感動の声も聴かれ、文化を共有している両国の今後のパートナシップの深化を予感させる兆候もみられた。

　日中両国がこれまでの協力の成果を基礎に、グローバル保健にかかる担当行政官、専門家、研究者等、多層な形で新たなパートナーシップを構築し、強化していくことは、日中両国や国際社会の保健課題への対応に大きな意義を持つだろう。グローバル保健ガバナンスにおける中国の重要性は、新型コロナウイルス危機後にも高まり続けることが予想される中、中国との関係は、日本の保健外交戦略にとっても重要なイシューとなると考えられる。

注

1　「一案三制」とは、緊急事態対応行政の発展形式を示す中国語のキーワード。「一案」とは、1つの準備計画を、「三制」とは、3つの「制」すなわち、体制、メカニズム（中国語で「機制」）、法制を示す。

2　突発公衆衛生条例第10条。

3　突発公衆衛生条例第 31 条。

4　WHO 北京オフィスへのインタビューより（2018 年 5 月 30 日）。なお、各国の IHR コアキャパシティの年次評価の結果は、WHO ウェブサイトでも閲覧可能。 http://apps.who.int/gho/tableau-public/tpc-frame.jsp?id=1100

5　評価報告書は、以下の書籍として出版されている。薛瀾 曾光 . 防控 "甲流" [M]. 社会科学文献出版社 , 2014.

6　人が最も困っているときに援助の手を差し伸べるという意味の中国の成語「雪中送炭」。

7　こうした取り組みの例として、スーダンでの「スーダン・中国アブオウシャ友好病院」支援が挙げられる。当該事業の経緯は、以下の記事に詳しい。 北野尚宏「中国企業の二面性表す病院の歴史―中国人女性記者が報道番組に込める願い」『Dot.World』、2019 年 7 月 15 日。https://dotworld.press/china_journalist/4/

8　中华人民共和国商务部网站《中国已向西非国家援助 7.5 亿人民币抗击埃博拉疫情 》2014 年 11 月 3 日。http://www.mofcom.gov.cn/article/zt_abl/column02/201411/20141100783564.shtml

9　2018 年 9 月 5 日《中非合作论坛・北京行动计划（2019-2021 年）》の 4.2.10. より抜粋（日本語訳は筆者による）。

10　「習近平国家主席、国連で世界女性サミットを主催」中国国際放送（日本語版）、2015 年 9 月 28 日。http://japanese.cri.cn/2021/2015/09/28/142s241882.htm

11　中英全球卫生支持项目简介（2018 年 2 月 27 日更新）http://cps.nhfpc.gov.cn/ghsp/ghsp/list_content.shtml

参考文献

井上一郎「危機と中国の政策決定―事例研究 :SARS への中国当局の対応」『中国研究論叢』9 月（10）: 111-125、2010 年。

大野泉「中国の対外援助と国際援助社会―伝統的ドナーとアフリカの視点から」日本国際問題研究所編『中国の対外援助』日本国際問題研究所、2012 年。

海外部会「H7N9 型鳥インフルエンザ及び四川蘆山地震から見る中国の即応能力の現状」『陸戦研究』2014 年。

唐亮「SARS をめぐる中国の政治と情報」『国際問題』2003.12.No.525、2003 年。

Alexandra L. PhelanKatz, and Laurence O. GostinRebecca. "The Novel Coronavirus Originating in Wuhan, China: Challenges for Global Health Governance." JAMA, Vol. 323-

8, 2020: pp. 709-710.

An& Wang, XB. " China and WHO to jointly create "Health Silk road"." China Daily. 19 January, 2017.

US CDC and China CDC. "Joint HIV Surveillance and Laboratory Assessment." 2002, , p4.

CGTN. "AIIB aid strategy amid pandemic." 2020 年 4 月 9 日. https://www.youtube.com/watch?v=QKUSp_iZdaw&feature=youtu.be（アクセス日：2020 年 4 月 9 日）.

Liu, B., Sun, Y., Dong, Q., Zhang, Z., & Zhang, L. "Strengthening core public health capacity based on the implementation of the International Health Regulations（IHR）（2005）: Chinese lessons." *International journal of health policy and management*, 2005: 4.

Liu, P., Guo, Y., Qian, X., Tang, S., Li, Z., & Chen, L. "China's distinctive engagement in global health. " *The Lancet, 384(9945)*, 2014: 793-804.

Meng Q, Yang H, Chen W, Sun Q, Liu X. "People's Republic of China Health System Review." *Health Systems in Transition*, Vol. 5 No. 7, 2015: WHO.

Nikogosian, H. "Disruptions that shape global health." *BMJ December, special supplement*, 2018.

The Lancet Global Health. "Facing forwards along the Health Silk Road." The Lancet. Global Health, 5（10）, e948, 2017:

World Health Organization & People's Republic of China. Report of the WHO-China Joint Mission on Coronavirus Disease 2019（COVID-19）. Geneva: World Healh Organisation, 2020.

World Health Organization. *China-WHO country cooperation strategy 2016-2020: bridging the past towards a new era of collaboration.* WPRO/ 2016/ DPM/ 003., 2016.

World Health Organization. *International Health Regulations (2005): Summary of States Parties 2013: report on IHR core capacity implementation: regional profiles (No. WHO/HSE/GCR/2014.10).* World Health Organization., 2014.

World Health Organization. Novel Coronavirus – China. 2020 年 1 月 12 日. https://www.who.int/csr/don/12-january-2020-novel-coronavirus-china/en/（アクセス日：2020 年 1 月 13 日）.

World Health Organization. SARS: how a global epidemic was stopped. WHO Regional Office for the Western Pacific, 2006.

World Health Organization . Statement on the second meeting of the International Health Regulations（2005）Emergency Committee regarding the outbreak of novel coronavirus （2019-nCoV）. 2020 年 1 月 30 日. https://www.who.int/news-room/detail/30-01-2020-statement-on-the-second-meeting-of-the-international-health-regulations-（2005）

-emergency-committee-regarding-the-outbreak-of-novel-coronavirus-（2019-ncov）（アクセス日：2020 年 2 月 1 日）.

YangWu, J., Ding, C., Cui, Y., Zhou, Y., Li, Y., ... & Ruan, B.S.,. "Epidemiological features of and changes in incidence of infectious diseases in China in the first decade after the SARS outbreak: an observational trend study." The Lancet Infectious Diseases, 17（7）,, 2017: 716-725.

国务院新闻办公厅．"国新办就中国关于抗击疫情的国际合作情况举行发布会."中国网．2020 年 3 月 26 日．http://www.china.com.cn/zhibo/content_75858046.htm（アクセス日：2020 年 3 月 27 日）.

姜涛高波．"非洲疾病预防控制中心建设与体系发展战略."军事医学, (12)., 2016.

刘久畅．"浅析中国和世界卫生组织合作发展及策略."中国卫生产业, (14), 2018.

商务部国际贸易经济合作研究院．国际发展合作之路 -40 年改革开放大潮下的中国对外援助．中国商务出版社, 2018.

薛澜曾光．防控"甲流"．社会科学文献出版社, 2014.

赵继国．"新冠疫情蔓延非洲 49 国 中国各方驰援."Diinsider 草根创变者．2020 年 4 月 8 日．https://mp.weixin.qq.com/s/1UigIHqYwsJErkrdH4pArA（アクセス日：2020 年 4 月 9 日）.

赵同香王海英．"2001 ～ 2016 年我国卫生政策变迁."中国现代医生, 2017, 55 (24), 2017.

中国医疗管理科学, 4 (03) 49. "我国达到《国际卫生条例 (2005)》履约标准."2014.

钟南山：疾控中心应有一定的行政权, 紧急情况下可发出预警."凤凰网．2020 年 3 月 16 日．http://news. ifeng. com/c/7utFp9oyDpI（アクセス日：2020 年 3 月 17 日）.

補　論

補論1

新型コロナウイルス対応における安全保障的側面の顕在化とマネジメントの課題 ——国際的動向

武見綾子

はじめに

新型コロナウイルスの脅威によって、国際的な感染症対策は新たなフェーズに入ろうとしている。感染症対策はもはや重要性を表すためのレトリックとしての「安全保障」ではなく、様々な意味で具体的な国家防衛とも結びつきを深め、そしてさらにその傾向を強めようとしている。補論1では、新型コロナウイルス対応における多様な安全保障的側面の顕在化について、国際的動向を試論的に検討する。第1節では、新型コロナウイルス対応における安全保障的側面の顕在化について、3つの側面に分けで概観する。その上で、第2節において、安全保障と保健の交錯領域マネジメントの課題について試論的に検討する[1]。

1. 新型コロナウイルス対応における安全保障的側面の顕在化

(1) 軍事的資源の活用と入国・国境管理

まず端的に観察することができるのが、軍事資源の活用である。新型コロナウイルス対応において、各国は検疫検査を始めとするオペレーションにおいて自国軍を活発に利用している。保健領域の活動において、一定の水準確保・維持のためにオペレーションレベルで軍事的資源を動員することは珍しくない。指揮統率の取れた形式で援助を行うことを可能とする点、短時間で

の準備が可能となる傾向にある点など、広義の災害時対応として軍事的資源を利用することの価値はしばしば指摘される。特に高い規律が必要とされる感染症対策において本傾向は顕著で、新型コロナウイルスの事例においても、例えば日本に寄港した新型コロナウイルスの集団感染が発生したクルーズ船「ダイヤモンド・プリンセス」の対応事例において、防衛省は延べ約 2700 人の自衛隊員を投入し約 1 カ月の活動を行い、高い水準の防疫体制を取ったとされる (東京新聞, 2020a)。ドイツは新型コロナウイルス対応に危機対応・災害対応として 15000 人の軍人を動員した (WEF, 2020)。軍事リソースの活用は各国間の支援状況にも見え、例えばロシアは軍用輸送機で支援物資と軍医をイタリアに派遣、中国も救援物資と医療チームを派遣した。イスラエルでは、通常公衆衛生上の問題には関与しない諜報機関である Mossad が、医療物資や人工呼吸器等の医療機器の他国からの確保やテロ対策用の電話トラッキングアプリなどの活用で新型コロナウイルス対策に貢献した[2]。

　新型コロナウイルスについては、飛沫感染で基本再生産数が大きいという特色もあり、国境封鎖・国境管理の厳格化も見られた。マレーシア、ロシアを始め、欧州連合もこれに続き、入境を原則として禁止する措置が取られた。特に欧州はシェンゲン協定域内での移動制限には消極的だったが、2020 年 3 月半ばにイタリアを中心に感染が拡大すると、スペイン、ドイツを始めとして事実上の国境封鎖措置が取られることになった。この国境封鎖措置は軍隊の関与と無縁ではない。例えば、ラトビア政府は新型コロナウイルスの状況深刻化に伴い軍に国境管理を要請した。ポーランドも陸路国境に軍隊を派遣し、人の移動の制限を強化した (WEF, 2020)。

(2) セキュリタイゼーションとインテリジェンス、リソース・ナショナリズム

　さて、問題の重要度の高さとして象徴的に「安全保障」として新型コロナウイルスの問題を取り扱う「セキュリタイゼーション」も各国で起こっている。グローバル・ヘルス・セキュリティーという概念が新聞紙面上でも一般的に取り扱われるようになり、「国家的な最優先事項の一つ」、とほぼ同義に「安全保障」概念が使用されることもある。日本の NSC (National Security Council:

国家安全保障会議）が 2020 年 4 月付で「経済班」の対象に感染症対策を盛り込んだ点も、広義のセキュリタイゼーションと位置付けることができる（NHK, 2020b）。

　一方、特に他国に視野を広げた場合、セキュリタイゼーション論がしばしば懸念してきた、「安全保障概念の使用によって強力な私権制限を可能とするケース」についても観察できる（Wæver, 1993）。中国政府による検疫措置のための隔離措置や移動制限が一例であり、アメリカ、EU 諸国で行われたロックダウン（都市封鎖）等も公益のための私権制限と理解される。フィリピンでは、非常事態に合わせ大統領の権限が強化された（日経新聞, 2020a）

　さらに、監視の強化、データの利活用等の観点にも国家権力の営為を見ることができる。例えば、中国では社会信用システムが新型コロナウイルス対策に全面的に使用されているが、緊急事態にこういった対策がどこまで正当化されうるかについては議論がある。中国は新型コロナウイルス対応で市民の行動監視の水準を上げており、身分証明書番号などと健康状態、行動履歴を紐づけて一括把握する形態をとっている（日経新聞, 2020b）。日本でも総務省が新型コロナウイルス対策、特に集団感染の状況把握として通信大手に関連データの提供を求めた（朝日新聞, 2020）。アマゾン・マイクロソフト・アップルも感染者の行動履歴等から感染拡大を防止するため感染可能性のある使用サービス利用者の通知を行うサービスの提供を検討・開始している。

　さて、関連して安全保障上の利益に基づく情報収集を通じた領域間重複も特徴的である。安全保障上の情報収集と公衆衛生上の情報収集は政策実務上一部重複している。例えば、アメリカの状況からは、情報収集における安全保障領域と保健領域のクロスオーバーと、その失敗が観察できる。ホワイトハウス・ブリーフィングでは、保健福祉長官（Health and Human Services Secretary）のエイザー氏（Alex Azar）が少なくとも 1 月 3 日の時点で CDC からの危険信号を受け取っていたことを示している。1 月から 2 月初旬にかけてこのような警告は次第に増加し、既にその時点で国家情報長官室（Office of the Director of National Intelligence）や CIA（Central Intelligence Agency）からの報告のうち大部分を新型コロナウイルスに関する問題が占めていたという。しかし、ト

ランプ大統領はこういった報告を受け付けず、再三にわたるこれら情報機関からの対応要請に応じなかった (Harris et al., 2020)。

　また、その前段階として、2018 年には NSC のグローバル・ヘルス部門が廃止されている。これによって CDC の EIS（Epidemic Intelligence Service）を始めとした機関が政府に直接グローバル・ヘルス・セキュリティーに関する問題や状況の報告をすることが困難となった上、各情報機関からの情報を適切に集約し対応することが困難となり、新型コロナウイルスへの反応の遅れの大きな要因の一つとなったことが指摘されている [3]。

　これらの問題の一方で、連邦政府は新型コロナウイルスの起源が当初言われていたような市場でのコウモリからの感染ではなく、武漢のウイルス研究所の研究員の感染によるものである可能性を検討している。Rogin (2020) によれば、2018 年の最初の報告 [4] には、新たな SARS 類似のヒト-ヒト感染の疾病リスクがあることが既に記されていたという (Rogin, 2020)。トランプ大統領は、この問題について米政府として大規模な調査を進めていることを明らかにしており、米情報機関が同研究所及び感染初期状況に関する情報を収集・分析していると報じられ (Baier and Re, 2020)、ポンペオ国務長官はウイルスの研究所起源の説に「かなりの量の証拠がある」と述べた (Viswanatha and Leary,2020)。この問題に関する正確な全容は明らかになっておらず、懐疑的な見方が強いが、少なくともこのような検討が行われる時点で、安全保障上の脅威についてのサーベイランスと公衆衛生上のサーベイランスの重複（の必要性）が浮き彫りになっている。

　加えて、新型コロナウイルス対応の事例ではリソース・ナショナリズムの観点が端的に示された。感染症による健康面、経済・社会面の負担が重くなることによって、限られた資源を優先的に自国に配分しようとする動きが生まれる。アメリカ等のマスクの輸出制限 (毎日新聞, 2020) が好例だが、イギリス・フランスなど少なくとも 54 の国・地域が年初から一部の医療品の輸出を制限し、人工呼吸器を輸入に頼るアフリカ、中東、南米諸国が不利な状況に置かれている (時事通信, 2020)。また、感染拡大が激化するなか各国で小麦やコメなどの食料の輸出を制限する動きが活発化しており、世界有数の穀物

生産国のインドやロシアなどは「国内の備蓄を増やすため」などとして、小麦やコメなどの輸出量を制限、東南アジアや東ヨーロッパの国々にも同様の動きが拡大している（NHK, 2020c）。こういった動きと並行して、各国は外国での生産に依存していた医療物資や食料品の自国生産を開始しており、この動きは一部継続する可能性がある。例えば、アメリカでは通商代表部（USTR）のライトハイザー代表が「安価な医療品を他国に過度に頼ることの脆弱性があらわになった」と述べ、企業に自国での生産回帰を促す政策の検討が始まっている（日経新聞, 2020d）。

　特に、医療資源に関しては、現在新型コロナウイルスについてワクチンや医薬品の開発が進められているが、この生産においてどの程度各国が「平等に」購入できるかは不透明である。開発能力の高い米国など先進国がワクチン等開発に先行することが考えうるが、その場合これら医療へのアクセスは自国が優先されることが当然に考えられる[5]（Goodman et al., 2020）。

（3）軍事的含意

　さらに挙げられるのが、軍事的脅威の増大についての論点である。軍事的リソースへの感染の頻発による安全保障対応能力の低下、より広く感染症拡大による経済・社会的な負担に伴う「国力」の低下によって、軍事安全保障上の脅威が増加する可能性がある。

　新型コロナウイルスの事例では各国軍への感染が拡大しており、その観点からの安全保障上の脅威も甚大であると考えられている。フランスでは空母シャルル・ドゴールとその護衛艦乗組員 2000 人のうち 600 人以上の感染が確認されるなど軍への被害が甚大で、イタリア・スペインとともに軍事行動が大幅に制限されることになった。また、トルコは軍でのコロナ感染者の拡大からシリアへの軍事行動を縮小することを決定した（WEF, 2020; AFP, 2020）。米国軍については、「セオドア・ルーズベルト」で 600 人以上の新型コロナ感染が確認され、横須賀基地を母港とする「ロナルド・レーガン」など計 4 隻の米軍空母の乗組員から陽性反応が出たが、この被害拡大に伴い中国軍は南シナ海及び台湾周辺での軍事行動を大幅に活発化させたとされる。他にも、

イラン革命防衛隊が米艦船に異常接近した事例（日経新聞, 2020c）、中国が小型核実験を行った事例がそれぞれ報告され、新型コロナウイルスへの対応による米軍の即応能力の低下との関連が疑われている（Gordon, 2020）。これらの動きをもって現時点で直接的な安全保障上の脅威とみなされないとしても、安定的な軍事行動の確保が各国で困難となった場合、地域的勢力図に変化が起きる可能性が常に存在している。

　軍隊自体への影響は感染症と軍事との関係の最も直接的なものの例として挙げられるが、これ以外にも、国内の状況が公衆衛生・経済・社会の面で総合的に深刻なものとなった場合、対外的な軍事行動よりも国内への資源の投下が優先される蓋然性が高く、このことが新たな安全保障上の不安定さを誘発する可能性がある。また、(2)においてみたリソース・ナショナリズムも、問題が深刻化した際には「力」の行使と結びつく可能性を否定できず、場合によっては軍事的安全保障問題が顕在化する可能性がある。これは、資源の奪い合いに直接的に軍事的実力行使が関わるという事例のみならず、(しばしば食糧安全保障の議論で見られるように)各国の資源の奪い合いがナショナリズムや国の間の緊張関係を高め、軍事的紛争の危険性・蓋然性を上げるという点も含まれる。このほか、間接的なものも含めれば大規模感染症による広義の社会の不安定化・非常態化の多くの要素は常に軍事的含意と無縁ではない。

2. 安全保障と保健の交錯領域マネジメントの課題——考察と論点

(1)「安全保障」の連続性とその課題

　新型コロナウイルスの事例は、安全保障と(国際)保健・公衆衛生領域の新たな交錯関係を示すものであると同時に、安全保障概念の内部における様々な要素の連続性を改めて示すものでもあった。

　例えば、国境管理はあくまでも公衆衛生上の目的および指揮系統下における軍事的リソースの活用として行われ始めたとしても、現地の実質的な指揮権は軍事組織に移るといった可能性も十分に考えられる。実際、国内の公衆

衛生上の軍事資源 (ネットワーク等含む) 活用の例でも、実際に指揮命令系統まで軍事関係機関が担うようになったケースもある。また、軍用輸送機での他国への派遣が行われるとき、これが援助の形であっても、緊張関係が生まれる可能性がないわけではない。また、前述の通りより大きな論点として、経済社会的な打撃の大きさが国力自体の低下を招くことによって安全保障上の脅威となることも考えられる。

　「安全保障」概念の分類にはいわゆる「国防」としての側面、(食糧安全保障などの) 総合安全保障の側面、「人間の安全保障」など重要性を強調するための側面など多様な分類があり、これらは広義には生存や自由に対する脅威からの自由を共通の側面として持つとともに、政策実務的には別の分類に属すると考えられてきた。しかし、新型コロナウイルスの事例では安全保障概念内部の様々な分類の境界が相対化されつつあり、このような境界の相対化に政策実務的にいかに対応するかという課題を突き付けている。

(2) 安全保障領域と他領域との連続性とその課題

　このような「安全保障領域内部での」様々な安全保障概念の連続性は、別の角度から見れば安全保障領域と他領域の連続性の深まりとして理解することができる。つまり、安全保障の態様が極めて伝統的なものに限られる時、例えば「国防」と「人間の安全保障」の重複する可能性は減少するところ、他領域との交錯関係がこの安全保障概念内部の連続性と関係している[6]。

　とりわけ情報収集を通じた安全保障と公衆衛生の領域横断性は新型コロナウイルスの事例でも顕著である。新型コロナウイルスの事例は領域横断的な情報収集が「より効率的な情報収集のために」有意義であることを示したが、「効率性」という次元を超えて、軍事的な意味も含む安全保障のために情報収集が必須であること、そしてその情報網の統合的運用がなされなかった場合、公衆衛生上も安全保障上も、また経済社会上も極めて大きな問題が生じることも示唆している。

　さらに、これは政策領域間だけではなく、国家が安全保障のために私的な領域に立ち入る監視社会としての側面、つまり公・私 (或いはプラットフォー

マーと個人）間の関係性における領域間交錯の可能性をも含意するものである。特に感染力の高い疾病に対する効率的な対策においては情報収集が欠かせないが、これには権力的な営為が伴わざるを得ない。この論点は、論理的には安全保障と他分野との分野（領域）横断性は別次元にあるが、政策領域間の関係が深まるほどに重要となる。なぜならば異領域での情報収集、特に保健関連の情報収集はその中立性や非政治性を利用するための「トロイの木馬」となりうるからである。健康を担保する目的に合意したことで収集された情報が、個人を管理する目的で使われたり、あるいは（他国の）安全保障上の目的に利用されたりする可能性は、国防としての安全保障と警察的監視の境が不明確となり、かつ領域間の境界が不明確となることでさらに高まる。

　より効率的かつ一貫した分野横断的な情報共有が必要となり、また可能となった場合、領域間での情報の匿名性や秘匿性、中立性をどこまで担保しうるかという点は、マネジメントにおける大きな論点である。この効率性と広義の正当性とのジレンマは公・私間の関係にも立ち現われ、これらを両立するための制度的な担保や、倫理的・法的な枠組みの確保がより一層必要となってくる。これらの問題に対処するにあたっては、保障される価値の大きさ、侵害される人権や生じる懸念の意義、文化的・社会的文脈、制度の持続期間、情報を保有する機関の性質等に立ち返り、慎重な比較衡量やこのトレードオフ関係を踏まえた制度の設計が求められることになるだろう。

（3）情報収集と意思決定の課題

　歴史的な経緯を検討すると、安全保障領域と保健領域の「重複」において監視と情報収集が大きな役割を果たすことが見て取れる。つまり、安全保障問題にせよ保健問題にせよ初動としてはインシデントに関する情報を入手しなければならず、情報収集を通じて両領域のオペレーションが重複することとなる。

　一方、このような情報収集後、意思決定に至るまでの経緯については別の課題がある。新型コロナウイルスの事例で顕現したのは、情報を効率的かつ正確に収集した場合であっても、意思決定にこれが反映されるか否かに関し

て大きな問題があった点である。

　例えば、既に検討したように、アメリカのホワイトハウスは新型コロナウイルスの件でも 1 月中にその脅威に関する報告を受けていた。台湾は、1 月頭の時点で新型コロナウイルスにはヒト-ヒト感染の危険があることを察知し、国際保健規則 (IHR: International Health Regulations) の情報共有制度を通じて WHO にも通告していたが、WHO は 1 月 14 日にヒト-ヒト感染が起こらないものとして SNS 上に掲載し PHEIC も見送った (Culpan, 2020)。さらに、ウイルスの起源に関しても、2018 年の段階でいくつかのレポートが中国の研究所における SARS 類似のウイルス流出の可能性を指摘していたが、これに関する検討自体も十分に進むことはなかった (Rogin, 2020)。

　単に情報を収集するだけではなく、①正しいリスクアセスメントを行った上で、②それが行動変容に結びつかなくてはならない。新型コロナウイルスの各国の初動の「失敗」は、この②行動変容、及びそのための意思決定プロセスが、情報が伝達されていることと同様かそれ以上に重要であるという原則論の重要性を改めて示している。特に、情報へのアセスメントを行うにあたり科学的な見地から早急に警鐘を鳴らし、一定の対処を取ることのできる権限ないし能力が政府内部の当該業務を担当する一定の組織に不足している場合、対応の遅れが特に問題となったことを指摘することができる。

(4) 安全保障における国際的ガバナンス──変化と含意

　特に有効な医薬品がない空気感染または飛沫感染の感染症において、疾病への対処という観点からはボーダー・コントロールが少なくとも初期的には最も必要な施策の一つである。そして、ワクチンや特効薬、その他医療資源の分配にあたっては、いわば必要資源に関するゼロサムゲームの様相を呈するナショナリズムも顕現している。これらの施策は伝統的・一国主義的安全保障と親和性が高いものといえる。

　一方、新型コロナウイルスの場合、飛沫感染し、かつ感染力が強い以上、ワクチンや特効薬が開発されたとしても、それらが途上国にも普及して世界的に脅威が収まらない限り、一国の状況が改善するのみでは経済・社会活動

を通常通りに行うことには困難が伴う。つまり、自国一国単独の利益を追求した場合であっても、他国の状況を把握することが必須となる。これまでも感染症のガバナンスに関してはこの傾向が指摘され、グローバル保健セキュリティー概念やグローバル保健ガバナンス概念の基礎をなしてきた。しかし、新型コロナウイルスはエボラ出血熱やSARSに比べ基本再生産数が大きく、致死率は相対的に低いものの不顕性の伝染によって感染制御が困難となるという性質があるため、この危険性をより差し迫った脅威として先進諸国に突きつけることになった。適切な医薬品やワクチンが普及せず、かつ完全に疾病の状況を掌握できていない状態で各国間の往来が完全に正常化されれば、ある一国、場合によってはある一地域のみで起こっている新型コロナウイルスの事例が世界的に伝播する可能性がある。

　このような各国間の高い相互関連性（inter-connectedness）は、国際協調の必要性を示す根拠として度々語られるが、これは同時に自国の脆弱性への対応として他国への監視や介入の必要性も突きつけるものである。新型コロナウイルスの対応について、トランプ大統領は新型コロナウイルスに対する中国及びWHOの初期対応につき疑義を呈するコメントを寄せている（Mangan, 2020）。この内容自体の評価については慎重なアセスメントが待たれるし、また既に検討したようにトランプや側近自身の意思決定プロセスに問題があった可能性が指摘されている。一方、伝染病の発生国が十分な管理や対処をすることができなかった場合、これによって被害を受ける可能性がある周辺国や諸外国がこの対処に対して損害の賠償を求めたり、介入を行ったりすることが正当化されうるのかについては、理論的には議論がありうる。一般的には、感染症発生国は自国国民を守るために少なくとも一定の努力をすることが考えられるため、倫理的にも法的にも疾病の発生の責任を一国に問うということはそれが自然発生のものである限り困難である。しかし、感染症対応の「失敗」が故意であることを明示的に確認することが困難でも、対応においていわば重過失が存在する場合、これに対して責任を問うことはできないのかについては、本来、より具体的な状況に即して理論的に議論がなされるべきポイントである。特に、感染症の発生国がその伝播により間接的にであっても何ら

かの利益を得る場合、自国防衛の観点も含めてこれを制限しようとする動き
は想定されるところである。

　新型コロナウイルスの脅威を受けて、パンデミック発生後の感染国への介
入に関してはさらに具体的な検討が進む可能性がある。現在、WHO をはじ
めあらゆる国際保健上の対応は原則としてインシデントが発生した国の同意
に基づき行われる。IHR（国際保健規則）の規則改正もこの限界を前提としつ
つ、私的機関も含めた情報共有枠組みの強化によって実質的な「強制力」を
担保しようと試みたものだったが、あくまでも国際社会の圧力に依存してお
り、被感染国が拒否すれば調査を行うことは極めて難しい。新型コロナウイ
ルスの事例によってパンデミックの健康・経済・社会上の極めて大きなイン
パクトが周知されたことによって、IHR の改定議論や、周辺国による情報開
示・対応への要求についての圧力が今後強まっていく可能性が高い。BWC（生
物兵器禁止条約：Biological Weapons Convention）の例でも強制査察権限は何度も議
論され、その度に生物兵器の性質上の困難や介入を忌避する加盟国の反対に
よって頓挫してきた。こういった政治的な困難や、運用資源上の限界を超え
て国際的な枠組みにどの程度の権限が付与されることになるか、あるいは代
替的な手段が模索されるかは現時点では未知数である。

3.　結　語

　「一国主義的ナショナリズム」と「国際的な協調路線」はしばしば対立的な
概念のように扱われるし、実際の政策実務上明らかに異なった方向性となる
ことが多い。一方、国際行政の端緒は国際河川行政、国際衛生行政、国際郵
便行政等を見ても、各国が自国の利益を守る目的において一国では対処が困
難な課題を共同で解決しようとしたことにある。新型コロナウイルスへの対
応や、今後の国際的な感染症対策を考えた場合も、必ずしも両者は排他的な
関係にあるわけではない。人の安全と平穏を害する全ての脅威について、情
報を早期に入手し、適切な判断を下し、迅速な対応を行う必要性が存在する
という観点からは、安全保障領域と保健領域、公と私、場合により国家間の

境界は曖昧である。いかにその境界を乗り越えて共通の目的を達成する制度を構築するか、かつ両者のバランスを確保するかが今後の重要な課題の一つになる。これらを実現するためには、国内外の双方でガバナンスに焦点を当てた議論が必要となる。

　今後は、特に領域を拡大した情報収集を個人や機関の適切な情報保護の観点の下遂行すること、収集された情報に基づく適切かつ中立な意思決定プロセスを事前に準備すること、そしてより具体的な感染国への介入について複雑な政治的やりとりを前提としつつ、制度設計の準備を始めることが期待される。

注

1　本章は、武見綾子（2020）「安全保障としての国際的感染症対策―歴史的経緯の分析に基づく論点の提示」東京大学未来ビジョン研究センターワーキングペーパー、2020 年 5 月 27 日 を再構成したものです。

2　本件は、軍事機関が主体的にコントロール権も有した点で、単なる軍事資源の活用を超えているとも言える。

3　解体以前、例えば 2016 年時点では、NSC 下にオバマ政権率いるグローバル・ヘルス・セキュリティー部門を設置し、エボラ出血熱の調整された対応にあたっていた。同チームはレスポンス・コーディネーターである NSC のスタッフを通じ大統領を含む政府の最高意思決定機関への報告ラインを有しており、各州政府や機関との同分野における調整も担っていた。2018 年、Bolton 氏によってNSC が再組されるにあたり、グローバル・ヘルス・セキュリティー部門のトップだった Timothy Ziemer 氏は突然解雇され、さらに包括的・総合的なバイオ・ディフェンスの必要性を唱えていたホワイトハウスの Homeland Security Adviser だった Tom Bossert 氏も解雇された（Sun, 2018）。前ホワイトハウス NSC, global health security and biodefense 部門のシニアディレクターだった Cameron 氏は、同部門の解体によってホワイトハウス内で十分に調整された対応が取られることが大幅に阻害されたことを指摘している（Cameron, 2020）。

4　2018 年 1 月、北京の米国大使館は北京の初の BSL-4（Biosafety Level4）施設である中国科学院武漢ウイルス研究所に 2 人の科学技術関係の外交官を派遣し、同施設の安全性及びマネジメントの状況に疑義を呈し、追加的な関心を払い続けるようにレポートしている。

5　このような問題意識から 2005 年インドネシアが H5N1 のウイルスの国際的な共有を「拒んだ」ケースは記憶に新しい。このケースでは、当然に自国発生のウイルスを WHO はじめ先進諸国の公衆衛生機関に事実上「義務的に」共有することが 求められ、かつ当然に私企業とも共有される一方、これら先進諸国からのワクチンや医薬品への（途上国にとっても）妥当な価格での共有が拒まれることに疑義を呈したものだった（Sedyaningsih, et al., 2008）

6　例えば、イスラエルで公衆衛生上の対応に軍事的資源が動員されたことは、主にテロ対策の観点から平時からの危機対応としての軍や治安当局の民間との情報共有及び連携が進展しており、軍・警察・消防等の連携が密接であったことと無関係ではない（日経新聞, 2020d）

参考文献

AFP「仏空母、コロナ感染 600 人超に 乗組員の 3 分の 1」、2020 年 4 月 16 日。

Baier and Re, Sources believe coronavirus outbreak originated in Wuhan lab as part of China's efforts to compete with US, FOX News, April 15, 2020.

Bergman, R., Israel's Not-So-Secret Weapon in Coronavirus Fight: The Spies of Mossad, New York Times, April 12, 2020.

Cameron, I ran the White House pandemic office. Trump closed it. , Washington Post, March 13, 2020.

Culpan, T., Taiwan's Viral Success Makes It Harder to Ignore Whatever happens with the WHO, Taipei is being recognized in this fight. Bloomberg, April 6, 2020.

Drezner, D. W., The power and peril of international regime complexity. *Perspectives on politics*, 7 (01) , 65-70. 2009.

Galloway, Australia wants WHO to have same powers of weapons inspectors, The Sydney Morning Herald, April 22 , 2020.

Galloway, Bagshaw, Australian intelligence knocks back US government's Wuhan lab virus claim, The Sydney Morning Herald, May4, 2020.

Goodman, Thomas, Lee Wee and Gettleman, A New Front for Nationalism: The Global Battle Against a Virus, New York Times, April 10,2020.

Gordon, Possible Chinese Nuclear Testing Stirs U.S. Concern, Wall Street Journal , April 15, 2020.

Harris, Miller, Dawsey and Nakashima, U.S. intelligence reports from January and February warned about a likely pandemic, Washington Post, March 21, 2020.

Keohane, R. O., & Victor, D. G., The regime complex for climate change. *Perspectives on politics*, 9（01）, 7-23.,2011.

Lieber, D., Israel Turns to Its Spy Agencies to Combat Coronavirus: Effort includes undercover purchase of testing kits from abroad and phone-tracking to map infections, Wall Street Journal, March 20, 2020.

Mangan, D, Trump blames China for coronavirus pandemic: 'The world is paying a very big price for what they did'CNBC, Mar 19, 2020.

NHK a「"対応遅れで感染拡大" 米で中国政府を相手に集団訴訟の動き」、2020 年 3 月 28 日。

NHK b「国家安全保障局に「経済班」設置「新型コロナ対策を全力で」、2020 年 4 月 6 日。

NHK c「感染拡大で各国が食料輸出制限の動き WFP トップが懸念表明」、2020 年 4 月 10 日。

Rogin, State Department cables warned of safety issues at Wuhan lab studying bat coronaviruses, April 14, 2020.

Sun, Top White House official in charge of pandemic response exits abruptly, Washington Post, May 11, 2018.

Viswanatha, Leary, Pompeo Says There Is Evidence Coronavirus Came From Wuhan Lab, Wall Street Journal, May 3, 2020.

World Economic Forum, Europe's armed forces face a war against coronavirus as military infections rise, April 7, 2020.

Wæver, O., Securitization and desecuritization. Copenhagen: Centre for Peace and Conflict Research., 1993.

Yasmeen Abutaleb, Josh Dawsey, Ellen Nakashima and Greg Miller, The U.S. was beset by denial and dysfunction as the coronavirus raged, Washington Post, April 4, 2020.

朝日新聞「総務省、携帯・IT 大手にビッグデータ要請 コロナ対策」、2020 年 4 月 1 日。

伊藤・寺本「海賊対処の海自隊員、コロナで交代なしか ソマリア沖」朝日新聞、2020 年 4 月 17 日。

時事通信「輸出制限に歯止めかからず 新型コロナ危機で自国優先」、2020 年 04 月 01 日。

城山英明『国際行政の構造』東京大学出版会、1997年。

東京新聞 a「クルーズ船支援、自衛隊感染ゼロ 最高レベルの防疫」、2020 年 3 月 21 日。

東京新聞 b「米、ドイツのマスク「強奪」か タイの空港で 20 万枚」、2020 年 4 月 4 日。

日本経済新聞 a「フィリピン、大統領の権限強化　新型コロナ対応で」、2020 年 3 月 25 日。

日本経済新聞 b「個人追跡でコロナ封じ込め　「総監視化」の危うさも」、2020 年 4 月 9 日。

日本経済新聞 c「イラン革命防衛隊、米艦船に異常接近　米軍が非難」、2020 年 4 月 16 日。

日本経済新聞 d「自衛隊、医療支援で前面に、民間にノウハウ共有急務」、2020 年 4 月 29 日。

毎日新聞「世界マスク争奪戦　駆け引き過熱　生産量 10 倍増の中国存在感」、2020 年 4 月 10 日。

補論 2 ───────────────────

新型コロナウイルス感染症への対応における
ガバナンス ──日本の場合

城山英明

─────────────────────────

はじめに

　日本で最初に新型コロナウイルス感染症 (COVID-19) の事例が確認したの
は 2020 年 1 月 15 日という比較的早期であったが、急速に拡大したのは欧米
諸国に遅れ、2020 年 3 月後半以降であった。2020 年 4 月 6 日に国による緊
急事態宣言が出され、4 月 16 日にはその対象区域は全国に拡大した。その後、
5 月 14 日、5 月 21 日には緊急事態措置の対象地域が限定され、5 月 25 日に
は緊急事態宣言が解除された。その間の新規感染者数は**図補 2-1** にみられ
るような推移となっている。その間、国や地方自治体によって用いられた基
本的な政策手段は要請であり、都市のロックダウンのような強制的手段が用
いられることははなかった。

　以下では、このような日本における 2020 年 5 月末までの新型コロナウイ
ルス感染症への対応の経験について、ガバナンスの観点から試論的に分析す
ることとしたい。具体的には、第 1 節で、2009 年の新型インフルエンザへ
の対応等を通して構築された日本の感染症対策の制度的枠組みについて歴史
的に確認する。その上で、第 2 節において、新型コロナウイルス感染症に対
する国の対応について、専門家と政治の関係、分野横断的対応のための体制
等に焦点を当てて検討する。また、第 3 節においては、新型コロナウイルス
感染症対応における国と地方自治体の関係について検討する。最後に第 4 節
において、現時点での日本における新型コロナウイルス対応のガバナンスの

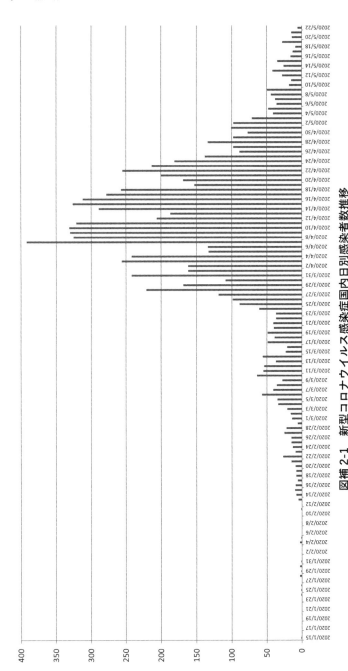

図補 2-1 新型コロナウイルス感染症国内日別感染者数推移

出典：厚生労働省ホームページ（https://www.mhlw-gis.maps.arcgis.com/apps/opsdashboard/index.html#/c2ac63d9dd05406dab7407b5053d108e）2020 年 5 月 25 日現在。

課題と、日本の経験のグローバル保健ガバナンスへの含意も含め整理しておきたい。

1. 制度的文脈——健康危機管理と新型インフルエンザ対応の経験

(1) 健康危機管理——厚生労働省内の対応を基礎とする枠組み

　感染症対応を含む健康危機管理の基本的枠組みとしては、現在の厚生労働省において1997年1月に健康危機管理基本指針が策定され、健康危機管理調整会議が設置された。健康危機管理基本指針によると、「健康危機管理」とは、医薬品、食中毒、感染症、飲料水その他何らかの原因により生じる国民の生命、健康の安全を脅かす事態に対して行われる健康被害の発生予防、拡大防止、治療等に関する業務であって、厚生労働省の所管に属するものをいうとされている。そして、健康危機管理に関する取組みについての情報交換を行うとともに、迅速かつ適切な健康危機管理を行うための円滑な調整を確保するため、現在の厚生労働省内に健康危機管理調整会議が設置された。同会議は大臣官房厚生科学課長を主査とし、大臣官房厚生科学課に事務局を置くものとされた。この厚生科学課は、オールハザードへの対応の結節点となる国際保健規則（IHR）におけるナショナル・フォーカル・ポイント（情報連絡窓口）でもある。また、重大な健康被害が発生し、又は発生するおそれがある場合には、当該被害の程度、緊急度等を勘案し、大臣の承認を得て、対策本部を設置するものとされた（厚生省1997a）。

　健康危機管理の中でも感染症対応に関しては、感染症健康危機管理実施要領が1997年3月に策定され、その後2001年3月、2013年10月に改正された。感染症健康危機管理実施要領では、初動のリスク評価、緊急時対応については、結核感染症課が主導し、健康危機管理調整会議の開催を求めるとともに、健康局長の判断を仰ぐとされた。また、①緊急時対応を行う事象と判断された場合には、局内、省内幹部に報告すると共に、健康危機管理調整会議の主査を通じて内閣情報調査室に通報する、②感染症による重大な健康被害が発生し、又は発生するおそれがある場合に厚生労働省対策本部を設置する、③

職員の現地派遣を必要と判断した場合、直ちに派遣チームの編成を行い、各都道府県等の対応を支援する、④対策の実施において、関係省庁の協力が必要不可欠又は有効と判断される場合には、当該省庁に対して協力を要請するとされた。このような枠組みを通して、基本的には厚生労働省内の対応を基礎としつつも、事務レベルでの一定の省庁横断的な仕組みは構築されていた（厚生省 1997b）。

(2) 新型インフルエンザ対応 —— 省庁横断的な対応の試み

　2003 年に発生した鳥インフルエンザ（H5N1）の世界的な流行や人の感染の発生により、新型インフルエンザ出現が強く懸念された。WHO においても、このような事態をうけて、1999 年に策定したガイドラインを改定し、WHO「世界インフルエンザ事前準備計画（WHO global influenza preparedness plan）」を 2005 年 5 月に公表した。このような動きを背景として、国は 2005 年 11 月に新型インフルエンザ対策行動計画を策定した（厚生労働省 2005）。関連して、厚生労働省内に大臣を本部長とする対策推進本部を設置するとともに、省庁横断的な仕組みとして 2004 年 3 月には新型インフルエンザ及び鳥インフルエンザに関する関係省庁対策会議が置かれた（内閣官房 2004）。

　その後、2009 年 2 月には、新型インフルエンザは多数の国民の健康・生命に関わり、また、社会・経済活動に甚大な影響を及ぼすことから、国のみならず地方自治体、企業、関係機関等において総合的に対策を講ずることが重要であるため、新型インフルエンザ対策行動計画を改定するとともに、新型インフルエンザに係る各種ガイドライン（水際対策に関するガイドライン、検疫に関するガイドライン、医療体制に関するガイドライン、ワクチン接種に関するガイドライン、抗インフルエンザウイルス薬に関するガイドライン等）を策定し、新型インフルエンザに係る各種対策についての具体的な内容、関係機関等の役割等を提示した（新型インフルエンザ及び鳥インフルエンザに関する関係省庁対策会議 2009）。

　このような行動計画の改定、各種ガイドラインの公表の直後、2009 年 4 月末に新型インフルエンザ（A/H1N1）が発生し、世界的なパンデミックとなっ

た。厚生労働省を中心とした危機管理対応については、迅速に対応したことには一定の評価をするとの意見がある一方で、対策については様々な問題点が指摘された。そのため、厚生労働省内に新型インフルエンザ（A/H1N1）対策総括会議が設置され、問題点を整理した上で、提言が行われた。その主要な内容は以下のようなものであった。①新型インフルエンザ発生時の行動計画、ガイドラインは用意されていたが、病原性の高い鳥インフルエンザ（H5N1）を念頭に置いたものであった。②行動計画・ガイドラインでは、突然大規模な集団発生が起こる状況に対する具体的な対応の提示が乏しかった。③2009年2月のガイドライン策定から間もない時期に発生したことから、検疫の実施体制など、ガイドラインに基づく対策実施方法について、国及び地方自治体において、事前の準備や調整が十分でなかった。④パンデミックワクチンの供給については、国内生産体制の強化を始めたばかりであり、一度に大量のワクチンを供給できなかった。⑤病原性がそれ程高くない新型インフルエンザに対応して臨時にワクチン接種を行う法的枠組みが整備されていなかった（厚生労働省 2010）。また、2009年5月に政府専門家諮問委員会の委員に任命された専門家は、専門家の役割に関する課題として、以下のような点を指摘している。①専門家諮問委員も、マスコミなどに求められた時だけでなく、必要であれば積極的にマスコミ等に接触し、意見を述べるべきであった。②事務局（内閣官房および厚生労働省）とは文字通り頻繁に議論を重ねたが、直接政治家に意見を述べる機会はなかった。次回は、積極的に事務局の方々と一緒に政治家に接触し、専門家としての意見を述べるべきであろう（尾身他 2010）。

　このような新型インフルエンザに関する経験を踏まえて、大臣レベルの省庁横断的なメカニズムとして、新型インフルエンザ等対策閣僚会議が2011年9月に設置された。これは、内閣総理大臣を本部長とし、すべての国務大臣を構成員とするものであった。ただし、この時点では新型インフルエンザ専門家会議は厚生労働省内に設置されており、新型インフルエンザ等対策閣僚会議とは直接にはつながっていなかった。その後、2012年5月に新型インフルエンザ等対策特別措置法が制定された。そして、この特別措置法に基

づき、新型インフルエンザ等対策有識者会議が、2012 年 8 月に開催された
第 2 回新型インフルエンザ等対策閣僚会議で設置された。また、有識者会議
の下に、基本的対処方針等諮問委員会が設置されるとともに、事務局として
内閣官房に新型インフルエンザ等対策室が設置された。

2. 新型コロナウイルス感染症への国の対応

(1) 初期体制の始動

　2020 年 1 月 30 日の閣議決定により、大臣レベルの省庁横断的な枠組みと
して新型コロナウイルス感染症対策本部が設置された。本部長は内閣総理大
臣、副本部長は内閣官房長官と厚生労働大臣、本部員は他の全ての国務大臣
とされた。

　また、2020 年 2 月 14 日の新型コロナウイルス感染症対策本部決定により、
新型コロナウイルス感染症対策専門家会議が設置され、構成員として 12 人
の専門家が任命された。さらに、厚生労働省内の実働部隊として、2 月 25
日にクラスター対策班が設置された。クラスター対策班は、データチーム、
リスク管理チームから構成され、国立感染症研究所、国立保健医療科学院、
国立国際医療研究センター、北海道大学、新潟大学、国際医療福祉大学等か
ら約 30 名が参加した。

　このような新型コロナウイルス感染症対策本部、新型コロナウイルス感染
症対策専門家会議という初期体制は、各々アドホックな閣議決定と対策本部
決定に基づくものであり、2012 年に制定された新型インフルエンザ等対策
特別措置法に基づく対応の枠外であると認識されていた。

(2) 専門家会議の役割――科学と政策決定の関係

　このようなアドホックな体制の下で、新型コロナウイルス感染症対策専門
家会議は活動を開始し、2020 年 2 月 16 日に第 1 回会議を開催した。専門家
会議の運用で興味深いのは、「見解」、「要望」、「状況分析・提言」といった
形で、単に受動的に政府の諮問に回答するだけではなく、社会の関係者に対

して、ある程度能動的に課題認識・提案を行うとしていた点である。これは、前述の 2010 年の新型インフルエンザへの対応時の、社会や政治家への発信が不十分であったという専門家の反省に基づいていたといえる。

2020 年 2 月 24 日の第 3 回会議では、「新型コロナウイルス感染症対策の基本方針の具体化に向けた見解」が出された。そこでは、「医学的な見地から助言等を行うため、適宜、政府に助言」するという基本的役割に加え、「現在までに明らかになってきた情報をもとに、我々がどのように現状を分析し、どのような考えを持っているのかについて、市民に直接お伝えすることが専門家としての責務だと考え、この見解をとりまとめる」として、市民等社会の関係者に対して能動的に伝えることも重要だという役割認識が示された。また、実質的には、「これから 1 〜 2 週間が急速な拡大に進むか、収束できるかの瀬戸際となります」というメッセージが提示された (新型コロナウイルス感染症対策専門家会議 2020a)。また、2020 年 3 月 9 日第 6 回会議で出された「新型コロナウイルス感染症対策の見解」においては、十分な科学的根拠はないが事前警戒として、「3 密」を避けることをお願いしたいというメッセージが提示された (新型コロナウイルス感染症対策専門家会議 2020b)。

その後は、「状況分析・提言」という形で専門家会議からのインプットが行われることとなった。2020 年 3 月 19 日第 8 回会議において出された「新型コロナウイルス感染症対策の状況分析・提言」では、①北海道以外の新規感染者数が都市部を中心に漸増していること、②爆発的な感染拡大 (オーバーシュート) の可能性があること、③重症者を優先する医療体制の構築の必要性が強調された (新型コロナウイルス感染症対策専門家会議 2020c)。爆発的な感染拡大 (オーバーシュート) の可能性という課題を政治的アジェンダに載せる上で、この「状況分析・提言」は一定の役割を果たしたと思われる。

新型コロナウイルス感染症対策本部による大臣レベルでの政治的決定は、このような新型コロナウイルス感染症対策専門家会議の「見解」、「状況分析・提言」を踏まえて行われた。例えば、2020 年 2 月 25 日に新型コロナウイルス感染症対策本部で決定された「新型コロナウイルス感染症対策の基本方針」においては、①患者増加のスピードを可能な限り抑制する、②重症者対策を

中心とした医療提供体制等の必要な体制を整える準備期間を確保する、③イベント等の開催については、専門家会議からの見解も踏まえ、開催の必要性改めて検討する、④今後広く外出自粛協力求める、⑤学校等の臨時休業等の適切な実施に関して都道府県等から設置者等に要請するといった方針が、専門家会議の議論を踏まえつつ、決定された（新型コロナウイルス感染症対策本部 2020a）。

しかし、「見解」や「状況分析・提言」に基づく専門家会議の能動的な役割設定は、常に機能したわけではなかった。これらの役割が、政治によってオーバーライドされることもあった。例えば、2020年2月29日の安倍内閣総理大臣記者会見においては、「これから1、2週間が、急速な拡大に進むか、終息できるかの瀬戸際」であるという認識から、「多数の方が集まるような全国的なスポーツ、文化イベントについては、中止、延期又は規模縮小などの対応を要請する」、「全国すべての小学校、中学校、高等学校、特別支援学校について、来週月曜日から春休みに入るまで、臨時休業を行うよう要請する」といった方針が示された（首相官邸 2020）。しかし、専門家会議は学校休止について特定の方向性を示していたわけではなかった。

（3）新型インフルエンザ等対策特別措置法改正後の体制の制度化

新型コロナウイルス感染症対策本部、新型コロナウイルス感染症対策専門家会議という初期体制は、各々アドホックな閣議決定と対策本部決定に基づくものであったが、その後、新型インフルエンザ等対策特別措置法を改正して、その対象範囲とされることとなった。法改正に関しては2020年3月10日に閣議決定が行われ、新型コロナウイルス感染症をも対象とする新型インフルエンザ等対策特別措置法が3月14日に施行された。これにより、緊急事態宣言を出すことが法的に可能となった。

まず、2020年3月26日に新型コロナウイルス感染症対策本部が改正法に基づく組織として再設置された。また同日、第3回新型インフルエンザ等対策閣僚会議が開催され、その下に設置されている有識者会議構成員、基本的対処方針等諮問委員会構成員の増員が決定された。そして、基本的対処

方針等諮問委員会構成員として 16 人が任命され、2020 年 3 月 27 日の基本的対処方針等諮問委員会における議論を踏まえて、2020 年 3 月 28 日の新型コロナウイルス感染症対策本部において基本的対処方針が決定された。その後、2020 年 4 月 7 日の基本的対処方針等諮問委員会における議論を踏まえて、同日の新型コロナウイルス感染症対策本部において、2020 年 5 月 6 日までの緊急事態宣言、基本的対処方針改定案が決定された。また、2020 年 4 月 16 日の基本的対処方針等諮問委員会における議論を踏まえて、同日の新型コロナウイルス感染症対策本部において非常事態宣言の緊急事態措置実施区域の変更案等が決定され、2020 年 5 月 4 日の基本的対処方針等諮問委員会における議論を踏まえて、同日の新型コロナウイルス感染症対策本部において 2020 年 5 月末までの緊急事態宣言延長等案が決定された。そして、第一波の終息局面においては、2020 年 5 月 14 日の基本的対処方針等諮問委員会における議論を踏まえて、同日の新型コロナウイルス感染症対策本部において、緊急事態措置実施区域を北海道、埼玉県、千葉県、東京都、神奈川県、京都府、大阪府及び兵庫県に限定することとし、2020 年 5 月 21 日の基本的対処方針等諮問委員会における議論を踏まえて、同日の新型コロナウイルス感染症対策本部において、緊急事態措置を実施すべき区域を北海道、埼玉県、千葉県、東京都及び神奈川県に限定することとした。そして、2020 年 5 月 25 日の新型コロナウイルス感染症対策本部において、緊急事態宣言を解除した。

　このように、新型インフルエンザ等対策特別措置法改正後の制度化された体制の下においては、大臣レベルの新型コロナウイルス感染症対策本部と専門家レベルで基本的対処方針等を議論する基本的対処方針等諮問委員会が公式的な役割を担うこととなった。ただし、基本的対処方針等諮問員会の役割は、政府の諮問に回答するという古典的なものであり、能動的にアジェンダ設定を行うというものではなかった。

　他方、この能動的なアジェンダ設定機能は、新型コロナウイルス感染症対策専門家会議が持続することによって保持された。新型コロナウイルス感染症対策専門家会議は 2020 年 4 月 1 日に第 10 回会議を開催し、「新型コロナ

ウイルス感染症対策の状況分析・提言」を出した。ここでは、都市部を中心に感染者が急増している、海外からの移入が疑われる感染者が増加しているという状況分析が示され、夜の街のクラスターへの対応、オーバーシュートが起きる前に医療供給体制の限度を超える可能性への対応の必要等が提言された (新型コロナウイルス感染症対策専門家会議 2020d)。さらに、2020 年 4 月 22 日に開催された第 11 回会議で出された「新型コロナウイルス感染症対策の状況分析・提言」においては、引き続き緊急事態宣言下における現行の行動変容に対する評価を進めていく、緊急事態宣言の期限に向け現状や対策についての分析を進める、その際現行の行動変容の評価に加え感染状況、医療提供体制をはじめとする各対策の状況、海外における行動変容の移行に関する例など、様々な要素を総合的に勘案するといった基本的方向性が示された (新型コロナウイルス感染症対策専門家会議 2020e)。そして、基本的対処方針等諮問委員会における議論を踏まえた新型コロナウイルス感染症対策本部の 2020 年 5 月 4 日の緊急事態宣言の延長、2020 年 5 月 14 日の緊急事態措置の対象区域の限定に際しても、新型コロナウイルス感染症対策専門家会議は分析・提言を 2020 年 5 月 1 日、5 月 4 日、5 月 14 日に提出した。

(4) 省庁横断的施策——緊急経済対策等

　新型コロナウイルス感染症は、健康リスクをもたらすだけではなく、その結果として経済リスク等ももたらす複合リスクであった。また、リスクだけではなく、デジタル化の進展といった便益をもたらす機会を提供するものでもあった。そのため、政府の対応においては、省庁横断的対応が求められることとなった。例えば、2020 年 2 月 29 日の安倍内閣総理大臣記者会見においても、テレワークなど、IT 技術を活用しながら、社会のあらゆる分野で遠隔対応を進め、未来を先取りする変革を一気に進めるという社会経済的な便益を促すことを強調していた (首相官邸 2020)。

　2020 年 4 月 7 日に閣議決定された「新型コロナウイルス感染症緊急経済対策〜国民の命と生活を守り抜き、経済再生へ〜」においては省庁横断的性格が最も強くみられた。緊急経済対策では、感染拡大防止策と医療供給体制の

整備及び治療薬の開発とともに、雇用の維持と事業の継続、次の段階としての官民を挙げた経済活動の回復、強靭な経済構造の構築（サプライチェーン改革―経済安全保障の観点から生産拠点の国内回帰や多元化を強力に支援すること、海外展開企業の事業の円滑化等）、デジタル・トランスフォーメーションの加速（危機をチャンスに転換、デジタル・ニューディール）等について言及された（閣議2020）。強靭な経済構造の構築やデジタル・トランスフォーメーションの加速化は、感染症危機を機会として活用しようとする試みであるといえる。また、新型コロナウイルス感染症対策本部において決定された基本的対処方針においても、一定程度省庁横断的課題が言及されてきた。2020 年 4 月 11 日に改定された基本的対処方針においては、経済・雇用対策、人権への配慮、物資・資材供給、社会機能維持等について言及していた（新型コロナウイルス感染症対策本部 2020b）。

3. 国と地方自治体の関係

　新型コロナウイルス感染症対策において、国と地方自治体、また、地方自治体相互の関係には、様々なダイナミズムが観察された。第 1 に、地方自治体が国にとっての政策の実験室としての役割を果たす場合があった。第 2 に、地方自治体が国とは異なるインセンティブを持ち、より強力な対策を主張する場合があった。新型コロナウイルス感染症の場合、大都市は集積に伴いよりリスクが大きいため、経済リスクとのバランスを求める国以上により強力な感染症対策を求める場合があったといえる。第 3 に、地方自治体相互でも異なるインセンティブが存在した。大都市かつ財政力のある地方自治体の場合には、より強力な対策を求めるが、これらの条件に欠ける地方自治体は、強力な対策に慎重な傾向がある。ただし、一部の大都市のみが強力な対策をとり隣接地方自治体が緩い対策をとるため、感染者等が隣接地方自治体に移動するリスクがある場合には、隣接自治体も強力な対策に揃える可能性がある。また、地方自治体が対策をとる際に必要な資金を国が提供するか否かも、地方自治体が対策を決定する際の重要な規定要因である。

(1) 実験場としての地方自治体

　北海道では 2020 年 2 月 24 日までの連休中に 22 人の新型コロナウイルス患者を確認し、感染者は 30 人に拡大した。そのため、北海道は 2020 年 2 月 25 日に新型コロナウイルス感染症対策チームを設置した（日本経済新聞 2020a）。このような北海道の動きに対応して、2020 年 2 月 25 日に省内にクラスター班を設置した厚生労働省は、同日、北海道に感染症の専門家チームを派遣し、北海道と連携して患者データを分析し、感染拡大防止に向けた対策を検討することとした（日本経済新聞 2020b）。

　北海道は 2020 年 2 月 26 日、北海道内の市町村に公立小中学校を 2020 年 2 月 27 日から 2020 年 3 月 4 日まで一斉休校とするよう要請した（日本経済新聞 2020c）。また、北海道は、2020 年 2 月 28 日、新型コロナウイルスの感染拡大を受けて週末の外出自粛等を求める「新型コロナウイルス緊急事態宣言」を出した（日本経済新聞 2020d）。

　このような北海道の自主的措置は、国とも連携しつつ、感染拡大地域において実験的措置をとったものと考えることができる。国の新型コロナウイルス感染症対策専門家会議でも、例えば 2020 年 3 月 9 日の第 6 回会議で出された「新型コロナウイルス感染症対策の見解」において、北海道の状況について分析を行っている（新型コロナウイルス感染症対策専門家会議 2020b）。

(2) 緊急事態宣言をめぐる綱引き──東京都と国

　東京都は、2020 年 1 月 30 日、東京都新型コロナウイルス感染症対策本部（本部長小池東京都知事）を設置した。そして、感染者の増大を踏まえ、2020 年 3 月 23 日には「都としての新たな対応方針」を公表した。公表にあたり、小池都知事は、都内での懸念材料として感染者が爆発的に増加する「オーバーシュート」があり、事態の推移により「ロックダウン（都市の封鎖）」の可能性があるが、それはなんとしても避けなければならない、一層の協力をお願いしたいと強調した。（日本経済新聞 2020e）。そして、国が特別措置法に基づいて新型コロナウイルス感染症対策本部を再設置した 2020 年 3 月 26 日に安倍

総理大臣と会談した小池東京都知事は、「国の大きな力強い協力が必要だ」と協力を要請するとともに、会談後、緊急事態宣言について「検討を期待したい」と述べた (日本経済新聞 2020f)。

　国による緊急事態宣言の検討が進む中で、小池都知事は 4 月 3 日、新型コロナウイルスの感染拡大に伴い中央政府が緊急事態宣言を出した場合に都が実施する要請などの内容を事前公表すると発表した (日本経済新聞 2020g)。ただし、休業要請の対象に関しては都と国の間で意見の隔たりが生じていた。最終的には、都が休業要請対象を一部見直し、例えば居酒屋を含む飲食店について全面休業は求めず、営業を午前 5 時〜午後 8 時までとする案で合意した (日本経済新聞 2020h)。以上のような都と国の調整に基づき、2020 年 4 月 10 日に「新型コロナウイルス感染拡大防止のための東京都における緊急事態措置等」が都によって公表され、対象施設等が明示された。ここでは、基本的に休止を要請する施設 (特措法施行令第 11 条に該当するもの) の他に、都独自の措置として、特別措置法によらない協力依頼を行う施設についても明示された。また、小池都知事は休業要請の実効性を高めるために、要請に応じた中小の事業者に協力金を給付する方針も示した (日本経済新聞 2020i)。

(3) 対策のスピルオーバー——地方自治体間のダイナミズム

　2020 年 4 月 7 日に緊急事態宣言が出された直後は、緊急事態宣言の対象となった 7 都府県間の足並みはそろっていなかった。しかし、間もなく、各地方自治体の態度は変わってくる。埼玉県は 2020 年 4 月 10 日、特別措置法に基づき、生活必需品を扱わない商業施設やホテル、ナイトクラブなどに営業休止を要請した。これまで休業要請には慎重だったが、東京都と国が合意したことで方針を転換したとされる (日本経済新聞 2020j)。また、神奈川県も 2020 年 4 月 10 日、特別措置法に基づき、生活必需品を扱わない商業施設などに営業休止を要請し、特別措置法の対象外である中小規模の店舗についても独自に休業を依頼するとした (日本経済新聞 2020k)。

　他方、すぐには政策転換を行わない地方自治体もあった。例えば、千葉県の森田知事は、2020 年 4 月 10 日、「千葉県は東京都と同じというわけにはい

かない」と述べ、県として当面は休業要請をしない考えを改めて示した（日本経済新聞 2020l）。しかし、千葉県も翌日には態度を変えることとなった。森田知事は 2020 年 4 月 11 日、週明けにも県内の事業者に休業を要請する意向を表明し、2020 年 4 月 10 日に休業要請を発表した東京都や神奈川、埼玉両県と足並みをそろえることとなった（日本経済新聞 2020n）。

　大阪府も 2020 年 4 月 12 日、2020 年 4 月 14 日からの休業を要請する方針を決めた（日本経済新聞 2020o）。また、福岡県も 2020 年 4 月 13 日に、4 月 14 日から休業要請を行うことを決定した（日本経済新聞 2020p）。他方、緊急事態宣言の当初の対象都府県以外においても、「コロナ疎開」による医療現場の崩壊や感染拡大を警戒し、様々な反応が示された。例えば、岡山県知事は「東京に加えて近くの大阪や兵庫が指定されたのは（感染拡大を防ぐためには）大変ありがたい」としながらも、大都市部からの一時避難の動きに強い警戒感を示した。また和歌山県は緊急事態宣言の対象となっている 7 都府県から県内への帰省者や転勤者に対し 2 週間の自宅待機と連絡専用ダイヤルへの登録を求めた（日本経済新聞 2020m）

　このような地方自治体間での対策の波及効果も受けて、2020 年 4 月 16 日、都市部から地方への人の移動などで感染が全国にまん延する恐れがあるため、緊急事態宣言の対象を全国に広げることが決定された。

4.　課　題

　最後に、日本における新型コロナウイルス感染症対応の課題と日本の経験のグローバル保健ガバナンスへの含意について整理しておきたい。

　第 1 に、第 1 波への対応においては、日本は相対的にソフトな手段によって、新規感染者数を抑えてきた。このような対応を、新型コロナウイルス感染症対策専門家会議は 2020 年 4 月 1 日の「新型コロナウイルス感染症対策の状況分析・提言」において、世界各国でロックダウンが講じられる中で市民の行動変容とクラスターの早期発見・早期対応に力点を置いた取組みとして「日本モデル」と呼んでいる（新型コロナウイルス感染症対策専門家会議 2020d）。この

表補 2-1　新型コロナウイルス感染症人口 10 万人あたり死者数

	合計死者数	10 万人あたり死者数
アメリカ合衆国	94,011	**28.57**
イギリス	36,675	**54.31**
スペイン	28,678	**61.36**
イタリア	32,735	**54.06**
ドイツ	8,247	**9.87**
フランス	28,281	**43.42**
中国	4,645	**0.32**
大韓民国	266	**0.52**
シンガポール	23	**0.40**
日本	820	**0.65**

出典：WHO Coronavirus disease (COVID-2019) situation reports as of 24 May, 2020
人口は国連「World Population Prospects 2019: Data Booklet」による (https://www.unic.or.jp/files/8d
ddc40715a7446dae4f070a4554c3e0.pdf)

「日本モデル」の実効性をどう評価するのかという課題がある。**表補 2-1** に
みられるように、人口 10 万人当たりの死者数に関しては、日本の死者数は
少ない。これが、社会環境的要因によるのか、政策的要因によるのか等に関
して検討される必要がある。また、第 2 波以降におけるこのような手段の有
効性も課題となる。

　第 2 に、検査体制、医療体制の課題を指摘することができる。まず、国際
的に比較した場合、日本においては検査体制の構築や検査数が不十分であっ
た。クラスターの早期発見・早期対応に焦点を当てた場合、クラスター追跡
のための検査に重点が置かれ、それ以外の検査の優先順位が下がることは理
解できるが、急速に感染が拡大している段階においては、新たな顕在化して
いないクラスターを早期に発見するためにも、一般的な検査体制の拡充が必
要だったといえる。また、医療体制としては、国際的に比較した場合、日本
では地域差はあるものの相対的に病床数が多かった。これは、医療経済的な
観点からは問題視されてきたが、結果として医療体制の強靱性を高めた面が
ある。他方、国際的に比較した場合、人口当たりの人工呼吸器・集中治療室
の数は十分ではなかったと指摘されている。

　第 3 に、主として医学的観点からは、新型コロナウイルス感染症対策専門家会議といった場を通して、政策決定に対する専門家からの一能動的なインプットが行われてきた。特に感染症対策における数理モデルの利用に関しては、これまでは限定的な利用にとどまってきた (日比野 2019) のに対し、一定程度積極的に活用されたと考えられる。しかし、新型コロナウイルス感染症対策専門家会議自身の自己認識にもあるように、このインプットは基本的に「医学的な見地から助言等を行う」ものであった。他方、非医学的専門的知見の入れ方については、透明性が欠けていた。新型インフルエンザ等対策有識者会議には、社会機能に関する分科会が設置されており、感染症リスクと経済社会リスクのバランスを検討する際には一定の役割を果たしうると考えられるが、新型コロナウイルス感染症対策にこの分科会が活用されることは 2020 年 5 月までの時点でなかった。2020 年 5 月 14 日の緊急事態措置の対象区域を限定する局面においては、新型インフルエンザ等対策有識者会議の下の基本的対処方針諮問委員会の構成員に 4 人の経済学者が追加された。しかし、実質的に分析・提言機能を担っている新型コロナウイルス感染症対策専門家会議自体の構成は医学的専門家のままであった。その後、新型コロナウイルス対策専門家会議の役割・位置付けが社会的議論の対象となり、2020 年 6 月 24 日には新型コロナウイルス対策担当大臣である西村経済財政担当大臣は新型コロナウイルス対策専門家会議を廃止し、新型インフルエンザ等対策有識者会議の下に、新型コロナウイルス対策に関する分科会を設置するという方針を表明した (日本経済新聞 2020q)。この分科会は、前述の社会機能に関する分科会と並立するものであった。そして、2020 年 7 月 3 日の新型インフルエンザ等対策閣僚会議において、医学研究者、医療関係者に加えて、経済研究者、労働組合関係者、地方自治体関係者、マスメディア関係者も含む新型コロナウイルス感染症対策分科会が設置され、7 月 6 日に第 1 回分科会を開催した (新型コロナウイルス感染症対策分科会 2020)。この新たな分科会の役割は、政府の諮問に対して回答するという古典的な役割に回帰したと思われる。

　最後に、日本の経験のグローバル保健ガバナンスへの含意について考えて

おきたい。新型コロナウイルス感染症への対応においては、各国において各々異なった対応策をとってきた。都市のロックダウン、自由な経済活動を維持したアプローチ等もある中で、日本のソフトな自粛要請に基づく対応も、1つの対応法であったと位置づけることができる。また、2010年の新型インフルエンザへの対応時の専門家の反省に基づいて、当初活用された新型コロナウイルス感染症対応における専門家会議の運用において、社会の関係者に対して能動的に課題設定・提案を行うという方向がとられた点も、特徴として位置づけることができる。

　また、国内対応体制は IHR（国際保健規則）によって求められるコアキャパシティという観点から、国際的評価の対象でもあった。新型コロナウイルス感染症に遭遇する以前の厚生労働省内の厚生科学課をハブとする健康危機管理の調整メカニズム、新型インフルエンザ等を対象とした省庁横断的なメカニズムは、第1節において検討したように、一定程度省庁横断的な対応を可能にするものとなっていた。実際、WHO が 2014年のエボラ出血熱への対応を踏まえて実施した各国のコアキャパシティに関する JEE（合同外部評価）においても、日本の横断的調整メカニズムは5点満点で5点を得た。しかし、同時に、他省庁との多分野的アプローチ（multisectoral approach）の強化は課題として指摘されていた（WHO 2018, 9）。新型コロナウイルス感染症対応においても、当初はアドホックな対応を求められたことからも分かるように、省庁横断的対応という点では課題があったことが確認されたといえる。

参考文献

WHO, Joint External Evaluation of IHR Core Capacities JAPAN, 2018.（https://www.who.int/ihr/publications/WHO-WHE-CPI-REP-2018.23/en/）2020年5月17日確認。

尾身茂、岡部信彦、河岡義裕、川名明彦、田代眞人、「パンデミック（H1N1）2009――わが国の対策の総括と今後の課題」『公衆衛生』74巻8号、2010年 。

閣議（2020）、「新型コロナウイルス感染症緊急経済対策～国民の命と生活を守り抜き、経済再生へ～」、2020年4月7日。（http://www.kantei.go.jp/jp/singi/novel_coronavirus/th_siryou/200420kinkyukeizaitaisaku.pdf）2020年5月17日確認。

厚生省、「厚生労働省健康危機管理基本指針」、1997年 a。（https://www.mhlw.go.jp/

general/seido/kousei/kenkou/sisin/index.html）2020 年 5 月 17 日確認。

厚生省、「感染症危機管理実施要領」、1997 年 b。（https://www.mhlw.go.jp/general/ seido/kousei/kenkou/kansen/index.html）2020 年 5 月 17 日確認。

厚生労働省、「「新型インフルエンザ行動計画」の概要について」、2005 年。（https:// www.mhlw.go.jp/shingi/2008/04/dl/s0424-6b.pdf）2020 年 5 月 17 日確認。

厚生労働省、「新型インフルエンザ（A/H1N1）対策総括会議報告書」、2010 年 6 月 10 日。（https://www.mhlw.go.jp/bunya/kenkou/kekkaku-kansenshou04/dl/infu100610-00. pdf）2020 年 5 月 17 日確認。

首相官邸、「令和 2 年 2 月 29 日安倍内閣総理大臣記者会見」、2020 年 2 月 29 日。（https:// www.kantei.go.jp/jp/98_abe/statement/2020/0229kaiken.html）2020 年 5 月 17 日確認。

新型インフルエンザ及び鳥インフルエンザに関する関係省庁対策会議、「新型イ ンフルエンザ対策行動計画」、2009 年 2 月。（http://www.cas.go.jp/jp/seisaku/ful/ kettei/090217keikaku.pdf）2020 年 5 月 17 日確認。

新型コロナウイルス感染症対策専門家会議、「新型コロナウイルス感染症対策の基 本方針の具体化に向けた専門家の見解」、2020 年 2 月 24 日（2002a）。（https:// www.mhlw.go.jp/stf/seisakunitsuite/newpage_00006.html）2020 年 5 月 17 日確認。

新型コロナウイルス感染症対策専門家会議、「新型コロナウイルス感染症対策 の見解」、2020 年 3 月 9 日（2020b）。（https://www.mhlw.go.jp/content/10900000 /000606000.pdf）2020 年 5 月 17 日確認。

新型コロナウイルス感染症対策専門家会議、「新型コロナウイルス感染症対 策 の 状 況 分 析・提 言」、2020 年 3 月 19 日（2020c）。（https://www.mhlw.go.jp/ content/10900000/000610566.pdf）2020 年 5 月 17 日確認。

新型コロナウイルス感染症対策専門家会議、「新型コロナウイルス感染症対 策 の 状 況 分 析・提 言」、2020 年 4 月 1 日（2020d）。（https://www.mhlw.go.jp/ content/10900000/000617992.pdf）2020 年 5 月 17 日確認。

新型コロナウイルス感染症対策専門家会議、「新型コロナウイルス感染症対 策 の 状 況 分 析・提 言」、2020 年 4 月 22 日（2020e）。（https://www.mhlw.go.jp/ content/10900000/000624048.pdf）2020 年 5 月 17 日確認。

新型コロナウイルス感染症対策分科会、「新型コロナウイルス感染症対策分科会 の 設 置 に つ い て」2020 年 7 月 6 日。（https://www.cas.go.jp/jp/seisaku/ful/coronal） 2020 年 7 月 27 日確認。

新型コロナウイルス感染症対策本部、「新型コロナウイルス感染症対策の基本方針」、 2020 年 2 月 25 日（2020a）。（http://www.kantei.go.jp/jp/singi/novel_coronavirus/th_

siryou/kihonhousin.pdf) 2020 年 5 月 17 日確認。

新型コロナウイルス感染症対策本部、「新型コロナウイルス感染症対策の基本的
　　対 処 方 針」、2020 年 4 月 11 日 (2020b)。(http://www.kantei.go.jp/jp/singi/novel_
　　coronavirus/th_siryou/kihon_h_0411.pdf) 2020 年 5 月 17 日確認。

内閣官房、「新型インフルエンザ等に関する関係省庁対策会議の設置について」、
　　2004 年 3 月 2 日。(http://www.cas.go.jp/jp/seisaku/ful/konkyo.pdf) 2020 年 5 月 17
　　日確認。

日本経済新聞、「北海道「全国 2 位」に危機感、新型コロナで特命チーム」、2020 年 2
　　月 25 日 (2020a)。

日本経済新聞、「北海道に感染症チーム派遣　厚労省、集団感染班も設置」、2020 年
　　2 月 25 日 (2020b)。

日本経済新聞、「北海道、感染拡大阻止へ小中一斉休校　封じ込め試金石」、2020 年
　　2 月 26 日 (2020c)。

日本経済新聞、「北海道知事が緊急事態宣言 週末外出自粛を要請、北見で集団感染
　　か」、2020 年 2 月 29 日 (2020d)。

日本経済新聞、「小池都知事、首都封鎖回避へ「一層協力を」」、2020 年 3 月 23 日 (2020e)。

日本経済新聞、「首相、都への支援伝達　新型コロナで都知事と会談」、2020 年 3 月
　　26 日 (2020f)。

日本経済新聞、「東京都、緊急事態宣言の場合は予定案を事前公表」、2020 年 4 月 3
　　日 (2020g)。

日本経済新聞、「休業要請対象を一部縮小　都、経済懸念の国に配慮」、2020 年 4 月
　　9 日 (2020h)。

日本経済新聞、「特措法の隙間、東京都が独自対応　中小店舗も休業要請」、2020 年
　　4 月 10 日 (2020i)。

日本経済新聞、「埼玉県も休業要請　大野知事「首都圏一体で対策」」、2020 年 4 月
　　10 日 (2020j)。

日本経済新聞、「神奈川も休業要請　コロナ感染拡大、都基準と歩調」2020 年 4 月
　　10 日 (2020k)。

日本経済新聞、「千葉県は当面休業求めず　知事「都と同じといかず」」2020 年 4 月
　　10 日 (2020l)。

日本経済新聞、「「コロナ疎開」にピリピリ　各地の自治体来訪自粛呼び掛け　医療
　　現場の崩壊懸念」、2020 年 4 月 10 日 (2020m)。

日本経済新聞、「千葉県、一転し休業要請へ　1 都 3 県足並みそろう」、2020 年 4 月

11 日（2020n）。

日本経済新聞、「大阪、14 日からの民間施設休業要請　13 日決定」、2020 年 4 月 12
　　日（2020o）。

日本経済新聞、「福岡県が 14 日から休業要請　知事「接触、徹底的減らす」」2020 年
　　4 月 13 日（2020p）。

日本経済新聞、「新型コロナ専門家会議を廃止 経財相、新組織を設置」2020 年 6 月
　　24 日（2020q）。

日比野愛子、「感染症シミュレーションにみるモデルの生態学」、山口富子・福島真
　　人編『予測が作る社会』、東京大学出版会、2016 年。

あとがき

　本研究のきっかけとなったのは、2014年10月に日本国際交流センターと東京大学大学院医学系研究科国際保健政策学教室が2016年G7伊勢志摩サミットへの政策提言を目的として設置した「2016年G7に向けたグローバルヘルス・ワーキンググループ」への参加であった（この一部は厚生労働科学費補助金「持続可能かつ公平なユニバーサル・ヘルス・カバレッジ（UHC）の実現と我が国の国際貢献に関する研究」（研究代表者・渋谷健司）として実施された）。これは、ユニバーサル・ヘルス・カバレッジに関する議論の展開やエボラ出血熱事例を契機として、政治・行政分野の実務家、研究者等が非公式トラックにおいて2016年G7に向けてグローバル保健のあり方について議論し、提言を行うという興味深いプロセスであった。本書の共著者のうち、城山、勝間、松尾、詫摩はこのプロセスに社会科学系の研究者として参加し、様々な関係者へのヒアリングや議論に参画した。また、江副も実務家としてこのプロセスに参加していた。その結果の一部は、ランセット誌に幅広い共著者による論文として掲載されている（Japan Global Health Working Group, "Protecting human security: proposals for the G7 Ise‐Shima Summit in Japan", *The Lancet*, Volume 387, No. 10033, 2016, pp.2155–2162）。

　このような経験を契機として、社会科学系研究者を中心としてグローバル保健ガバナンスのあり方に関する研究を並行して実施するようになった。例えば、東京大学政策ビジョン研究センターにおける政策提言として、グローバル保健ガバナンスの再構築に関する提言をまとめた（Hideaki Shiroyama, Yasushi Katsuma, Makiko Matsuo, "Rebuilding Global Health Governance - Recommendations for the G7, PARI Policy Brief, 2016. http://pari.u-tokyo.ac.jp/policy/policy_brief_160513_globalhealthgovernance.pdf）。また、より歴史的背景についての研究を深めるとともに、エボラ出血熱事例を踏まえたグローバル保健ガバナンス改革の経緯

278

と帰結をフォローアップするために、科学研究費による研究を組織し、2016年度から2018年度において実施した（基盤研究B「グローバルヘルス・ガバナンスの構造変容とマネジメント上の課題」研究代表者・城山英明）。この研究実施期間中に、東京大学政策ビジョン研究センター、東京大学公共政策大学院STIG（Science, Technology, and Innovation Governance）の主催等により、2016年11月20日には"Strengthening Global Health Governance Architecture - What are the achievements and what are left behind"と題する国際ワークショップを、2019年2月19日には"Global Policy Challenges for the Future Global Health in the SDG Era"と題する国際ワークショップを開催し、国内外の専門家、実務家による議論を継続的に行った。その後2019年度以降においては、東京大学未来ビジョン研究センター技術ガバナンス研究ユニットによる活動としてグローバル保健ガバナンス研究を継続してきた。本書は、このような科学研究費、東京大学政策ビジョン研究センター・未来ビジョン研究センター・公共政策大学院STIG等による研究成果をとりまとめたものである。

　本書の取りまとめの最終段階においては、新型コロナウイルス感染症の感染拡大という予期せざる事態に遭遇することとなった。このような事態を直接的に想定した研究ではなかったが、同時にこのような事態はグローバル保健ガバナンスに関する知見が問われる局面でもあった。そこで、各章において、可能な限り新型コロナウイルス感染症事例の含意について検討するとともに、補論において、国際レベルにおける含意、日本国内における対応についても検討することとした。新型コロナウイルスに関する検討はあくまでも初期的なものであるが、本書が、将来のグローバル保健ガバナンスのあり方を考える研究者や実務家にとって、政治学を中心とした社会科学の観点からの意味のあるインプットとなればと考えている。

　最後に、新型コロナウイルス感染症の感染拡大という事態もあり、締切りを遅らせざるを得なくなるなど予定通り進行できない中で、迅速に出版のプロセスを進めていただいた東信堂の下田勝司社長に謝意を表したい。

　2020年6月

執筆者を代表して　城山　英明

資料：改正国際保健規則（IHR）の主要条項抜粋

1．National Focal Point（各国における WHO との連絡窓口）の設置

第一編―定義、目的及び範囲、諸原則及び管轄機関

第四条　管轄機関

1. 各参加国は、個々の自国管轄権内において、本規則に基づく保健上の措置の実施を所管する機関及び IHR 国家連絡窓口を指定又は設置しなければならない。

2. IHR 国家連絡窓口は、本条第三項に規定する WHO IHR 連絡窓口と常に連絡がとれるようにしなければならない。

2．各国の通告義務の拡大

第二編―情報及び公衆衛生対策

第五条　サーベイランス

1. 各参加国は、可及的速やかに、但し自国に対して本規則が発効してから五年以内に、本規則に従い事象を検知し、アセスメントし、通報し且つ報告する能力（附録第一に詳細記載）を構築し、強化し且つ維持しなければならない。

第六条　通報

1. 各参加国は、附録第二の決定手続に従って、自国領域内で発生した事象をアセスメントしなければならない。各参加国は、公衆衛生上の情報をアセスメントした後二十四時間以内に、決定手続に従い自国領域内で発生した国際的に懸念される公衆衛生上の緊急事態を構成するおそれのあるすべての事象及びそれら事象に対して実施される一切の保健上の措置を、IHR 国家連絡窓口を通じて、利用できる最も効率的な伝達手段により、WHO に通報しなければならない。WHO が受けた通報に国際原子力機関（IAEA）の権限事項が含まれる場合には、WHO は直ちにそれを

280

IAEA に通報するものとする。

第七条　予期されない又は特異な公衆衛生上の事象が発生した場合の情報
　　　　の共有
　　　参加国は、その原因又は発生源にかかわらず、国際的に懸念される公衆
　　　衛生上の緊急事態を構成するおそれのある予期されない又は特異な公衆
　　　衛生上の事象が自国領域内で発生した証拠がある場合には、関連するす
　　　べての公衆衛生上の情報を WHO に提供しなければならない。この場合、
　　　第六条の規定が全面的に適用されるものとする。

3.　加盟国以外からの情報の収集・共有と検証

第九条　その他の報告
1. WHO は、通報又は協議以外の情報源から報告があった場合にはそれを
　検討し、確立した疫学上の諸原則に基づき報告をアセスメントし、さら
　に領域内で事象が発生していると申し立てられた参加国に対し当該事象
　についての情報を伝達するものとする。WHO は、前記の報告に基づき
　何らかの行動を講じる前に、領域内で事象が発生していると申し立てら
　れた参加国と協議し、第十条に規定する手続に従って当該参加国から検
　証を得るよう試みるものとする。前記の目的のため、WHO は受理した
　情報を参加諸国が利用できるようにするものとし、適正に正当化される
　場合のみその情報源を秘密に維持することができる。前記の情報は、第
　十一条に規定する手続に従って使用される。

第十条　検証
1. WHO は、第九条に従って、国際的に懸念される公衆衛生上の緊急事態
　を構成するおそれのある事象が領域内で発生していると申し立てられた
　参加国に対し、通報又は協議以外の情報源からの報告を検証するよう要
　請するものとする。この場合、WHO は、検証を要請している報告のこ
　とを関係参加国に通知するものとする。

2. 前項及び第九条に従い、各参加国は、WHO から要請があった場合には、
次の事項を検証し且つ提供しなければならない。

　(a) 二十四時間以内に、WHO の要請に対する初の応答又は確認。

　(b) 二十四時間以内に、WHO の要請に言及されている事象の状況に関
して入手しうる公衆衛生上の情報。及び、

　(c) 本条に規定する関連情報を含め、第六条に基づくアセスメントに関
して WHO に提出する情報。

3. WHO は、国際的に懸念される公衆衛生上の緊急事態を構成するおそれ
のある事象に関する情報を受理した場合には、疾病の国際的拡大の潜在
的可能性、国際交通の阻害可能性及び管理措置の十分性をアセスメント
するために関係参加国と協働することを申し出るものとする。かかる行
動には、国内権限当局が実地アセスメントを行い且つ調整するのを支援
するための他の基準設定組織との協働及び国際援助の動員の申し出を含
めることができる。また、参加国から要請があった場合には、WHO は
前記の申し出を裏付ける情報を提供するものとする。

4. 参加国が協働の申し出を受け入れなかった場合であっても、公衆衛生リ
スクの重大さから正当化される場合には、WHO は関係参加国の見解を
考慮しつつ当該参加国に WHO による協働の申し出を受け入れるよう促
す一方、自身が入手可能な情報を他の参加国と共有することができる。

4. PHEIC（国際的に懸念される公衆の保健上の緊急事態）概念の導入

第十二条　国際的に懸念される公衆衛生上の緊急事態の認定

1. 事務局長は、（とくに自国の領域内で事象が発生している参加国から）受理し
た情報に基づき、当該事象が本規則に規定する基準並びに手続に照らし
て国際的に懸念される公衆衛生上の緊急事態を構成するか否かを認定す
るものとする。

第九編―IHR 専門家名簿、緊急委員会及び再検討委員会

第二章―緊急委員会

第四十八条　任務及び構成

1. 事務局長は緊急委員会を設置し、緊急委員会は事務局長の要請に基づき、次のものに関する見解を提供するものとする。

(a) 事象が国際的に懸念される公衆衛生上の緊急事態を構成するか否か。

(b) 国際的に懸念される公衆衛生上の緊急事態の終結。

(c) 暫定的勧告の発布、修正、延長又は解除の提案。

2. 緊急委員会は、IHR 専門家名簿から事務局長が選任した専門家及び適当な場合には本機関の他の専門家アドバイザリーパネルから構成されるものとする。事務局長は、特定の事象及びその帰結を考慮して委員会の継続性確保するという観点から委員の任期を決定するものとする。事務局長は、個々の会期ごとに必要な専門知識並びに経験を考慮し且つ衡平な地理的配分の原則に適切に配慮して、緊急委員会の委員を選任するものとする。なお、緊急委員会の少なくとも一名の委員は、自国の領域で事象が発生した参加国が指名した専門家であることが望ましい。

出典：国際保健規則　仮訳とその他の資料

https://www.mhlw.go.jp/bunya/kokusaigyomu/kokusaihoken_j.html

事項索引

人名索引

執筆者紹介（執筆順、○印編著者）

○**城山英明**（しろやま ひであき）　第1章、第5章、補論2
奥付編著者紹介参照。

武見綾子（たけみ あやこ）　第2章、補論1
東京大学未来ビジョン研究センター プロジェクトメンバー。東京大学法学部卒業、同法学政治学研究科総合法政専攻修士課程、博士課程修了。博士（法学）。ハーバード大学公衆衛生大学院専門職修士課程修了。センター・フォー・グローバル・ディベロップメント、世界銀行などで勤務後、戦略コンサルティングファームに勤務。

勝間　靖（かつま やすし）　第3章
早稲田大学大学院アジア太平洋研究科教授、国立国際医療研究センター・グローバルヘルス政策研究センター・グローバルヘルス外交ガバナンス研究科長、日越大学グローバルリーダーシップ修士課程プログラム教授。ウィスコンシン大学マディソン校農学・生命科学カレッジ開発研究プログラム博士課程修了（Ph.D.）。国連児童基金（UNICEF）職員として、メキシコ、パキスタン、アフガニスタン、東京での勤務を経て、現職。著書に『持続可能な社会をめざして〜私のSDGsへの取組み』（国際書院、2018）（編著）、『テキスト国際開発論〜貧困をなくすミレニアム開発目標へのアプローチ』（ミネルヴァ書房、2012）（編著）など。

松尾真紀子（まつお まきこ）　第4章、第5章
東京大学公共政策大学院特任准教授。東京大学大学院新領域創成科学研究科修了（国際協力学修士）、東京大学大学院新領域創成科学研究科博士（国際協力学）。東京大学大学院法学政治学研究科産官学連携研究員、東京大学公共政策大学院特任研究員、東京大学政策ビジョン研究センター特任研究員、特任助教、特任講師等を経て、現職。現在、科学技術イノベーション政策の科学教育・研究ユニットで国際政治学・公共政策学的観点から、科学・技術と社会の交錯領域（食品安全や国際保健等）におけるガバナンスの研究に従事。

江副　聡（えぞえ さとし）　第 6 章

前国際連合日本政府代表部参事官。ハーバード大ケネディ行政大学院・公衆衛生大学院卒。2002 年、臨床研修後、厚生労働省入省。診療報酬、精神保健、がん対策などの医療政策を担当。国連合同エイズ計画（UNAIDS）、国際保健企画官を経て、2017 年より国連代表部でグローバルヘルス等を担当。 医師、医学博士、社会医学系指導医・専門医。著作に "Protecting Human Security: proposals for the G7 Ise-Shima Summit in Japan", *The Lancet*. Vol. 387(10033), 2016.（共著）、"Why Does Global Health Matter to Diplomacy?", *GLOBAL HEALTH GOVERNANCE*, Vol. 9-1 & 2, 2019.（共著）、"Universal Health Coverage in Japan", *Technology and Global Public Health*（Murthy, Ansehl,（Eds.)）（Springer, 2020)、『医療改革をどう実現すべきか』(日本経済新聞出版社、2010)（共訳）など。

詫摩佳代（たくま かよ）　第 7 章

東京都立大学法学部教授。東京大学法学部卒業、東京大学大学院総合文化研究科国際社会科学専攻修士課程終了、同博士課程単位取得退学。博士（学術）。専門は国際政治学、国際機構論。東京大学東洋文化研究所助教 (2010-2013 年)、関西外国語大学外国語学部専任講師 (2013-2015 年)、首都大学東京法学政治学研究科准教授 (2015-2020 年) を経て現職。著書に『国際政治のなかの国際保健事業』(ミネルヴァ書房、2014)、『人類と病』(中公新書、2020)、共著に『新しい地政学』(東洋経済新報社、2020) など。

土居健市（どい けんいち）　第 8 章

北京大学大学院博士課程。東京大学公共政策学修士 (専門職) 学位課程修了。国際保健協力市民の会（SHARE）にて国内保健事業アシスタント業務担当の後、2008 年国際協力機構 (JICA) 入構。対中国保健医療協力、対ケニア UHC の達成のための保健セクター政策借款案件形成等の政府開発援助事業に従事。主な研究分野は、中国の国際開発協力・グローバルガバナンスへの参画、社会政策分析。主要な著作は、《非洲发展报告—大国对非政策动向与中非关系的国际环境》社会科学文献出版社，2014 年 (うち、《东京非洲发展国际会议与日本对非经济合作政策的演变》、中国語)。

編著者

城山 英明（しろやま ひであき）

　東京大学公共政策大学院・大学院法学政治学研究科教授。東京大学法学部卒業（法学士）。東京大学法学部助手、東京大学大学院法学政治学研究科助教授、東京大学大学院法学政治学研究科教授を経て、現職。東京大学政策ビジョン研究センター長（2010-2014年）、東京大学公共政策大学院長（2014-2016年）、東京大学未来ビジョン研究センター副センター長（2019年-）を兼務。専門は行政学で、国際行政、科学技術と公共政策、政策形成プロセスに関する研究に従事。著書に『国際行政の構造』（東京大学出版会、1997）、『中央省庁の政策形成過程』（中央大学出版部、1999）（編著）、『国際援助行政』（東京大学出版会、2006）、『科学技術ガバナンス』（東信堂、2007）（編著）、『国際行政論』（有斐閣、2013）、*Governance of Urban Sustainability Transitions: European and Asian Experiences*（Springer, 2016）（編著）、『福島原発事故と複合リスク・ガバナンス』（東洋経済新報社、2015）（編著）、『科学技術と政治』（ミネルヴァ書房、2018）など。

グローバル保健ガバナンス

2020年8月30日　　初　版第1刷発行　　　　　　　　　〔検印省略〕
定価はカバーに表示してあります。

編著者ⓒ城山英明／発行者　下田勝司　　　　　　　印刷・製本／中央精版印刷

東京都文京区向丘1-20-6　　郵便振替 00110-6-37828
〒113-0023　TEL (03)3818-5521　FAX (03)3818-5514
発　行　所
株式
会社 東信堂
Published by TOSHINDO PUBLISHING CO., LTD.
1-20-6, Mukougaoka, Bunkyo-ku, Tokyo, 113-0023, Japan
E-mail : tk203444@fsinet.or.jp http://www.toshindo-pub.com

ISBN978-4-7989-1653-8 C3032　ⓒ Shiroyama Hideaki

東信堂

〒113-0023　東京都文京区向丘1-20-6　TEL 03-3818-5521　FAX03-3818-5514　振替 00110-6-37828
Email tk203444@fsinet.or.jp　URL·http://www.toshindo-pub.com/

※定価：表示価格（本体）＋税

東信堂

（未来を拓く人文・社会科学シリーズ《全17冊・別巻2》）

科学技術ガバナンス	城山英明 編	一八〇〇円
ボトムアップな人間関係 —心理・教育・福祉・環境・社会の12の現場から	サトウタツヤ 編	一六〇〇円
高齢社会を生きる —老いる人／看取るシステム	清水哲郎 編	一八〇〇円
家族のデザイン	小長谷有紀 編	一八〇〇円
水をめぐるガバナンス —日本、アジア、中東、ヨーロッパの現場から	蔵治光一郎 編	一八〇〇円
生活者がつくる市場社会	久米郁夫 編	一八〇〇円
グローバル・ガバナンスの最前線 —現在と過去のあいだ	遠藤乾 編	二二〇〇円
資源を見る眼 —現場からの分配論	佐藤仁 編	二〇〇〇円
これからの教養教育 —「カタ」の効用	葛西康徳・鈴木佳秀 編	二〇〇〇円
「対テロ戦争」の時代の平和構築 —過去からの視点、未来への展望	黒木英充 編	一八〇〇円
企業の錯誤／教育の迷走 —人材育成の「失われた一〇年」	青島矢一 編	一八〇〇円
日本文化の空間学	桑子敏雄 編	二二〇〇円
千年持続学の構築	木村武史 編	一八〇〇円
多元的共生を求めて —〈市民の社会〉をつくる	宇田川妙子 編	一八〇〇円
芸術は何を超えていくのか？	沼野充義 編	一八〇〇円
芸術の生まれる場	木下直之 編	二〇〇〇円
文学・芸術は何のためにあるのか？	岡田暁生・吉岡洋 編	二〇〇〇円
紛争現場からの平和構築 —国際刑事司法の役割と課題	石田勇治・遠藤乾 編	二八〇〇円
《境界》の今を生きる	荒川歩・川喜田敦子・谷川竜一・内藤順子・柴田晃芳 編	一八〇〇円
日本の未来社会 —エネルギー・環境と技術・政策	角和昌浩・鈴木達治郎・城山英明 編	二二〇〇円

〒113-0023　東京都文京区向丘1·20·6　　TEL 03·3818·5521　FAX03·3818·5514　振替 00110·6·37828
Email tk203444@fsinet.or.jp　URL:http://www.toshindo-pub.com/

※定価：表示価格（本体）＋税

東信堂

〒113-0023　東京都文京区向丘1-20-6　　TEL 03-3818-5521　FAX03-3818-5514　振替 00110-6-37828
Email tk203444@fsinet.or.jp　URL:http://www.toshindo-pub.com/

※定価：表示価格（本体）＋税

東信堂

地域自治の比較社会学―日本とドイツ	山崎仁朗編著	五四〇〇円
日本コミュニティ政策の検証―自治体内分権と地域自治へ向けて	山崎仁朗編著	四六〇〇円
自然村再考	高橋明善	六四〇〇円
高齢者退職後生活の質的創造―アメリカ地域コミュニティの事例	加藤泰子	三七〇〇円
原発災害と地元コミュニティ―福島県川内村奮闘記	鳥越皓之編著	三六〇〇円
自治体行政と地域コミュニティの関係性の変容と再構築―「平成大合併」は地域に何をもたらしたか	役重眞喜子	四二〇〇円
さまよえる大都市・大阪―「都心回帰」とコミュニティ	鯵坂学・徳田剛・西村雄郎・丸山真央 編著	三八〇〇円
地域のガバナンスと自治―平等参加・伝統主義をめぐる宝塚市民活動の葛藤	田中義岳	三四〇〇円
現代日本の地域分化―センサス等の市町村別集計に見る地域変動のダイナミックス	蓮見音彦	三八〇〇円
現代日本の地域格差―二〇一〇年・全国の市町村の経済的・社会的ちらばり	蓮見音彦	二三〇〇円
社会制御過程の社会学	舩橋晴俊	九六〇〇円
組織の存立構造論と両義性論―社会学理論の重層的探究	舩橋晴俊	二五〇〇円
「むつ小川原開発・核燃料サイクル施設問題」研究資料集	舩橋晴俊編著	一八〇〇〇円
新版 新潟水俣病問題―加害と被害の社会学	飯島伸子・舩橋晴俊編	三八〇〇円
環境問題の社会学―環境制御システムの理論と応用	舩橋晴俊・茅野恒秀編著	三六〇〇円
新潟水俣病問題の受容と克服	堀田恭子	四八〇〇円
新潟水俣病をめぐる制度・表象・地域	関礼子	五六〇〇円
被災と避難の社会学	関礼子編著	二三〇〇円
多層性とダイナミズム―沖縄・石垣島の社会学	関礼子編著	二四〇〇円
公害・環境問題の放置構造と解決過程	渡辺伸一・堀畑まなみ・藤川賢 著	三八〇〇円
公害被害放置の社会学―イタイイタイ病・カドミウム問題の歴史と現在	藤川賢・渡辺伸一・飯島伸子 著	三六〇〇円
食品公害と被害者救済―カネミ油症事件の被害と政策過程	宇田和子 著	四六〇〇円

〒113-0023　東京都文京区向丘 1-20-6
TEL 03-3818-5521　FAX03-3818-5514　振替 00110-6-37828
Email tk203444@fsinet.or.jp　URL:http://www.toshindo-pub.com/

※定価：表示価格（本体）＋税

東信堂

書名	著者	定価
オックスフォード キリスト教美術・建築事典	P&L.マレー著／中森義宗監訳	三〇〇〇円
イタリア・ルネサンス事典	中森義宗監訳	七八〇〇円
美術史の辞典	J・R・ヘイル編／中森義宗・ほか訳	三六〇〇円
	中森義宗・清水忠訳他／P・デューロ著	三六〇〇円
涙と眼の文化史――中世ヨーロッパの標章と恋愛思想	徳井淑子	三六〇〇円
青を着る人びと	伊藤亜紀	三五〇〇円
社会表象としての服飾――近代フランスにおける異性装の研究	新實五穂	三六〇〇円
書に想い 時代を讀む	河田悌一	一八〇〇円
日本人画工 牧野義雄――平治ロンドン日記	ますこ ひろしげ	五四〇〇円
美を究め美に遊ぶ――芸術と社会のあわい	荻野厚志編著／江中佳紀訳	二八〇〇円
バロックの魅力	小穴晶子編	二六〇〇円
新版 ジャクソン・ポロック	藤枝晃雄	二六〇〇円
西洋児童美術教育の思想	前田茂監訳／要真理子監訳	三六〇〇円
ロジャー・フライの批評理論――知性と感受性の間で	要真理子	四二〇〇円
レオノール・フィニ――境界を侵犯する新しい種	尾形希和子	二八〇〇円

【世界美術双書】

バルビゾン派	井出洋一郎	二〇〇〇円
キリスト教シンボル図典	中森義宗	二〇〇〇円
パルテノンとギリシア陶器	関隆志	二三〇〇円
中国の版画――唐代から清代まで	小林宏光	二三〇〇円
象徴主義――モダニズムへの警鐘	中村隆夫	二三〇〇円
中国の仏教美術――後漢代から元代まで	久野美樹	二三〇〇円
セザンヌとその時代	浅野春男	二三〇〇円
日本の南画	武田光一	二三〇〇円
画家とふるさと	小林忠	二三〇〇円
ドイツの国民記念碑――一八一三―一九一三年	大原まゆみ	二三〇〇円
日本・アジア美術探索	永井信一	二三〇〇円
インド、チョーラ朝の美術	袋井由布子	二三〇〇円
古代ギリシアのブロンズ彫刻	羽田康一	二三〇〇円

〒113-0023　東京都文京区向丘1-20-6　　TEL 03-3818-5521　FAX03-3818-5514　振替 00110-6-37828
Email tk203444@fsinet.or.jp　URL:http://www.toshindo-pub.com/

※定価：表示価格（本体）＋税